LONDON:
R. CLAY, SON, AND TAYLOR, PRINTERS,
BREAD STREET HILL.

LA LYRE FRANÇAISE

BY

GUSTAVE MASSON.

London
MACMILLAN AND CO.
1867.

[All Rights reserved.]

TO

G. F. HARRIS, ESQ., M.A.

SECOND MASTER OF HARROW SCHOOL,

THE PRESENT VOLUME

IS

AFFECTIONATELY INSCRIBED.

GUSTAVE MASSON.

PREFACE

A MOROSE critic, with whom *le pot-au-feu* had probably disagreed, exclaimed one day, " *Ce qui ne vaut pas la peine d'être dit on le chante.*" We would say at once, and in the frankest manner, that the present volume is intended as a protest against so gross a paradox. If ever there was a singing race of people, it is certainly the French: the lark, which in the days of Cæsar stood probably as the crest on the helmet of the Gallic soldiers,* was the aptest emblem of the whole nation; and from the time of Vercingetorix to that of His Majesty Napoleon III. the merry songster has never ceased sending forth its strains throughout the world. In giving here, however, a short account of the history of French *chanson* literature, I shall

* " Qua fiducia, ad legiones quas a Republica acceperat, alias privato sumptu addidit. Unam etiam e Transalpinis conscriptam, vocabulo quoque Gallico (*allauda* enim appellabatur) quam disciplina, cultuque Romano institutam et ornatam, postea universam civitate donavit."—SUETON. *Jul. Cæs.* See also PLIN. lib. ii. cap. 371.

not go further back than the eleventh century. THEROULDE, it is said by most critics, was the author of the *Chanson de Roland,* which appears to have been speedily adopted as a kind of warsong; and Robert Wace informs us that at the battle of Hastings the Norman Taillefer—

> ". . . . alloit chantant
> De Carlemagne et de Rolant,
> Et d'Olivier et des vassals
> Qui périrent à Roncesvals."

Leaving altogether unnoticed the Troubadours and their admirable but short-lived literature,* we shall turn to the Northern Trouvères, whose *fabliaux*, *disputes*, and *lais* corresponded respectively to the *sirventes*, *tensons*, and *cançons* of their more brilliant and imaginative contemporaries of the *pays de Languedoc.* If religion found a ready, and sometimes an eloquent expression in some of the old poems, denunciations of social abuses were quite as plentiful, whilst they were frequently more remarkable from a literary point of view. Without looking into the tedious but often singularly bold tirades of the *Roman de la Rose,* let the curious reader just glance at some of the *fabliaux* collected by Méon and Barbazan; † let him take up the

---

* For an account of the Troubadours, see Raynouard's *Choix des Poésies originales des Troubadours.*

† *Fabliaux et Contes des Poètes Français* . . . . publiés par BARBAZAN. Nouv. édit. revue par MÉON. Paris: 1808. 8vo. 4 vols.

Bible Guiot de Provins, the *Ordre de Bel-eise,* the *Roman de Fauvel,* and especially the famous *Roman du Renart.* All these poems were sung from one end of the Trouvère-country to the other; and the *jongleurs,* or wandering minstrels, who recited them to the accompaniment of the harp, were thus, unconsciously perhaps, leavening the mind of the people with the most revolutionary ideas. It is not astonishing that wise monarchs like Philip the Fair, Louis XI., Henry IV., and Louis XIV., should have fully appreciated the power of satire, when wielded by competent men, and especially when conveyed through the medium of a witty *refrain.* The first-named of these kings enlisted *chansonniers* in his service against both the court of Rome and the Knights of the Temple.* Under Louis XI. we find GUILLAUME COQUILLART composing his facetious *Monologue du Gendarme cassé* and the *Ballade des États-généraux.* The *Satire Ménippée* did, perhaps, as much to place the *Béarnais* on his throne as the veteran bands which won the fields of Arques and Ivry. Louis XIV., it is true, dealt severely with poets who were bold enough to question his authority, or to criticise his government, and Bussy-Rabutin was made to feel it; but he did not dislike to see others

---

* See the *Roman de Fauvel,* composed by FRANÇOIS DE RUES.

turned into ridicule and laughed at to the tune of *Laire, lanlaire.*

We must, however, retrace our steps a little. Besides the large stock of poems of every kind and dimensions which are ascribed to the mediæval *trouvères* in general, we find a few choice works standing out more prominently on account of their special merits, and claiming here a distinct notice. THIBAUT DE CHAMPAGNE, FROISSART, CHARLES D'ORLÉANS are the best known French *chansonniers* of the Middle Ages; and their poems have a decided literary value, in addition to the purely historical interest which stamps the ballads and rhymed gazettes collected with such indefatigable industry by M. Thomas Wright and M. Leroux de Lincy.* EUSTACHE DESCHAMPS is the Béranger of the fifteenth century; OLIVIER BASSELIN is its Désaugiers: the patriotic strains of the former are supplemented, so to say, by the bacchanalian effusions of the latter.

The Reformation and the Renaissance introduced a new element into the lyric poetry of France, and opened for it a fresh channel. As soon as the great question of religious freedom had burst upon

---

* See the two volumes which M. Wright has published in the series of Chronicles, State-papers issued under the direction of the Master of the Rolls. Also the *Chants historiques Français depuis le XIIe jusqu'au XVIIIe Siècle*, avec des Notices et une Introduction, par M. LEROUX DE LINCY. Paris: 1841. 2 vols. 12mo.

Europe, it marked popular literature with an indelible character. Translations of the Psalms, full of energy and grandeur, were sung at the Pré aux Clercs, on the battle-field, and even within the precincts of the Louvre; and it is a matter of doubt whether CLÉMENT MAROT did not owe, amongst his contemporaries, his reputation more to his sacred poems than to his tales and his epigrams. It would have been well if both Protestants and Catholics had felt satisfied with singing, in their respective camps, the melodies of the Prophet-king; but they seemed to take a pleasure in showing their zeal for the cause of truth by the most violent appeals to bloodshed and the most scurrilous abuse; and if the Roman Catholics freely indulged in rhymed denunciations of Coligny, Calvin, and Théodore de Bèze, we must acknowledge, with the historian Le Laboureur, that the Huguenots, in their songs, "montrèrent que leur politique est fondée sur les plus cruels conseils et les plus tragiques exemples des Juifs, et qu'ils sont plus amoureux de la rigueur du temps de la Loy, que de la douceur du temps de la Grâce."* The war of the League is also a very striking proof of the extraordinary mental aberration into which political and religious animosity can drive even the most cautious. The murder of Henry III. by Jacques

* *Addit. aux Mémoires de Castelnau*, i. p. 749.

Clément was extolled in the popular ballads of the day just as loudly as the murder of the Duke de Guise by Poltrot de Méré had been some years before; and whilst the Huguenot captain was styled

> "Le dixiesme des preux,
> Libérateur de France,"

the Ultramontanist *Ligueurs* said very devoutly of *their* hero,—

> "Nous prions Dieu pour l'âme
> De l'heureux Jacobin;
> Qu'il reçoive son âme
> En son trosne divin." *

The effect of the Renaissance movement upon French lyric poetry referred to the style chiefly; it was none the less extremely beneficial. A few exaggerated admirers of antiquity endeavoured at first, indeed, to *Latinize* and *Hellenize* † the grammar,

---

* See M. CHARLES NISARD'S *Des Chansons populaires chez les Anciens et chez les Français.* Paris: 1867. 2 vols. 12mo. This excellent work has been of the greatest assistance to me.

†   "O cuisse-né, Archete, Hymenien,
      Bassare, Roy, Rustique, Eubolien,
     Nyctelien, Trigone, Solitere,
    Vengeur, Manic, Germe des Dieux et Pere,
     Nomien, Double, Hospitalier,
   Beaucoup-forme, Premier, Dernier,
    Lenean, Porte-Sceptre, Grandime,
     Lysien, Baleur, Bonime,
   Nourri-vigne, Aime-pampre, Enfant,
    Gange te vit triomphant."

The ode from which the above string of epithets is taken was composed, not by Ronsard, as it has often been thought, but by Bertrand Bergier. It is printed, however, in the recent edition of Ronsard's works, vol. vi. p. 377. Paris: Franck. 1866. 18mo.

but they were soon warned of the mistake they were committing, by their own good sense and the shrewd critiques of dispassionate observers.* What a rich store of poetry can be found in the writings of the members of the *Pleiad!* what a variety of treasures, whether we turn to the lofty couplets of AGRIPPA D'AUBIGNÉ, the tender stanzas of BELLEAU and DES PORTES, or the brilliant effusions of RONSARD! MALHERBE came at last (*Enfin Malherbe vint*), and assigned to French lyrics those strict laws which they were to preserve as far down as the beginning of the present century.

Few are the historical songs written against Richelieu during the first part of his administration; but after the famous *Journée des Dupes* there was a perfect explosion of *vaudevilles* and squibs, which continued without interruption until Mazarin made our *chansonniers* forget the Bishop of Luçon. It would be difficult to select from the voluminous collection of songs composed by the enemies of the *éminence rouge*, one in which the rules of common decency are not glaringly set at defiance. The famous *rondeau* of the *Maître des Comptes* Miron, beginning with the line,

"Il a passé, il a plié bagage,"

was set to music by Louis XIII. himself, if we may

---

* See RABELAIS, *Pantagruel*.

believe Tallemant des Réaux. No wonder that the persons who had the boldness to turn princes, prelates, and *gentilshommes* into ridicule, played not unfrequently a dangerous game. A thrashing, and often some more terrible punishment, awaited them. Thus, in the concluding stanza of a song on the Prince de Condé's repulse at Lérida, the anonymous *vaudevilliste* said:—

> "Celui qui a fait la chanson
> N'oserait pas dire son nom,
> Car il aurait les étriviéres
> Laire la,
> Laire, lanlaire,
> Laire la,
> Laire lanla."

In spite of this declaration, the *chansonnier* was found out. Poor Saint Amant, the ridiculous author of *Moïse sauvé*, caught it, and a sound bastinado brought him to his senses,—at least we hope so.*

Now for the *Fronde*. The Iliad of that *plaisanterie à main armée* may be read in the *Mazarinades*,† the *Courriers burlesques de la Fronde*,‡ and a shoal of other literary stuff, of which it would be

---

* The Prince de Condé wanted, one day, to get a man arrested who had in some manner offended him. "On ne me prend pas, Monseigneur," said the culprit, running away; "*Je m'appelle Lérida.*"

† Published by M. Moreau for the *Société de l'Histoire de France*. Paris. 2 vols. 8vo.

‡ Published by M. Boiteau in M. Jannet's *Biblioth. Elzévirienne*. 2 vols. 18mo.

difficult to say whether it is more conspicuous for want of taste or want of delicacy. The disorder of the finances,—the barricades, Mazarin's departure and his return, the arrest of Blancménil and of the *bonhomme* Broussel—such are the principal episodes in this extraordinary attempt at a revolution. Poetry and reality, rhapsodes and heroes—they are all on a level. The burlesque predominates, and the Parisians, unable to resist the forces of Monsieur le Prince, find themselves obliged to while away the time by singing :—

> " Tandis que le Prince nous bloque,
> Et prend bicoque sur bicoque,
> Et la rivière haut et bas,
> Nous ne nous occupons qu'à faire,
> Au lieu de sièges, de combats,
> Des chansons sur laire, lanlaire."

Voltaire has left us a glowing description of the *siècle de Louis XIV*. How beautiful everything seems there! How regular, how dignified! how imposing! But will you take a glance at what is going on behind the scenes, and discover the amount of corruption that can co-exist with such grandeur? Read the memoirs of Saint Simon, the correspondence of Bussy-Rabutin, and the famous *Recueil de Maurepas*.* Notwithstanding

---

* This *Recueil*, of which a great many MS. copies exist (two of them are in the British Museum), was compiled by order of M. de Maurepas, Minister under the reigns of Louis XV. and Louis XVI.

all his prestige, Louis XIV. saw his mistresses, his prelates, his generals, his own family, and himself *chansonnés* in the most unrelenting manner. His mistresses: "*que Deodatus est heureux,*" * etc.; his prelates: "*Meaux* (Bossuet) *est un très grand esprit,*" † etc.; his generals: "*du duc de Bourgogne à César,*" ‡ etc.; his own family: "*qui l'aurait cru qu'en diligence,*" § etc.; himself: "*les uns le nomment Louis le grand,*" ‖ etc. The disaster of Malplaquet is turned into a song; the Bull Unigenitus has originated *vaudevilles* enough to fill a whole library; the great Colbert had been sung on account of his ability; the imbecile Chamillart received the same honours for the very contrary motive, and unfortunately his name rhymed with "billard." Louis XIV. was sung out of the world with an amount of severity which he no doubt deserved, although it was scarcely courageous in the satirists to abuse a man after his death; and the best *chanson* of that epoch finishes by the following true statement:—

> "Sitôt qu'il fut enseveli,
> On le porta à Saint Denys,
> Sans pompe, sans magnificence,
> Afin d'épargner la dépense ;
> Car à son fils il n'a laissé
> Que de quoi le faire enterrer."

---

* See Bussy-Rabutin's *Histoire amoureuse des Gaules*, in M. Jannet's *Bibl. Elzévir.* vol. i.

† Nisard, vol. i. 370, 371.   ‡ Ibid. vol. i. 365.

§ Ibid. vol. i. 365.   ‖ Ibid. vol. i. 374, 375.

In the meanwhile it must not be supposed that the more dignified and classical style of lyric poetry remained uncultivated. At the Epicurean soirées of the Temple, CHAULIEU and LAFARE shone by their taste and the harmony of their versification; JEAN BAPTISTE ROUSSEAU composed his odes and his cantatas; RACINE introduced into his *Esther* and his *Athalie* all the splendours of the sacred muse; and the persecuted Huguenots made the wild fastnesses of the Cevennes ring with that rough but imposing poetry which embodied their aspirations and told of their woes.

The Regency, and that " halt in mud,"* the reign of Louis XV., could not but be fertile in *chansonniers*. The old society was crumbling into pieces, and France offered the curious though melancholy sight, of a government assiduously working to accomplish its own destruction. Can we wonder, when we hear that Madame de Pompadour and Madame Dubarry were exposed to public ridicule, that Marshal Soubise was hooted in the *cafés* because "il s'était couvert *non pas de gloire, mais de farine*," and that the notorious speculator Law saw his name sung to all the popular tunes of the day? What shall we say of Chancellor Maupeoz? Impassible and careless of the opposition he had raised, he stood for the space of five years, without

* " *Une halte dans la boue.*"—M. MICHELET.

flinching, the rolling fire of squibs and pamphlets. Finally, however, he was obliged to retire, and the whole Paris populace, says Bachaumont, greeted his downfall with the following stanza, which they sang *sotto voce* :—

> " Sur la route de Chatou
> Le peuple s'achemine
> Pour voir la *triste* * mine
> Du chancelier Maupeou
> Sur la rou... sur la rou... sur la route de Chatou.'

Those of our readers who are anxious to see how the Jansenists with their miracles, the police, the actresses, the philosophers, Cardinal Dubois, the Parliament, and the Court of Versailles, were handled by the *vaudevillistes* of the last century, must turn to the *Recueil de Maurepas*, the *Mémoires secrets de Bachaumont*,† and the journal of the *avocat* Barbier.‡ They will soon, let us add, come to the conclusion that the most sparkling wit cannot compensate for coarseness, and they will seek something more refined in the works of Voltaire, Piron, Gresset, and Bernis.

During the forty years which began with the accession of Louis XVI. to the throne, lyric poetry in France assumed almost exclusively a political

---

* The real epithet is somewhat stronger.
† Why are they not reprinted? The original edition, 36 vols. 12mo. 1777–89, Londres (Holland), is very scarce.
‡ Published by Charpentier. 8 vols. 18mo. Paris: 1857.

and military character: in vain did PARNY and BERTIN warble their elegies; in vain did FLORIAN compose his elegant romances, and SÉGUR his fugitive pieces: the din of popular assemblies had replaced the quiet *causeries* of the old *salons*, and no hearing could be obtained for anything but the *Ça ira*, the *Marseillaise*, or the *Chant du Départ*. At the beginning of the Revolution, the furious conflict of parties found an utterance in *vaudevilles** quite as much as in newspaper articles; and if the *Actes des Apôtres* equalled in point, whilst it surpassed in talent, the *Révolutions de France et de Brabant*, so Delisle's *Prophétie Turgotine* loses nothing by comparison with the *Gamelle patriotique* and the *Reveil du Peuple*.

With the First Empire commenced a new era in the history of French song. Convivial meetings succeeded to political gatherings, and at the same time the revival of comparative order at home restored to social intercourse its wonted attraction. DESAUGIERS and ARMAND GOUFFÉ threw an irresistible fund of mirth and humour into the *Société du Vaudeville*; whilst ROMAGNESI, D'ALVIMARE,

---

*   "D'un trait de ce poème en bons mots si fertile,
    Le Français, né malin, forma le vaudeville;
    Agréable indiscret qui, conduit par le chant,
    Passe de bouche en bouche, et s'accroit en marchant;
    La liberté Française en ses vers se déploie;
    Cet enfant du plaisir veut naître dans la joie."
                                      BOILEAU.

and many others immortalized themselves by their touching drawing-room songs.

We have now arrived at our own times, and the splendid outburst of intellectual life which took place during the years immediately preceding the Revolution of 1830 must be briefly mentioned. When we consider that in the domains of lyric poetry VICTOR HUGO, LAMARTINE, CASIMIR DELAVIGNE, ALFRED DE MUSSET, and MADAME TASTU are only a few amongst those whom we could name; when we remember that BÉRANGER stands as the representative of French song, we may well assert that the first half of the nineteenth century is one of the most striking epochs in the history of French literature. Would that decay had not so speedily set in; would that the poets of the Second Empire were a little better than M. BELMONTET, and its *chansonniers* a degree superior to the author of " *Rien n'est sacré pour un Sapeur.*"

After the remarks we have just made, we need scarcely say anything more about the plan adopted in the preparation of *La Lyre Française*. Most collections of lyrics are compiled in accordance with the one or the other of the following schemes. Either the editor aims at presenting to his readers a *recueil* of literary *chefs d'œuvre;* or he wants to put together a number of pieces which, although possessing,

generally speaking, no merit whatever as specimens
of poetry, are extremely interesting when studied
from the historical point of view.* *La Lyre Française* is, as far as we know, the first attempt that
has been made to combine in one volume both
these styles of composition. Whilst engaged upon
the merely literary part of my undertaking, the only
difficulty I had to encounter was that of *l'embarras
des richesses;* on the contrary, the pieces of an
exclusively historical or anecdotical character re-
quired the most scrupulous revision, the best of
them being too often disfigured by passages unfit
for quotation.

Interesting as are the monuments of ancient
Breton poetry,—those, for example, which M. de la
Villemarqué has published under the title *Barzas
Breiz*,†—I thought it was no use giving any specimens of them in this volume, as they would have
been perfectly unintelligible without the help of a
translation. The same remark applies to all compositions written in any of the *patois* or provincial
dialects, such as La Monnoye's *Noëls Bourguignons*.
Particular care has been taken with the index;

---

* "Voulez-vous connaître la société du xviii. siècle, cette société
élégante et spirituelle, raisonneuse et sceptique, qui croyait au
plaisir, et ne croyait pas en Dieu ? Voulez-vous avoir une idée de ses
mœurs, de sa philosophie et de ses petits-soupers ? . . . Lisez les
chansons . . . ."—SCRIBE, *Discours de Réception à l'Acad. Française.*

† 2 vols. 8vo. Paris: Didier.

every allusion calculated to puzzle the reader will be found explained, idioms and grammatical peculiarities are briefly discussed, and short biographical notices of the authors quoted are given from the best sources. In this part of my work I have been materially helped by my friend, T. Woodward, Esq. who has also greatly assisted me in the general selection of the *morceaux*. Finally, I beg to offer my best thanks to the various Paris publishers for having, in the kindest manner, allowed me to enrich this volume with pieces from their copyrights. M. Juste Olivier, the elegant poet of the *Chansons lointaines*, granted me my request with a liberality for which I shall ever feel deeply thankful; and my application to M. Victor Hugo brought at once from the greatest representative of French contemporary literature the most courteous and the most flattering answer. To the assistance so handsomely given me by these gentlemen is mainly due whatever merit the *Lyre Française* may possess. I can only say that I have done my best to render it worthy of a place in the "Golden Treasury" Series.

GUSTAVE MASSON

HARROW-ON-THE-HILL,
  May 1867.

CONTENTS

I

RELIGIOUS SONGS AND HYMNS

POEM		PAGE
I.	Élégie	1
II.	Chanson Spirituelle	2
III.	À M. Du Périer, sur la Mort de sa Fille	3
IV.	Paraphrase du Psaume cxlvi.	4
V.	Un Mourant	5
VI.	Traduction du Psaume xlvi.	6
VII.	Complainte de l'Église affligée	8
VIII.	Apparente Félicité des Méchants	12
IX.	Rois, chassez la Calomnie	13
X.	Ode tirée du Cantique d'Ézechias	14
XI.	Imitation du Psaume ciii.	17
XII.	Ode sur la Mort de J. B. Rousseau	21
XIII.	Image de la Vie	24
XIV.	Derniers Moments d'un Jeune Poète	25
XV.	Romance faite auprès du Berceau d'un Enfant	26
XVI.	Traduction du Psaume cxxxvi.	29
XVII.	L'Immortalité de l'Âme	31
XVIII.	Le Voyageur égaré dans les Neiges du Saint-Bernard	32
XIX.	Le Juif errant	33
XX.	L'Éternité	36
XXI.	Tout Passe	37
XXII.	Les petits Orphelins	38
XXIII.	Le Convoi d'un Enfant	40
XXIV.	Le Chant des Catacombes	41
XXV.	À la Grâce de Dieu	44
XXVI.	Le Bonheur du Chrétien	45
XXVII.	Cantique	46
XXVIII.	À un parfait Ami	47
XXIX.	Le Sauveur sur la Croix	49
XXX.	La Sainte Cène	51
XXXI.	La Bible	52
XXXII.	Petite Prière pour les petits Enfants	53
XXXIII.	Le dernier Jour de l'Année	54
XXXIV.	Hymne à l'Être Suprême	56
XXXV.	La Prière	57
XXXVI.	L'Anniversaire	61

II

PATRIOTIC AND WARLIKE SONGS

POEM		PAGE
I.	Ballade	63
II.	Chanson	65
III.	Ode sacrée de l'Église Françoyse sur les Misères de ces Troubles	67
IV.	La Complainte de France	69
V.	Les Triolets du Temps	71
VI.	Romance de Richard Cœur de Lion	73
VII.	Relan tamplan, Tambour battant	75
VIII.	Iambes	77
IX.	La Mort de Jeanne d'Arc	80
X.	Les Souvenirs du Peuple	84
XI.	La Marseillaise	86
XII.	Le Chant du Départ: Hymne de Guerre	89
XIII.	Le Vaisseau le Vengeur	92
XIV.	Complainte sur la Machine infernale	95
XV.	Le Réveil du Peuple	98
XVI.	Le vrai Réveil du Peuple	100
XVII.	La Gamelle Patriotique	103
XVIII.	Romance Chevaleresque	106
XIX.	Souvenirs d'un vieux Militaire	107
XX.	Fanfan la Tulipe	109
XXI.	Chanson de Roland	112
XXII.	Adieu, mon beau Navire	114
XXIII.	Lui	115

III

BACCHANALIAN SONGS—LOVE SONGS

I.	Chanson	120
II.	Plaisirs de Froissart	121
III.	Rondeau	121
IV.	Vau-de-Vire	122
V.	Triolets	123
VI.	Triolets	123
VII.	Sonnet	124
VIII.	Sonnet	125
IX.	Ode	125
X.	Villanelle	126
XI.	Chanson	127
XII.	Chanson	129
XIII.	Charmante Gabrielle	130
XIV.	Chanson	132
XV.	Chanson	133
XVI.	Chanson	134
XVII.	Peine d'Amour	135
XVIII.	Stances	136
XIX.	L'Avis de Mariage	137

POEM		PAGE
XX.	Le Blason de la Marguerite	139
XXI.	Le Blason de la Rose	140
XXII.	Stances	141
XXIII.	Chanson	143
XXIV.	Chanson de Maître Adam	144
XXV.	Chanson à Boire	146
XXVI.	Chanson à Boire	147
XXVII.	Chanson	147
XXVIII.	L'Avaricieuse	148
XXIX.	L'Amour	149
XXX.	L'Amant Grenadier	150
XXXI.	Les Hirondelles	152
XXXII.	C'est mon Ami : Rendez-le Moi	153
XXXIII.	Clémence Isaure	154
XXXIV.	L'Amour	157
XXXV.	Sur la Mort d'une Jeune Fille	157
XXXVI.	Conseils à Délie	158
XXXVII.	Femme Sensible	159
XXXVIII.	Éloge de l'Eau	159
XXXIX.	Couplets aux Convives des Dîners du Vaudeville	161
XL.	Le Verre	163
XLI.	Le Bal des Mères	165
XLII.	Les Compagnons de Voyage	166
XLIII.	Romance de Joconde	167
XLIV.	Le Temps et l'Amour	168
XLV.	L'Éducation de l'Amour	170
XLVI.	Les Adieux	171
XLVII.	Le Point du Jour	172
XLVIII.	La Fin du Jour	173
XLIX.	Le Verre	174
L.	Monsieur et Madame Denis	176
LI.	La Jeune Fille	179
LII.	Couplets de Vaudeville	180
LIII.	Chanson de Fortunio	181
LIV.	Chanson de Césario	182
LV.	Le Garde-Moulin	183
LVI.	L'Amour	184
LVII.	Dormez, dormez, chères Amours	185
LVIII.	Colinette	186
LIX.	La Vie est un Voyage	188
LX.	Barcarolle de Marie	189
LXI.	Nouvelle Chanson sur un vieil Air	190
LXII.	Autre Chanson	191
LXIII.	Ma Normandie	192
LXIV.	Fleur des Champs	193

IV

SATIRICAL SONGS, EPIGRAMS, ETC.

I.	Ballade	195
II.	Sur Semblançay	196

POEM		PAGE
III.	Sur un Sot	197
IV.	Épitaphe de Régnier	197
V.	Epitaphe de Richelieu	198
VI.	Sur le Temps	198
VII.	Épitaphe d'un Coquin	199
VIII.	Épitaphe de Cromwell	200
IX.	Épitaphe d'un Boiteux	200
X.	Épitaphe de Bouhours	200
XI.	Épitaphe d'un Centenaire	201
XII.	Orphée	201
XIII.	Ode à la Fortune	203
XIV.	Turcs et Chrétiens	205
XV.	Sur l'Évêque de Nîmes	205
XVI.	Épigramme	206
XVII.	Autre	206
XVIII.	Les Vieillards	207
XIX.	Les Merveilles de l'Opéra	210
XX.	La Ressemblance et la Différence	213
XXI.	Les Raretés	216
XXII.	Bonsoir, la Compagnie	219
XXIII.	La Tragédie et la Comédie	220
XXIV.	Contre La Bruyère	222
XXV.	Contre Lachaussée	222
XXVI.	Dialogue	223
XXVII.	Adieux à la Vie	228
XXVIII.	Adieu Panier, Vendanges sont faites	230
XXIX.	La Sagesse	232
XXX.	La Lanterne magique	235
XXXI.	Sur la Consultation des Avocats au Sujet du Concile d'Embrun	237
XXXII.	Épitaphe d'un Anglais	240
XXXIII.	D'un Antiquaire	240
XXXIV.	Asmodée	241
XXXV.	Prophétie Turgotine	243
XXXVI.	Vive la Liberté	246
XXXVII.	Les Inconvénients de la Fortune	247
XXXVIII.	Épitaphe d'un Égoïste	248
XXXIX.	Épitaphe d'un Prélat	249
XL.	Contre Forlis	249
XLI.	Sur un Médecin	249
XLII.	Contre Maupou	250
XLIII.	La Lorgnette	250
XLIV.	Contre Martin	252
XLV.	Sur un Parasite	252
XLVI.	Prédicateur Courtisan	253
XLVII.	Contre un ancien Sénateur	253
XLVIII.	Le Roi d'Yvetot	254
XLIX.	Sur un Courtisan	256
L.	Contre un Critique	256
LI.	Contre un Envieux	256
LII.	Épitaphe d'un Ami	257
LIII.	Un bon Conservateur	257

V

HISTORICAL SONGS, VAUDEVILLES, PARODIES, "COMPLAINTES"

POEM		PAGE
I.	Complainte du Juif errant	260
II.	Cantique de l'Enfant prodigue	265
III.	La Mort du Duc de Guise	271
IV.	Mort et Convoi de l'invincible Malbrough	272
V.	Monsieur de la Palisse	275
VI.	Le Ménage de Garçon	281
VII.	Le Gascon	282
VIII.	Cadet Rousselle	285
IX.	Le Rosier	286
X.	Pauvre Jacques	288
XI.	Louis XVI. aux Français	289
XII.	La Veillée	290
XIII.	Les Bossus	292
XIV.	Le bon Temps	293
XV.	La Mère Bontemps	295
XVI.	J'ai du bon Tabac dans ma Tabatière	296
XVII.	Le Roi Dagobert	298
XVIII.	Le vieux Château des Ardennes, ou le Réveil d'Enguerrand	303
XIX.	Complainte de Fualdès	306
XX.	Une Nuit de la Garde Nationale	315

VI

MISCELLANEOUS POEMS

I.	Chanson à Boire	318
II.	Invitation à faire Noël	320
III.	À Boire	322
IV.	Chanson à Boire	324
V.	Chanson à Boire	325
VI.	Ballade des Dames du Temps jadis	325
VII.	Ballade	327
VIII.	Lanturlu	327
IX.	Villanelle	329
X.	Sonnet	330
XI.	Stances sur la Retraite	331
XII.	Circé	332
XIII.	Noël	335
XIV.	Sur Louvois	337
XV.	Sur Villeroi	338
XVI.	La Violette	341
XVII.	La jeune Captive	342
XVIII.	La Feuille	344
XIX.	À mon Ruisseau	345
XX.	La pauvre Fille	347
XXI.	Espoir et Souvenir	348
XXII.	Le Montagnard Émigré	350

POEM		PAGE
XXIII.	Les Portraits à la Mode	351
XXIV.	Tableau de Paris à Cinq Heures du Matin	354
XXV.	Tableau de Paris à Cinq Heures du Soir	357
XXVI.	Couplets de Vaudeville	363
XXVII.	Une Visite au Collége	365
XXVIII.	Le Flâneur	367
XXIX.	Le Petit-Maître	371
XXX.	Les grandes Vérités	374
XXXI.	Romance de Nina	378
XXXII.	L'Émigration du Plaisir	379
XXXIII.	Te souviens-tu, Marie	380
XXXIV.	Les Trois Âges	382

NOTES 384
CHRONOLOGICAL INDEX 416
INDEX OF FIRST LINES 431
INDEX OF WRITERS 436

Lyre Francaise.

I

RELIGIOUS SONGS AND HYMNS

I

ÉLÉGIE

Les cieux inexorables
Me sont si rigoureux,
Que les plus misérables,
Se comparans à moy, se trouveroient heureux.

Mon lict est de mes larmes
Trempé toutes les nuits ;
Et ne peuvent ses charmes,
Lors mesme que je dors, endormir mes ennuys.

Si je fay quelque songe,
J'en suis espouvanté ;
Car mesme son mensonge
Exprime de mes maux la triste vérité.

La pitié, la justice,
La constance et la foy,
Cédant à l'artifice,
Dedans les cœurs humains sont esteintes pour moy.

En un cruel orage
On me laisse périr,
Et courant au naufrage,
Je voy chacun me plaindre et nul me secourir.

Félicité passée
Qui ne peux revenir,
Tourment de ma pensée,
Que n'ay-je en te perdant, perdu le souvenir !

Jean Bertaut. 1582 ?

II

CHANSON SPIRITUELLE

Jà le voile de la nuict
Petit à petit s'efface,
Et les astres donnent place
Au beau Soleil qui les suit.

Sus, mon cœur, pren ton déduit *
À chanter devant la face
Du Seigneur qui, par sa grâce,
Le temps gouverne et conduit.

* Divertissement.

Seigneur ! qui de ce Soleil
Fais le rayon nompareil
Sur bons et sur mauvais luire,

Illumine nos esprits,
Pour, au céleste pourpris,*
Heureusement les conduire.
Anon. 1569 ?

III

À M. DU PÉRIER, SUR LA MORT DE SA FILLE

Ta douleur, Du Périer, sera donc éternelle ?
    Et les tristes discours,†
Que te met en l'esprit l'amitié paternelle
    L'augmenteront toujours ?

Le malheur de ta fille au tombeau descendue
    Par un commun trépas,
Est-ce quelque dédale où ta raison perdue
    Ne se retrouve pas ?

Je sais de quels appas son enfance était pleine ;
    Et n'ai pas entrepris,
Injurieux ami, de soulager ta peine
    Avecque son mépris.

* Palais.   † Pensées.

Mais elle était du monde, où les plus belles choses
    Ont le pire destin ;
Et, rose, elle a vécu ce que vivent les roses,
    L'espace d'un matin.

La mort a des rigueurs à nulle autre pareilles :
    On a beau la prier ;
La cruelle qu'elle est se bouche les oreilles,
    Et nous laisse crier.

Le pauvre en sa cabane où le chaume le couvre,
    Est sujet à ses lois ;
Et la garde qui veille aux barrières du Louvre
    N'en défend pas nos rois.

                  Malherbe. 1600

IV

PARAPHRASE DU PSAUME CXLVI

N'espérons plus, mon âme, aux promesses du monde ;
Sa lumière est un verre, et sa faveur une onde
Que toujours quelque vent empêche de calmer.
Quittons ces vanités, lassons-nous de les suivre :
    C'est Dieu qui nous fait vivre,
    C'est Dieu qu'il faut aimer.

En vain, pour satisfaire à nos lâches envies,
Nous passons près des rois tout le temps de nos vies

À souffrir des mépris et ployer les genoux :
Ce qu'ils peuvent n'est rien ; ils sont, comme nous sommes,
    Véritablement hommes,
    Et meurent comme nous.

Ont-ils rendu l'esprit, ce n'est plus que poussière
Que cette majesté si pompeuse et si fière
Dont l'éclat orgueilleux étonnait l'univers ;
Et, dans ces grands tombeaux où leurs âmes hautaines
    Font encore les vaines,
    Ils sont mangés des vers.

Là se perdent ces noms de maîtres de la terre,
D'arbitres de la paix, de foudres de la guerre ;
Comme ils n'ont plus de sceptre, ils n'ont plus de flatteurs ;
Et tombent avec eux d'une chute commune
    Tous ceux que leur fortune
    Faisait leurs serviteurs.
Id. 1627

V

UN MOURANT

Un pied dans le sépulcre et tout près d'y descendre
Pour n'être au premier jour que poussière et que cendre,
Puis-je encore, ô mon Dieu, fléchir votre courroux,
    Et recourir à vous ?

N'ayant à vous offrir, pour expier mon crime,
Que cette maigre, sèche et mourante victime,
Quelle immense bonté pour elle vous avez
    Si vous la recevez !

O le don précieux ! la magnifique offrande !
Quel présent je vous fais ! que ma ferveur est
    grande !
Et qu'il en est bien temps, quand déjà tout perclus,
    Le monde n'en veut plus !

Cependant, mon Sauveur, en cet état funeste,
C'est tout ce que je puis, et tout ce qui me reste,
Avec mille regrets d'avoir songé si tard
    À ce triste départ.

M'y voilà parvenu, la force m'abandonne,
Je pâlis, je succombe, et tout mon corps frissonne,
Ma fin sans doute approche, et de peur d'expirer
    Je n'ose respirer.

Ah ! voici le moment que mon âme appréhende :
Au secours, mon Sauveur ! permettez que je rende
Et mes derniers soupirs et mes derniers abois
    Au pied de votre croix.
                Patrix. 1670 ?

VI

TRADUCTION DU PSAUME XLVI

Que Dieu nous est propice à tous !
Il est seul notre force, il est notre refuge,
Il est notre soutien contre le noir déluge
    Des malheurs qui fondent sur nous.

La terre aura beau se troubler :
Quand nous verrions partout les roches ébranlées,
Et jusqu'au fond des mers les montagnes croulées,
Nous n'aurions point lieu de trembler.

Que les eaux roulent à grand bruit,
Que leur fureur éclate à l'égal du tonnerre,
Que les champs soient noyés, les montagnes par terre,
Que l'univers en soit détruit :

Leur fière impétuosité
Qui comble tout d'horreurs, comble Sion de joie,
Et ne fait qu'arroser, alors que tout se noie,
Les murs de la Sainte Cité.

Dieu fait sa demeure au milieu,
Dieu lui donne un plein calme en dépit des orages ;
Et dès le point du jour contre tous leurs ravages,
Elle a le secours de son Dieu.

On a vu les peuples troublés,
Les trônes chancelants pencher vers leur ruine :
Dieu n'a fait que parler, et de sa voix divine
Ils ont paru tous accablés.

Invincible Dieu des vertus,
Que ta protection est un grand privilège !
Quels que soient les malheurs dont l'amas nous assiège,
Nous n'en serons point abattus.

Venez, peuples, venez bénir
Les prodiges qu'il fait sur la terre et sur l'onde ;
La guerre désolait les quatre coins du monde,
Et ce Dieu l'en vient de bannir.

Il a brisé les arcs d'acier,
Tous les dards, tous les traits, tous les chars des
gendarmes,
Et jeté dans le feu, pour finir vos alarmes,
Et l'épée et le bouclier.

Calmez vos appréhensions,
Voyez bien qu'il est Dieu, qu'il est l'unique maître,
Et que malgré l'enfer sa gloire va paraître
Parmi toutes les nations.

Encore un coup, Dieu des vertus,
Que ta protection est un grand privilège !
Quels que soient les malheurs dont l'amas nous
assiège,
Nous n'en serons point abattus.

Pierre Corneille. 1670

VII

COMPLAINTE DE L'ÉGLISE AFFLIGÉE

Notre cœur, ô Dieu ! te réclame,
Nos cris implorent ton secours ;
Regarde au triste estat qui consume nos jours,
Vois l'amertume de notre âme ;
Connois nos maux, viens les guérir.
Viens nous tirer, Seigneur, d'un affreux précipice,
Et jette ton regard propice
Sur des pécheurs prêts à périr.

Nos pauvres tribus fugitives,
Tes autels par tout renversez,
Tous tes flambeaux éteints, tes troupeaux dispersez
Tant de milliers d'âmes captives,
Des consciences dans l'effroy,
Des sentiments forcés, des cœurs dans les allarmes,
Des yeux tousjours baignés de larmes,
Sont des voix qui crient à toy.

Nos filles dans les monastères,
Nos prisonniers dans les cachots,
Nos martyrs dont le sang se repand à grands flots,
Nos confesseurs sur les gallères,
Nos malades persécutez,
Nos mourans exposez à plus d'une furie,
Nos morts traisnez à la voirie,
Te disent nos calamitez.

C'est de ta Grâce un privilége
Que le droit de fléchir les cœurs ;
Mais on veut l'usurper à force de rigueurs
Par un attentat sacrilége.
Au lieu de persuasion
L'on prétend à grands coups forcer la conscience.
On fait faire à la violence
De ton esprit la fonction.

Quelles plaintes assez amères
Sur nos enfans infortunez !
Victimes des péchés de ceux dont ils sont nez,
Arrachés du sein de leurs mères,

Et qui, dans ce destin fatal,
Immolés à l'erreur par des mains inhumaines,
　　Du péché reçoivent la peine,
　　Avant que d'en faire le mal.

　　Naistre dans cet état funeste,
　　Vivre allarmé, troublé, tremblant,
Mourir dans les horreurs d'un remors accablant,
　　Prélude du courroux céleste ;
　　Craindre l'enfer après la mort,
Ou d'un Dieu dans son cœur étouffer toute idée,
　　Pour vivre et mourir en athée,
　　O Dieu ! quel déplorable sort.

　　Malheureux état où nous sommes,
　　On nous charge d'un joug de fer,
On nous ferme le ciel, on nous ouvre l'enfer,
　　Sans respect de Dieu ny des hommes.
　　Objets d'un injuste couroux,
Nous sentons les ardeurs d'un feu que rien n'apaise
　　On nous jette dans la fournaise :
　　Oh ! si l'ange étoit avec nous !

　　Hélas nous avions espérance,
　　Malgré le cours de nos malheurs,
Qu'une paix favorable arresteroit nos pleurs
　　Et finiroit notre souffrance.
　　Nos péchés ne l'ont pas permis.
Mais, irritant ton bras armé contre nos crimes,
　　Ils nous ont laissés pour victimes
　　Aux fureurs de nos ennemis.

Au moins sy lors que tout menace
Ta Grâce nous parlait de paix,
On pourrait s'asseurer de ne périr jamais ;
Mais nous n'entendons plus ta Grâce,
Le mal sur nous au mal se joint,
Sans que tu daignes voir tous ces maux qui nous troublent.
Ah ! Seigneur, les briques redoublent,
Mais Moyse ne paroist point.

Où sont donc tes faveurs divines ?
Nous quittent-elles sans retour ?
Elles seront, ô Dieu, l'objet de notre amour,
Quel fléau que tu nous destines.
Oui, toujours en les implorant,
Nous irons à tes pieds attendre le supplice ;
S'il faut périr sous ta justice,
Nous périrons en l'adorant.

Ton couroux veut-il nous éteindre,
Nous nous retirons dans ton sein.
De nous exterminer formes-tu le dessein,
Nous formons celuy de te craindre.
Malgré nos maux, malgré la mort,
Nous bénirons les traits que ta main nous appreste :
Ce sont les coups d'une tempeste,
Mais ils ramènent dans le port.

Puisse un sy beau retour de zelle
Estre instructif aux ignorants,
Relever les tombez, ramener les errants,
Affermir quiconque chancelle,

Nous rétablir en ta faveur,
Sauver nos ennemis, édiffier nos frères,
Et triompher de nos misères
Par Jésus-Christ, notre Sauveur !
Ainsy soit-il.   *Anon.* 1698

VIII

APPARENTE FÉLICITÉ DES MÉCHANTS

ÉLISE

Je n'admirai jamais la gloire de l'impie.
Au bonheur du méchant qu'un autre porte envie.
   Tous ses jours paraissent charmants :
    L'or éclate en ses vêtements ;
Son orgueil est sans borne, ainsi que sa richesse ;
Jamais l'air n'est troublé de ses gémissements ;
Il s'endort, il s'éveille au son des instruments ;
   Son cœur nage dans la mollesse.

UNE AUTRE ISRAÉLITE

  Pour comble de prospérité,
Il espère revivre en sa postérité ;
Et d'enfants à sa table une riante troupe
Semble boire avec lui la joie à pleine coupe.

UNE AUTRE

Pour contenter ses frivoles désirs,
L'homme insensé vainement se consume ;
   Il trouve l'amertume
   Au milieu des plaisirs.

UNE AUTRE

Le bonheur de l'impie est toujours agité ;
Il erre à la merci de sa propre inconstance.
    Ne cherchons la félicité
    Que dans la paix de l'innocence.

UNE AUTRE

Nulle paix pour l'impie ; il la cherche, elle fuit,
Et le calme en son cœur ne trouve point de place.
    Le glaive au dehors le poursuit ;
    Le remords au dedans le glace.

UNE AUTRE

La gloire des méchants en un moment s'éteint.
    L'affreux tombeau pour jamais les dévore.
Il n'en est pas ainsi pour celui qui te craint ;
Il renaîtra, mon Dieu, plus brillant que l'aurore.
Racine. 1689

IX

ROIS, CHASSEZ LA CALOMNIE

    Rois, chassez la calomnie :
    Ses criminels attentats
    Des plus paisibles Etats
    Troublent l'heureuse harmonie.

Sa fureur, de sang avide,
Poursuit partout l'innocent.
Rois, prenez soin de l'absent
Contre sa langue homicide.

De ce monstre si farouche
Craignez la feinte douceur :
La vengeance est dans son cœur,
Et la pitié dans sa bouche.

La fraude adroite et subtile
Sème de fleurs son chemin ;
Mais sur ses pas vient enfin
Le repentir inutile.

Racine. 1689

X

ODE TIRÉE DU CANTIQUE D'EZECHIAS

Ésaïe, chapitre xxxviii.

J'ai vu mes tristes journées
Décliner vers leur penchant ;
Au midi de mes années
Je touchais à mon couchant :
La mort, déployant ses ailes,
Couvrait d'ombres éternelles
La clarté dont je jouis ;
Et, dans cette nuit funeste,
Je cherchais en vain le reste
De mes jours évanouis.

Grand Dieu, votre main réclame
Les dons que j'en ai reçus ;
Elle vient couper la trame
Des jours qu'elle m'a tissus :
Mon dernier soleil se lève :
Et votre souffle m'enlève
De la terre des vivants,
Comme la feuille séchée,
Qui, de sa tige arrachée,
Devient le jouet des vents.

Comme un lion plein de rage
Le mal a brisé mes os :
Le tombeau m'ouvre un passage
Dans ses lugubres cachots.
Victime faible et tremblante,
À cette image sanglante
Je soupire nuit et jour,
Et, dans ma crainte mortelle,
Je suis comme l'hirondelle
Sous les griffes du vautour.

Ainsi, de cris et d'alarmes
Mon mal semblait se nourrir ;
Et mes yeux, noyés de larmes,
Étaient lassés de s'ouvrir.
Je disais à la nuit sombre :
O nuit, tu vas dans ton ombre
M'ensevelir pour toujours !
Je redisais à l'aurore :
Le jour que tu fais éclore
Est le dernier de mes jours !

Mon âme est dans les ténèbres,
Mes sens sont glacés d'effroi :
Écoutez mes cris funèbres,
Dieu juste, répondez-moi.
Mais enfin sa main propice
A comblé le précipice
Qui s'entr'ouvrait sous mes pas :
Son secours me fortifie,
Et me fait trouver la vie
Dans les horreurs du trépas.

Seigneur, il faut que la terre
Connaisse en moi vos bienfaits :
Vous ne m'avez fait la guerre
Que pour me donner la paix.
Heureux l'homme à qui la grâce
Départ ce don efficace
Puisé dans ses saints trésors,
Et qui, rallumant sa flamme,
Trouve la santé de l'âme
Dans les souffrances du corps !

C'est pour sauver la mémoire
De vos immortels secours,
C'est pour vous, pour votre gloire,
Que vous prolongez nos jours.
Non, non, vos bontés sacrées
Ne seront point célébrées
Dans l'horreur des monuments :
La mort, aveugle et muette,
Ne sera point l'interprète
De vos saints commandements.

Mais ceux qui de sa menace,
Comme moi, sont rachetés,
Annonceront à leur race
Vos célestes vérités.
J'irai, Seigneur, dans vos temples
Réchauffer par mes exemples
Les mortels les plus glacés,
Et, vous offrant mon hommage,
Leur montrer l'unique usage
Des jours que vous leur laissez.

J. B. Rousseau. 1710

XI

IMITATION DU PSAUME CIII

Inspire-moi de saints cantiques ;
Mon âme, bénis le Seigneur ;
Quels concerts assez magnifiques,
Quels hymnes lui rendront honneur ?
L'éclat pompeux de ses ouvrages,
Depuis la naissance des âges,
Fait l'étonnement des mortels.
Les feux célestes le couronnent,
Et les flammes qui l'environnent
Sont ses vêtements éternels.

Ainsi qu'un pavillon tissu d'or et de soie,
Le vaste azur des cieux sous sa main se déploie.

Il peuple leurs déserts d'astres étincelants.
Les eaux autour de lui demeurent suspendues ;
    Il foule aux pieds les nues
    Et marche sur les vents.

    Fait-il entendre sa parole ?
    Les cieux croulent, la mer gémit,
    La foudre part, l'aquilon vole,
    La terre en silence frémit.
    Du seuil des portes éternelles
    Des légions d'esprits fidèles
    À sa voix s'élancent dans l'air :
    Un zèle dévorant les guide,
    Et leur essor est plus rapide
    Que le feu brûlant de l'éclair.

Il combla du chaos les abîmes funèbres ;
Il affermit la terre, en chassa les ténèbres.
Les eaux couvraient au loin les rochers et les monts ;
Mais au son de sa voix les ondes se troublèrent,
    Et soudain s'écoulèrent
    Dans leurs gouffres profonds.

    Les bornes qu'il leur a prescrites
    Sauront toujours les resserrer.
    Son doigt a tracé les limites
    Où leur fureur doit expirer.
    La mer, dans l'excès de sa rage,
    Se roule en vain sur le rivage
    Qu'elle épouvante de son bruit.
    Un grain de sable la divise :
    L'onde approche, le flot se brise,
    Reconnaît son maître, et s'enfuit.

Les troupeaux dans les champs vont chercher leur
    pâture ;
L'homme dans les sillons cueille sa nourriture ;
L'olivier l'enrichit des flots de sa liqueur ;
Le pampre coloré fait couler sur sa table
    Ce nectar délectable,
    Charme et soutien du cœur.

   Le souverain de la nature
   A prévenu tous nos besoins ;
   Et la plus faible créature
   Est l'objet de ses tendres soins.
   Il verse également la sève
   Et dans le chêne qui s'élève,
   Et dans les humbles arbrisseaux :
   Du cèdre voisin de la nue
   La cime orgueilleuse et touffue
   Sert de base aux nids des oiseaux.

Le daim léger, le cerf et le chevreuil agile
S'ouvrent sur les rochers une route facile.
Pour eux seuls de ces bois Dieu forma l'épaisseur,
Et les trous tortueux de ce gravier aride
    Pour l'animal timide
    Qui nourrit le chasseur.

   Le globe éclatant qui dans l'ombre
   Roule au sein des cieux étoilés,
   Brilla pour nous marquer le nombre
   Des ans, des mois renouvelés.
   L'astre du jour, dès sa naissance,
   Se place dans le cercle immense

Que Dieu lui-même avait décrit ;
Fidèle aux lois de sa carrière,
Il retire et rend la lumière
Dans l'ordre qui lui fut prescrit.

La nuit vient à son tour ; c'est le temps du silence.
De ses antres fangeux la bête alors s'élance,
Et de ses cris aigus étonne le pasteur.
Par leurs rugissements les lionceaux demandent
    L'aliment qu'ils attendent
    Des mains du Créateur.

Mais quand l'aurore renaissante
Peint les airs de ses premiers feux,
Ils s'enfoncent pleins d'épouvante
Dans les repaires ténébreux.
Effroi de l'animal sauvage,
Du Dieu vivant brillante image,
L'homme paraît quand le jour luit.
Sous ses lois la terre est captive ;
Il y commande, il la cultive
Jusqu'au règne obscur de la nuit.

Privés de tes regards célestes,
Tous les êtres tombent détruits,
Et vont mêler leurs tristes restes
Au limon qui les a produits.
Mais par des semences de vie,
Que ton souffle seul multiplie,
Tu répares les coups du temps ;
Et la terre toujours peuplée,
De sa fange renouvelée
Voit renaître ses habitants.

    Lefranc de Pompignan. 1742?

XII

ODE SUR LA MORT DE J. B. ROUSSEAU

Quand le premier chantre du monde
Expira sur les bords glacés
Où l'Ébre effrayé dans son onde
Reçut ses membres dispersés,
Le Thrace errant sur les montagnes,
Remplit les bois et les campagnes
Du cri perçant de ses douleurs :
Les champs de l'air en retentirent,
Et dans les antres qui gémirent,
Le lion répandit des pleurs.

Des vastes rochers de Rhodope
Que son art fit souvent mouvoir,
Jusqu'aux barrières de l'Europe,
Tout fut soumis à son pouvoir.
Il donna des mœurs à la terre,
Étouffa le feu de la guerre,
Réunit les humains tremblants :
Siècle heureux où l'homme sauvage
Honorait d'un égal hommage
Les dieux, les rois, et les talents.

La France a perdu son Orphée....
Muses, dans ce moment de deuil
Élevez le pompeux trophée
Que vous demande son cercueil.

Laissez, par de nouveaux prodiges,
D'éclatants et dignes vestiges
D'un jour marqué par vos regrets.
Ainsi le tombeau de Virgile
Est couvert du laurier fertile
Qui par vos soins ne meurt jamais.

D'une brillante et triste vie
Rousseau quitte aujourd'hui les fers ;
Et, loin du ciel de sa patrie,
La mort termine ses revers.
D'où ses maux prirent-ils leur source
Quelles épines, dans sa course,
Étouffaient les fleurs sous ses pas !
Quels ennuis ! quelle vie errante !
Et quelle foule renaissante
D'adversaires et de combats !

Vous, dont l'inimitié durable
L'accusa de ces chants affreux
Qui méritaient, s'il fut coupable,
Un châtiment plus rigoureux ;
Dans le sanctuaire suprême,
Grâce à vos soins, par Thémis même
Son honneur est encor terni.
J'abandonne son innocence.
Que veut de plus votre vengeance ?
Il fut malheureux et puni.

Jusques à quand, mortels farouches,
Vivrons-nous de haine et d'aigreur ?
Prêterons-nous toujours nos bouches
Au langage de la fureur ?

Implacable dans ma colère,
Je m'applaudis de la misère
De mon ennemi terrassé ;
Il se relève, je succombe,
Et moi-même à ses pieds je tombe,
Frappé du trait que j'ai lancé.

Du sein des ombres éternelles,
S'élevant au trône des dieux,
L'Envie offusque de ses ailes
Tout éclat qui frappe ses yeux.
Quel ministre, quel capitaine,
Quel monarque vaincra sa haine,
Et les injustices du sort ?
Le temps à peine les consomme ;
Et, quoi que fasse le grand homme,
Il n'est grand homme qu'à sa mort.

Le Nil a vu, sur ses rivages,
Les noirs habitants des déserts
Insulter, par leurs cris sauvages,
L'astre éclatant de l'univers.
Cris impuissants, fureurs bizarres !
Tandis que ces monstres barbares
Poussaient d'insolentes clameurs,
Le dieu poursuivant sa carrière,
Versait des torrents de lumière
Sur ses obscurs blasphémateurs.

Id. 1741

XIII

IMAGE DE LA VIE

En promenant vos rêveries
Dans le silence des prairies,
Vous voyez un faible ruisseau
Qui, par les jeux du vague Éole
Enlevé de quelqu'arbrisseau
Quitte sa tige, tombe, vole,
Sur la surface des ruisseaux.
Là, par une invincible pente
Forcé d'errer et de changer,
Il flotte au gré de l'onde errante,
Et d'un mouvement étranger
Souvent il paraît, il surnage ;
Souvent il est au fond des eaux ;
Il rencontre sur son passage
Tous les jours des pays nouveaux.
Tantôt un fertile rivage
Bordé de côteaux fortunés,
Tantôt une rive sauvage
Et des déserts abandonnés.
Parmi ces erreurs contenues
Il fuit, il vogue jusqu'au jour
Qui l'ensevelit à son tour
Au sein de ces mers immenses
Où tout s'abîme sans retour.

Gresset. 1734

XIV

DERNIERS MOMENTS D'UN JEUNE POÈTE

J'ai révélé mon cœur au Dieu de l'innocence ;
    Il a vu mes pleurs pénitents,
Il guérit mes remords, il m'arme de constance :
    Les malheureux sont ses enfants.

Mes ennemis riant ont dit dans leur colère :
    Qu'il meure et sa gloire avec lui ;
Mais à mon cœur calmé le Seigneur dit en père :
    Leur haine sera ton appui.

A tes plus chers amis ils ont prêté leur rage ;
    Tout trompe la simplicité :
Celui que tu nourris court vendre ton image,
    Noire de sa méchanceté.

Mais Dieu t'entend gémir, Dieu vers qui te ramène
    Un vrai remords né des douleurs ;
Dieu qui pardonne enfin à la nature humaine
    D'être faible dans les malheurs.

J'éveillerai pour toi la pitié, la justice
    De l'incorruptible avenir ;
Eux même épureront, par leur long artifice,
    Ton honneur qu'ils pensent ternir.

Soyez béni, mon Dieu! vous qui daignez me rendre
    L'innocence et son noble orgueil;
Vous qui, pour protéger le repos de ma cendre,
    Veillerez près de mon cercueil!

Au banquet de la vie, infortuné convive
    J'apparus un jour, et je meurs:
Je meurs, et sur ma tombe, où lentement j'arrive,
    Nul ne viendra verser des pleurs.

Salut, champs que j'aimais, et vous, douce verdure,
    Et vous, riant exil des bois!
Ciel, pavillon de l'homme, admirable nature,
    Salut pour la dernière fois!

Ah! puissent voir longtemps votre beauté sacrée
    Tant d'amis sourds à mes adieux!
Qu'ils meurent pleins de jours, que leur mort soit pleurée,
    Qu'un ami leur ferme les yeux!

Gilbert. 1780

XV

ROMANCE FAITE AUPRÈS DU BERCEAU D'UN ENFANT

Heureux enfant! que je t'envie
Ton innocence et ton bonheur!
Ah! garde bien toute ta vie
La paix qui règne dans ton cœur.

Tu dors : mille songes volages,
Amis paisibles du sommeil,
Te peignent de douces images
Jusqu'au moment de ton réveil.

Ton œil s'ouvre ; tu vois ton père,
Joyeux, accourir à grands pas ;
Il t'emporte au sein de ta mère,
Tous deux te bercent dans leurs bras.

Espoir naissant de ta famille,
Tu fais son destin d'un souris ;
Que sur ton front la gaité brille,
Tous les fronts sont épanouis.

Heureux enfant ! etc.

Tout plait à ton âme ingénue ;
Sans regrets, comme sans désirs,
Chaque objet qui s'offre à ta vue
T'apporte de nouveaux plaisirs.

Si quelquefois ton cœur soupire,
Tu n'as point de longues douleurs,
Et l'on voit ta bouche sourire
À l'instant où coulent tes pleurs.

Par le charme de ta faiblesse
Tu nous attaches à ta loi ;
Et, jusqu'à la froide vieillesse,
Tout s'attendrit autour de toi.

Heureux enfant ! etc.

Mais, hélas ! que d'un vol rapide
Ils viennent, ces jours orageux,
Où le sort, de tes pleurs avide,
Apporte le trouble en tes jeux !

Moi, qui des goûts de la nature
Garde encor la simplicité,
Avec une âme douce et pure,
Quels soins ne m'ont pas agité !

Amitiés fausses et légères,
Parents ravis à mon amour,
Mille espérances mensongères
Détruites, hélas ! sans retour.

Heureux enfant ! etc.

Si du sort l'aveugle caprice
Me garde quelque trait nouveau,
Je viendrai, de son injustice
Me consoler à ton berceau.

Et tes caresses, et tes charmes,
Et ta douce sécurité,
A mon cœur sombre et plein de larmes
Rendront quelque sérénité.

Que ne peut l'image touchante
Du seul âge heureux parmi nous !
Ce jour peut-être où je le chante
De mes jours est-il le plus doux !

Heureux enfant ! que je t'envie
Ton innocence et ton bonheur !
Ah ! garde bien toute ta vie
La paix qui règne dans ton cœur !

Berquin. 1760

XVI

TRADUCTION DU PSAUME CXXXVI

Assis sur les bords de l'Euphrate,
Un tendre souvenir redoublait nos douleurs ;
Nous pensions à Sion dans cette terre ingrate,
Et nos yeux, malgré nous, laissaient couler des pleurs.

Nous suspendîmes nos cithares
Aux saules qui bordaient ces rivages déserts :
Et les cris importuns de nos vainqueurs barbares
À nos tribus en deuil demandaient des concerts.

— " Chantez," disaient-ils, " vos cantiques ;
" Répétez-nous ces airs si vantés autrefois,
" Ces beaux airs que Sion, sous de vastes portiques,
" Dans les jours de sa gloire admira tant de fois."

— Comment, au sein de l'esclavage,
Pourrions-nous de Sion faire entendre les chants ?
Comment redirions-nous, dans un climat sauvage,
Du temple du Seigneur les cantiques touchants ?

O cité sainte, ô ma patrie !
Chère Jérusalem dont je suis exilé,
Si ton image échappe à mon âme attendrie,
Si jamais, loin de toi, mon cœur est consolé ;

Que ma main tout à coup séchée
Ne puisse plus vers toi s'étendre désormais ;
À mon palais glacé que ma langue attachée
Dans mes plus doux transports ne te nomme jamais.

Souviens-toi de ce jour d'alarmes,
Seigneur, où par leur joie et leurs cris triomphants,
Les cruels fils d'Édom, insultant à nos larmes,
S'applaudissaient des maux de tes tristes enfants.

Détruisez, détruisez leur race !
Criaient-ils aux vainqueurs de carnage fumants ;
De leurs remparts brisés ne laissez point de trace ;
Anéantissez en jusques aux fondements.

Ah ! malheureuse Babylone,
Qui nous vois sans pitié traîner d'indignes fers !
Heureux qui, t'accablant des débris de ton trône,
Te rendra les tourments que nous avons soufferts !

Objet des vengeances célestes,
Que tes mères en sang, sous leurs toits embrasés,
Expirent de douleur, en embrassant les restes
De leurs tendres enfants sur la pierre écrasés.

Malfilâtre. 1755?

XVII

L'IMMORTALITÉ DE L'ÂME

    Non, ce n'est point un vain système,
C'est un instinct profond vainement combattu ;
    Et sans doute l'Être suprême
    Dans nos cœurs le grava lui-même
Pour combattre le vice et servir la vertu.
    Dans sa demeure inébranlable
      Assise sur l'éternité,
      La tranquille immortalité,
  Propice au bon, et terrible au coupable,
Du temps, qui sous ses yeux marche à pas de géant,
        Défend l'ami de la justice,
      Et ravit à l'espoir du vice
      L'asile horrible du néant.

Oui : vous qui de l'Olympe usurpant le tonnerre
Des éternelles lois renversez les autels,
    Lâches oppresseurs de la terre,
    Tremblez, tyrans, vous êtes immortels !

Et vous, vous du malheur victimes passagères,
Sur qui veillent d'un Dieu les regards paternels,
Voyageurs d'un moment aux terres étrangères,
    Consolez-vous, vous êtes immortels !

Eh ! quel cœur ne se livre à ce besoin suprême ?
    L'homme agité d'espérance et d'effroi
Apporte ce besoin d'exister après soi.
    Dans l'asile du trépas même,

Un sépulchre à ses pieds et le front dans les cieux,
    La pyramide qui s'élance,
Jusqu'au trône éternel va porter l'espérance
    De ce cadavre ambitieux.
Sur l'airain périssable il grave sa mémoire,
    Hélas ! et sa fragilité ;
Et sur ces monuments, témoins de sa victoire,
    Trop frêles garants de sa gloire,
Fait un essai mortel de l'immortalité.

Delille. 1802

XVIII

LE VOYAGEUR ÉGARÉ DANS LES NEIGES DU SAINT-BERNARD

    La neige au loin accumulée
En torrents épaissis tombe du haut des airs ;
    Et sans relâche amoncelée,
Couvre du Saint-Bernard les vieux sommets déserts.

    Plus de routes, tout est barrière ;
L'ombre accourt, et déjà pour la dernière fois
    Sur la cime inhospitalière
Dans les vents de la nuit l'aigle a jeté sa voix.

    À ce cri d'effroyable augure,
Le voyageur transi n'ose plus faire un pas ;
    Mourant, et vaincu de froidure,
Au bord d'un précipice, il attend le trépas.

Là dans sa dernière pensée,
Il songe à son épouse, il songe à ses enfants :
Sur sa couche affreuse et glacée
Cette image a doublé l'horreur de ses tourments.

C'en est fait ; son heure dernière
Se mesure pour lui dans ces terribles lieux ;
Et, chargeant sa froide paupière,
Un funeste sommeil déjà cherche ses yeux.

Soudain, ô surprise ! ô merveille !
D'une cloche il a cru reconnaître le bruit :
Le bruit augmente à son oreille ;
Une clarté subite a brillé dans la nuit.

Tandis qu'avec peine il écoute,
A travers la tempête un bruit au loin s'entend :
Un chien jappe, et s'ouvrant la route,
Suivi d'un solitaire, approche au même instant.

Le chien, en aboyant de joie,
Frappe du voyageur les regards éperdus ;
La mort laisse échapper sa proie
Et la charité compte un miracle de plus.

Chénedollé. 1807

XIX

LE JUIF ERRANT

Chrétien, au voyageur souffrant
Tends un verre d'eau sur ta porte.
Je suis, je suis le Juif errant
Qu'un tourbillon toujours emporte.

Sans vieillir, accablé de jours,
La fin du monde est mon seul rêve ;
Chaque soir j'espère toujours,
Mais toujours le soleil se lève.
    Toujours, toujours
Tourne la terre où moi je cours,
  Toujours, toujours, toujours, toujours.

Depuis dix-huit siècles, hélas !
Sur la cendre Grecque et Romaine,
Sur les débris de mille états,
L'affreux tourbillon me promène.
J'ai vu sans fruit germer le bien,
Vu des calamités fécondes,
Et pour survivre au monde ancien
Des flots j'ai vu sortir deux mondes.
      Toujours, etc.

Dieu m'a changé pour me punir :
À tout ce qui meurt je m'attache.
Mais du toit prêt à me bénir
Le tourbillon soudain m'arrache.
Plus d'un pauvre vient implorer
Le denier que je puis répandre,
Qui n'a pas le temps de serrer
La main qu'en passant j'aime à tendre.
      Toujours, etc.

Seul, au pied d'arbustes en fleurs,
Sur le gazon, au bord de l'onde,
Si je repose mes douleurs,
J'entends le tourbillon qui gronde.

Eh ! qu'importe au ciel irrité
Cet instant passé sous l'ombrage ?
Faut-il moins que l'éternité
Pour délasser d'un tel voyage ?
    Toujours, etc.

Que des enfants vifs et joyeux
Des miens me retracent l'image ;
Si j'en veux repaître mes yeux,
Le tourbillon souffle avec rage.
Vieillards, osez-vous à tout prix
M'envier ma longue carrière ?
Ces enfants à qui je souris,
Mon pied balaiera leur poussière.
    Toujours, etc.

Des murs où je suis né jadis
Retrouvé-je encor quelque trace,
Pour m'arrêter je me roidis,
Mais le tourbillon me dit, " Passe !
" Passe ! " et la voix me crie aussi :
" Reste debout quand tout succombe ;
" Tes aïeux ne t'ont point ici
" Gardé de place dans leur tombe."
    Toujours, etc.

J'outrageai d'un rire inhumain
L'Homme-Dieu respirant à peine. . . .
Mais sous mes pieds fuit le chemin.
Adieu, le tourbillon m'entraîne.

Vous qui manquez de charité,
Tremblez à ce supplice étrange.
Ce n'est point sa divinité,
C'est l'humanité que Dieu venge.
 Toujours, toujours
Tourne la terre où moi je cours,
Toujours, toujours, toujours, toujours.
 Béranger?

XX

L'ÉTERNITÉ

C'en est fait hélas ! de la vie.
L'inflexible fleuve des ans,
Qui sur ses ondes tout charie
M'arrache mon dernier printemps.
Bientôt s'achève ma carrière ;
Je dois abandonner mes jours,
Et déjà sous la froide pierre,
Je me sens glisser pour toujours.

Tel est au jour un éphèmere.
Tel est l'homme à l'éternité
Une vapeur, une chimère,
Un souffle dans l'immensité.
Le jour finit, la nuit commence,
Je vois déjà l'obscurité ;
Et dans l'abîme du silence,
Je reconnais l'Éternité.
 H. Westerlinck?

XXI

TOUT PASSE

Que t'importe, mon cœur, ces naissances de rois,
Ces victoires qui font éclater à la fois
    Cloches et canons en volées,
Et louer le Seigneur en pompeux appareil ;
Et la nuit, dans le ciel des villes en éveil,
    Monter des gerbes étoilées ?

Porte ailleurs ton regard sur Dieu seul arrêté !
Rien ici-bas qui n'ait en soi sa vanité :
    La gloire fuit à tire d'aile.
Couronnes, mitres d'or, brillent, mais durent peu ;
Elles ne valent pas le brin d'herbe que Dieu
    Fait pour le nid de l'hirondelle !

Hélas ! plus de grandeur contient plus de néant !
La bombe atteint plutôt l'obélisque géant
    Que la tourelle des colombes.
C'est toujours par la mort que Dieu s'unit aux rois ;
Leur couronne dorée a pour faîte sa croix,
    Son temple est pavé de leurs tombes.

Quoi ! hauteur de nos tours, splendeur de nos palais,
Napoléon, César, Mahomet, Périclès,
    Rien qui ne tombe et ne s'efface !
Mystérieux abîme où l'esprit se confond !
À quelques pieds sous terre un silence profond,
    Et tant de bruit à la surface !

                    Victor Hugo?

XXII

LES PETITS ORPHELINS

L'hiver glace les champs, les beaux jours sont passés.
    Malheur au pauvre sans demeure !
    Loin des secours il faut qu'il meure ;
Comme les champs alors tous les cœurs sont glacés.

De l'an renouvelé c'était la nuit première ;
Les mortels revenant de la fête du jour,
    Hâtaient leur joie et leur retour ;
Même un peu de bonheur visitait la chaumière.

    Au seuil d'une chapelle assis,
Deux enfants, presque nus et pâles de souffrance,
Appelaient des passants la sourde indifférence,
    Soupirant de tristes récits.

Une lampe à leurs pieds éclairait leurs alarmes,
    Et semblait supplier pour eux.
Le plus jeune, tremblant, chantait baigné de larmes ;
L'autre tendait sa main aux refus des heureux.

"Nous voici deux enfants, nous n'avons plus de mère :
"Elle mourut hier en nous donnant son pain.
    "Elle dort où dort notre père.
"Venez ; nous avons froid, nous expirons de faim.

" L'étranger nous a dit : Allez, j'ai ma famille,
" Est-ce vous que je dois nourrir ?—
" Nous avons vu pleurer sa fille,
" Et pourtant nous allons mourir ? "

Et sa voix touchante et plaintive
Frappait les airs de cris perdus :
La foule, sans les voir, s'échappait fugitive ;
Et bientôt on ne passa plus.

Ils frappaient à la porte sainte,
Car leur mère avait dit que Dieu n'oubliait pas.
Rien ne leur répondait que l'écho de l'enceinte,
Rien ne venait que le trépas.

La lampe n'était pas éteinte,
L'heure, d'un triste accent, vint soupirer minuit ;
Au loin, d'un char de fête on entendit le bruit,
Mais on n'entendit plus de plainte.

Vers l'église portant ses pas,
Un prêtre, au jour naissant, allant à la prière,
Les voit, blanchis de neige et couchés sur la pierre,
Les appelle en pleurant..... Ils ne se lèvent pas.

Leur pauvre enfance, hélas ! se tenait embrassée,
Pour conserver sans doute un reste de chaleur ;
Et le couple immobile, effrayant de pâleur,
Tendait encor sa main glacée.

Le plus grand, de son corps couvrant l'autre à moitié,
Avait porté sa main aux lèvres de son frère,
Comme pour arrêter l'inutile prière,
Comme pour l'avertir qu'il n'est plus de pitié.

Ils dorment pour toujours, et la lampe encor veille !
On les plaint : on sait mieux plaindre que secourir.
Vers eux de toutes parts les pleurs viennent s'offrir ;
   Mais on ne venait pas la veille.

Belmontet. 1820

XXIII

LE CONVOI D'UN ENFANT

Un jour que j'étais en voyage
Près de ce clos qu'un mur défend,
Je vis deux hommes du village
Qui portaient un cercueil d'enfant.

Une femme marchait derrière,
Qui pleurait, et disait tout bas
Une lente et triste prière,
Celle qu'on dit lors d'un trépas.

Point de parents, point de famille !
Je ne vis, le long du chemin,
Qu'une pauvre petite fille
Cachant des larmes sous sa main.

Elle suivait la longue allée
Qui conduit au champ du repos,
Et paraissait bien désolée,
Et dévorait bien des sanglots.

Ainsi marchant, quand ils passèrent
Au pied de ce grand peuplier,
Ceux qui travaillaient s'arrêtèrent,
Et je les vis s'agenouiller,

Prier le ciel pour la jeune âme,
Faire le signe de la croix,
Et quand passa la pauvre femme
Se détourner tous à la fois !

Cependant inclinant la tête,
Au cimetière on arriva.
Une fosse ouverte était prête ;
Alors un homme dit : " C'est là ! "

Et la fosse n'étant plus vide,
On y poussa la terre. . . . . Et puis
Je ne vis plus qu'un tertre humide,
Avec une branche de buis.

Et comme la petite fille,
S'en allant, passa près de moi,
Je l'arrêtai par sa mantille :
" Tu pleures, mon enfant, pourquoi ? "

" Monsieur, c'est que Julien," dit-elle,
" Que j'appelais mon frère, est mort ! "
Et voilant sa noire prunelle,
La pauvrette pleura plus fort.
Dovalle ?

XXIV

LE CHANT DES CATACOMBES

Hier j'ai visité les grandes Catacombes
    Des temps anciens ;
J'ai touché de mon front les immortelles tombes
    Des vieux Chrétiens :

Et ni l'astre du jour, ni les célestes sphères,
    Lettres de feu,
Ne m'avaient mieux fait lire en profonds caractères
    Le nom de Dieu.

Un ermite au froc noir, à la tête blanchie,
    Marchait d'abord,
Vieux concierge du temps, vieux portier de la vie
    Et de la mort ;
Et nous l'interrogions sur les saintes reliques
    Du grand combat,
Comme on aime écouter sur les exploits antiques
    Un vieux soldat.

Un roc sert de portique à la funèbre voûte :
    Sur ce fronton,
Un artiste martyr dont les anges sans doute
    Savent le nom,
Peignit les traits du Christ, sa chevelure blonde
    Et ses grands yeux,
D'où s'échappe un rayon d'une douceur profonde
    Comme les cieux !

Plus loin, sur les tombeaux, j'ai baisé maint symbole
    Du saint adieu !
Et la palme, et le phare, et l'oiseau qui s'envole
    Au sein de Dieu,
Jonas, après trois jours, sortant de la baleine,
    Avec des chants,
Comme on sort de ce monde après trois jours de peine
    Nommés le temps.

C'est là que chacun d'eux, près de sa fosse prête,
    Spectre vivant,
S'exerçait à la lutte, ou reposait sa tête
    En attendant !
Pour se faire d'avance au jour des grands supplices
    Un cœur plus fort,
Ils essayaient leur tombe, et voulaient par prémices
    Goûter la mort !

J'ai sondé d'un regard leur poussière bénie,
    Et j'ai compris
Que leur âme a laissé comme un souffle de vie
    Dans ces débris ;
Que dans ce sable humain, qui dans nos mains mortelles
    Pèse si peu,
Germent pour le grand jour les formes éternelles
    De presque un dieu !

Lieux sacrés où l'amour, pour les seuls biens de l'âme,
    Sut tant souffrir !
En vous interrogeant, j'ai senti que sa flamme
    Ne peut périr ;
Qu'à chaque être d'un jour qui mourut pour défendre
    La vérité,
L'Être Éternel et Vrai, pour prix du temps, doit rendre
    L'Éternité.

C'est là qu'à chaque pas on croit voir apparaitre
    Un trône d'or,
Et qu'en foulant du pied des tombeaux, je crus être
    Sur le Thabor !

Descendez, descendez, au fond des catacombes,
    Aux plus bas lieux ;
Descendez, le cœur monte, et du haut de ces tombes
    On voit les cieux !

L'Abbé Gerbet ?

XXV

À LA GRÂCE DE DIEU

Tu vas quitter notre montagne,
Pour t'en aller bien loin hélas !
Et moi, ta mère et ta compagne,
Je ne pourrai guider tes pas.
L'enfant que le ciel vous envoie,
Vous le gardez, gens de Paris ;
Nous, pauvres mères de Savoie,
Nous le chassons loin du pays,
    En lui disant : Adieu !
    À la grâce de Dieu !
Adieu, à la grâce de Dieu !

Ici commence ton voyage !
Si tu n'allais pas revenir !
Ta pauvre mère est sans courage,
Pour te quitter, pour te bénir !
Travaille bien, fais ta prière,
La prière donne du cœur ;
Et quelquefois pense à ta mère,
Cela te portera bonheur !
    Va, mon enfant, adieu !
    À la grâce de Dieu !
Adieu ! à la grâce de Dieu !

Elle s'en va, douce exilée,
   Gagner son pain sous d'autres cieux ;
Longtemps, longtemps, dans la vallée,
   Sa mère la suivit des yeux.
   Mais lorsque sa douleur amère
   N'eut plus sa fille pour témoin,
   Elle pleura, la pauvre mère !
L'enfant qui lui disait de loin :
   Ma bonne mère adieu !
   À la grâce de Dieu !
Adieu ! à la grâce de Dieu !
Gustave Lemoine. 1841

XXVI

LE BONHEUR DU CHRÉTIEN

Que ne puis-je, ô mon Dieu, Dieu de ma délivrance,
Remplir de ta louange et la terre et les cieux,
Les prendre pour témoins de ma reconnaissance,
Et dire au monde entier combien je suis heureux !

Heureux quand je t'écoute et que cette parole
Qui dit : soit la lumière ! et la lumière fut,
S'abaisse jusqu'à moi, m'instruit et me console,
Et me dit : c'est ici le chemin du salut !

Heureux quand je te parle, et que, de ma poussière,
Je fais monter vers toi mon hommage et mon vœu,
Avec la liberté d'un fils devant son père,
Et le saint tremblement d'un pécheur devant Dieu.

Heureux lorsque ton jour, ce jour qui vit éclore
Ton œuvre du néant et ton Fils du tombeau,
Vient m'ouvrir les parvis où ton peuple t'adore,
Et de mon zèle éteint rallumer le flambeau.

Heureux quand sous les coups de ta verge fidèle,
Avec amour battu, je souffre avec amour ;
Pleurant, mais sans douter de ta main paternelle,
Pleurant, mais sous la croix, pleurant, mais pour un
    jour.

Heureux, lorsque, attaqué par l'ange de la chute,
Prenant la croix pour arme et l'agneau pour sauveur,
Je triomphe à genoux, et sors de cette lutte
Vainqueur, mais tout meurtri, tout meurtri, mais
    vainqueur.

Heureux, toujours heureux ! J'ai le Dieu fort pour
    père,
Pour frère Jésus-Christ, pour conseil l'Esprit-Saint !
Que peut ôter l'enfer, que peut donner la terre
À qui jouit du ciel et du Dieu trois fois saint ?

A. Monod. 1832 ?

XXVII

CANTIQUE

A toi, mon Dieu, mon éternel appui,
Ce chant du soir ira secret et tendre :
Heureux est-il, lorsque, comme aujourd'hui,
Toi seul l'inspire et toi seul peux l'entendre.
Oh ! dans ton sein laisse-moi me cacher !
Le monde impur n'osera m'y chercher.

Il est si doux de sentir dans son cœur
S'évanouir les terrestres pensées :
Comme un brouillard, dont le soleil vainqueur
Absorbe enfin les bandes dispersées.
Toute légère et plus heureuse encor
L'âme s'en va vers son divin trésor.

L'un après l'autre, ainsi que des réseaux
Restés au pied du ramier que s'envole,
Pesants soucis, regrets, chagrins nouveaux,
Tombent de l'âme, au vent de ta Parole ;
N'as-tu donc pas tout fait, tout accompli ?
De qui te croit le destin est rempli.

Aussi, mon Dieu, mon Sauveur bien aimé,
Avec cette heure, ah ! prends à toi ma vie !
Dans les débris ton bon grain a germé ;
Que l'eau du ciel ne lui soit point ravie !
Mon âme a soif et cherche ton esprit :
C'est le désert que ton regard fleurit.

Mme Olivier ?

XXVIII

À UN PARFAIT AMI

Malgré la mort, malgré la vie,
Je veux te suivre et t'adorer.
Malgré moi-même et ma folie,
Je me sens vers toi soupirer.

Tu me retiens, tu me captives,
Quand je m'égare ou me distrais.
À travers mes larmes furtives,
Quand je suis seul, tu m'apparais.

L'éclair, sondant la nuit profonde,
Est moins perçant que ton regard ;
L'orbe riant du vaste monde
M'embrasse moins de toute part.

L'oiseau qui seul se fait entendre,
Quand la nuit tout dort sous les bois,
M'appelle d'une voix moins tendre
Que dans mon cœur ne fait ta voix.

Elle me dit : " Je t'aime, écoute !
En moi tu peux tout retrouver.
Pourquoi me fuir ? pourquoi ce doute ?
Hors moi qui peut donc te sauver ?

" Je t'aime plus qu'on n'aime un frère.
Tu sais ma demeure et mon nom.
Brise le nœud qui m'est contraire,
Et jamais ne me redis : non !

" Ne me crains plus. Sois-moi fidèle.
Je vais sans cesse à ton côté :
Mais, pour me suivre, garde une aile,
Car j'habite l'Éternité."

Id.?

XXIX
LE SAUVEUR SUR LA CROIX

Sous ton voile d'ignominie,
Sous ta couronne de douleur,
N'attends pas que je te renie,
Chef auguste de mon Sauveur !
Mon œil, sous le sanglant nuage
Qui me dérobe ta beauté,
A retrouvé de ton visage
L'ineffaçable majesté.

Jamais dans la sainte lumière,
Jamais dans le repos du ciel,
D'un plus céleste caractère
Ne brilla ton front immortel ;
Au séjour de la beauté même,
Jamais ta beauté ne jeta
Tant de rayons qu'au jour suprême
Où tu gravis sur Golgotha.

Vous qui d'extase et de prière
Remplissez vos jours infinis,
Adorant le Fils dans le Père,
Aimant le Père dans le Fils,
Anges, aux palais de la gloire,
Vous semblait-il plus radieux
Que sur ce bois expiatoire
Et sous la colère des cieux ?

Son supplice aujourd'hui consomme
Cette grandeur née au saint lieu,

Et l'opprobre du Fils de l'homme
Est la gloire du Fils de Dieu.
" Je suis amour," a dit le Père ;
Et, quittant le divin séjour,
Jésus-Christ vient dire à la terre :
" Je suis son Fils, je suis amour."

Il est amour, il est Dieu même,
Le Dieu par qui Dieu nous bénit,
Le Dieu qu'on voit, le Dieu qu'on aime,
Dieu par qui l'homme à Dieu s'unit.
Où donc est la gloire sublime
Plutôt qu'en ce terrible lieu
Où mon Dieu se fait ma victime,
Où je trouve un frère en mon Dieu ?

L'amour est la grandeur suprême,
L'amour est la gloire du ciel,
L'amour est le vrai diadème
Du Très-Haut et d'Emmanuel.
Loin de moi, vision grossière
De grandeur et de dignité !
Comme au ciel, il n'est sur la terre
Rien de grand que la charité !

Amour céleste, je t'adore !
Mon esprit a vu ta grandeur ;
Il te connaît, mon cœur t'ignore ;
Viens remplir, viens changer mon cœur.
Clarté, joie et gloire de l'âme,
Paradis qu'on porte en tout lieu,
Viens, dans ce cœur qui te réclame,
Fleurir sous le regard de Dieu !

Que sur tes yeux, ô divin Frère,
Mes yeux attachés nuit et jour,
Y boivent la douce lumière,
La douce flamme de l'amour.
Mêle ta vie avec ma vie,
Verse tout ton cœur dans mon cœur ;
Détruis dans mon âme ravie
Tout désir d'un autre bonheur !

Anon.

XXX

LA SAINTE CÈNE.

Est-il bien vrai, Seigneur, qu'un fils de la poussière
À ton festin d'amour par toi soit invité ?
Pour titre à tes faveurs je n'ai que ma misère :
    Mon seul droit c'est ta charité !

Du Dieu qui nous créa consolante assurance :
Lui-même s'est chargé de toutes nos langueurs ;
Pour prix de tant d'amour et de tant de souffrance
    Il ne demande que nos cœurs.

Je viens donc altéré de pardon, de justice,
Recevoir de ta main les symboles touchans
Qui retracent ici ton sanglant sacrifice
    Au souvenir de tes enfans.

Toi qui m'as tant aimé, qui lavas ma souillure,
Qui dans mon cœur troublé fis descendre la paix,
O Jésus, pain du ciel, deviens ma nourriture,
    Et qu'en toi je vive à jamais !

Oui, Seigneur, en toi seul je veux puiser ma vie ;
J'ai vécu trop longtemps du monde et du péché.
A ta faible brebis ouvre ta bergerie,
    Et dans ton sein tiens moi caché.

Anon.

XXXI

LA BIBLE

Ta Parole, Seigneur, est ma force et ma vie ;
À nos sentiers obscurs elle sert de flambeau,
Et semblable au soleil, sa clarté vivifie :
De ton amour pour nous, c'est le don le plus beau.

Elle est la vérité, la sagesse suprême ;
Par elle je connais mon éternel destin.
Ce fidèle miroir me dévoile à moi-même,
Coupable et corrompu, quand je me croyais saint.

Par ta Parole, ô Dieu, tu révèles ton être,
Ta grandeur, ton conseil, la gloire de ton nom.
Par elle notre cœur apprend à te connaître,
Père de Jésus-Christ, Dieu juste autant que bon.

Livre consolateur inspiré par Dieu même,
Mes yeux se sont ouverts à tes vives clartés.
Oui, je sais maintenant que le Seigneur nous aime ;
Tu montres à quel prix Dieu nous a rachetés.

C'est toi qui nous soutiens au moment de la lutte,
Quand le mal veut en nous reprendre son pouvoir.
Tu garantis nos pas des dangers de la chute,
Et sur le lit de mort tu nous donnes l'espoir.

Heureux celui qui croit la divine Parole ;
Heureux celui qu'enseigne et que guide l'Esprit !
Heureux qui, détourné de ce monde frivole,
S'est assis humblement aux pieds de Jésus-Christ !

Par ta Parole, ô Dieu ! par ta puissante grâce,
Régénère mon cœur et viens régner en moi ;
Et jusqu'à la journée où je verrai ta face,
Qu'ici-bas, en croyant, je marche devant toi !
Anon.

XXXII

PETITE PRIÈRE POUR LES PETITS ENFANTS

Notre Père des cieux, Père de tout le monde,
De vos petits enfants c'est vous qui prenez soin ;
Mais à tant de bonté vous voulez qu'on réponde,
Et qu'on demande aussi, dans une foi profonde,
    Les choses dont on a besoin !

Vous m'avez tout donné, la vie et la lumière,
Le blé qui fait le pain, les fleurs qu'on aime à voir,
Et mon père et ma mère, et ma famille entière ;
Moi, je n'ai rien pour vous, mon Dieu, que la prière,
    Que je vous dis matin et soir.

Notre Père des cieux, bénissez ma jeunesse ;
Pour mes parents, pour moi, je vous prie à genoux ;
Afin qu'ils soient heureux, donnez-moi la sagesse ;
Et puissent leurs enfants les contenter sans cesse,
    Pour être aimés d'eux et de vous !
Amable Tastu

XXXIII
LE DERNIER JOUR DE L'ANNÉE

Déjà la rapide journée
Fait place aux heures du sommeil,
Et du dernier fils de l'année
S'est enfui le dernier soleil.
Près du foyer, seule, inactive,
Livrée aux souvenirs puissants,
Ma pensée erre, fugitive,
Des jours passés aux jours présents.
Ma vue, au hasard arrêtée,
Longtemps de la flamme agitée
Suit les caprices éclatants,
Ou s'attache à l'acier mobile
Qui compte sur l'émail fragile
Les pas silencieux du temps.
Un pas encore, encore une heure,
Et l'année aura, sans retour,
Atteint sa dernière demeure ;
L'aiguille aura fini son tour.
Pourquoi, de mon regard avide,
La poursuivre ainsi tristement,
Quand je ne puis d'un seul moment
Retarder sa marche rapide ?
Du temps qui vient de s'écouler
Si quelques jours pouvaient renaître,
Il n'en est pas un seul, peut-être,
Que ma voix daignât rappeler !
Mais des ans la fuite m'étonne ;
Leurs adieux oppressent le cœur ;
Je dis : c'est encore une fleur

Que l'âge enlève à ma couronne,
Et livre au torrent destructeur ;
C'est une ombre ajoutée à l'ombre
Qui déjà s'étend sur mes jours ;
Un printemps retranché du nombre
De ceux dont je verrai le cours !
Écoutons... le timbre sonore
Lentement frémit douze fois ;
Il se tait... je l'écoute encore,
Et l'année expire à sa voix.
C'en est fait : en vain je l'appelle.
Adieu !... Salut, sa sœur nouvelle,
Salut ! Quels dons chargent ta main ?
Quel bien nous apporte ton aile ?
Quels beaux jours dorment dans ton sein ?
Que dis-je ! à mon âme tremblante
Ne révèle point tes secrets :
D'espoir, de jeunesse, d'attraits,
Aujourd'hui tu parais brillante ;
Et ta course, insensible et lente,
Peut-être amène les regrets !
Ainsi chaque soleil se lève
Témoin de nos vœux insensés ;
Ainsi toujours son cours s'achève
En entraînant, comme un vain rêve,
Nos vœux déçus et dispersés.
Mais l'espérance fantastique,
Répandant sa clarté magique
Dans la nuit du sombre avenir,
Nous guide d'année en année,
Jusqu'à l'aurore fortunée
Du jour qui ne doit pas finir.

Id.

XXXIV.

HYMNE À L'ÊTRE SUPRÊME

Père de l'univers, suprême intelligence,
Bienfaiteur ignoré des aveugles mortels,
Tu révélas ton être à la reconnaissance,
    Qui seule éleva tes autels.

Ton temple est sur les monts, dans les airs, sur les
    ondes ;
Tu n'as point de passé, tu n'as point d'avenir ;
Et sans les occuper, tu remplis tous les mondes,
    Qui ne peuvent te contenir.

Tout émane de toi, grande et première cause ;
Tout s'épure aux rayons de ta divinité ;
Sur ton culte immortel la morale repose,
    Et sur les mœurs, la liberté.

Pour venger leur outrage et ta gloire offensée,
L'auguste liberté, ce fléau des pervers,
Sortit au même instant de ta vaste pensée,
    Avec le plan de l'univers.

Dieu puissant ! elle seule a vengé ton injure ;
De ton culte elle-même instruisant les mortels,
Leva le voile épais qui couvrait la nature,
    Et vint absoudre tes autels.

O toi ! qui du néant ainsi qu'une étincelle,
Fis jaillir dans les airs l'astre éclatant du jour ;
Fais plus... verse en nos cœurs ta sagesse im-
    mortelle,
    Embrâse-nous de ton amour.

De la haine des rois anime la Patrie,
Chasse les vains désirs, l'injuste orgueil des rangs,
Le luxe corrupteur, la basse flatterie,
   Plus fatale que les tyrans.

Dissipe nos erreurs, rends-nous bons, rends-nous justes,
Règne, règne au-delà du tout illimité :
Enchaine la nature à tes décrets augustes,
   Laisse à l'homme sa liberté.

Desorgues. 1794

XXXV

LA PRIÈRE

Le roi brillant du jour, se couchant dans sa gloire,
Descend avec lenteur de son char de victoire.
Le nuage éclatant qui le cache à nos yeux
Conserve en sillons d'or sa trace dans les cieux,
Et d'un reflet de pourpre inonde l'étendue.
Comme une lampe d'or, dans l'azur suspendue,
La lune se balance aux bords de l'horizon ;
Ses rayons affaiblis dorment sur le gazon,
Et le voile des nuits sur les monts se déplie :
C'est l'heure où la nature, un moment recueillie,
Entre la nuit qui tombe et le jour qui s'enfuit,
S'élève au Créateur du jour et de la nuit,
Et semble offrir à Dieu, dans son brillant langage,
De la création le magnifique hommage.

Voilà le sacrifice immense, universel !
L'univers est le temple, et la terre est l'autel ;
Les cieux en sont le dôme ; et ces astres sans nombre,
Ces feux demi-voilés, pâle ornement de l'ombre,
Dans la voûte d'azur avec ordre semés,
Sont les sacrés flambeaux pour ce temple allumés.
Brillant seul au milieu du sombre sanctuaire,
L'astre des nuits, versant son éclat sur la terre,
Balancé devant Dieu comme un vaste encensoir,
Fait monter jusqu'à lui les saints parfums du soir.
Et ces nuages purs qu'un jour mourant colore,
Et qu'un souffle léger, du couchant à l'aurore,
Dans les plaines de l'air repliant mollement,
Roule en flocons de pourpre aux bords du firmament,
Sont les flots de l'encens qui monte et s'évapore
Jusqu'au trône du Dieu que la nature adore.

Mais ce temple est sans voix. Où sont les saints concerts ?
D'où s'élèvera l'hymne au roi de l'univers ?
Tout se tait : mon cœur seul parle dans ce silence.
La voix de l'univers, c'est mon intelligence.
Sur les rayons du soir, sur les ailes du vent,
Elle s'élève à Dieu comme un parfum vivant ;
Et, donnant un langage à toute créature,
Prête pour l'adorer mon âme à la nature.
Seul, invoquant ici son regard paternel,
Je remplis le désert du nom de l'Éternel :
Et celui qui, du sein de sa gloire infinie,
Des sphères qu'il ordonne écoute l'harmonie,
Écoute aussi la voix de mon humble raison,
Qui contemple sa gloire et murmure son nom.

Salut, principe et fin de toi-même et du monde,
Toi qui rends d'un regard l'immensité féconde ;
Âme de l'univers, Dieu, père, créateur,
Sous tous ces noms divers je crois en toi, Seigneur,
Et, sans avoir besoin d'entendre ta parole,
Je lis au front des cieux mon glorieux symbole.
L'étendue à mes yeux révèle ta grandeur,
La terre ta bonté, les astres ta splendeur.
Tu t'es produit toi-même en ton brillant ouvrage ;
L'univers tout entier réfléchit ton image,
Et mon âme à son tour réfléchit l'univers.
Ma pensée, embrassant tes attributs divers,
Partout autour de soi te découvre et t'adore,
Se contemple soi-même et t'y découvre encore :
Ainsi l'astre du jour éclate dans les cieux,
Se réfléchit dans l'onde et se peint à mes yeux.
C'est peu de croire en toi, bonté, beauté suprême ;
Je te cherche partout, j'aspire à toi, je t'aime ;
Mon âme est un rayon de lumière et d'amour
Qui, du foyer divin détaché pour un jour,
De désirs dévorants loin de toi consumée,
Brûle de remonter à sa source enflammée.
Je respire, je sens, je pense, j'aime en toi.
Ce monde qui te cache est transparent pour moi ;
C'est toi que je découvre au fond de la nature,
C'est toi que je bénis dans toute créature.
Pour m'approcher de toi j'ai fui dans ces déserts ;
Là, quand l'aube, agitant son voile dans les airs,
Entr'ouvre l'horizon qu'un jour naissant colore,
Et sème sur les monts les perles de l'aurore,
Pour moi c'est ton regard qui, du divin séjour,
S'entr'ouvre sur le monde et lui répand le jour.
Quand l'astre à son midi, suspendant sa carrière,
M'inonde de chaleur, de vie, et de lumière,

Dans ses puissants rayons, qui raniment mes sens,
Seigneur, c'est ta vertu, ton souffle que je sens ;
Et quand la nuit, guidant son cortége d'étoiles,
Sur le monde endormi jette ses sombres voiles,
Seul, au sein du désert et de l'obscurité,
Méditant de la nuit la douce majesté,
Enveloppé de calme, et d'ombre, et de silence,
Mon âme de plus près adore ta présence ;
D'un jour intérieur je me sens éclairer,
Et j'entends une voix qui me dit d'espérer.

   Oui, j'espère, Seigneur, en ta magnificence :
Partout, à pleines mains, prodiguant l'existence,
Tu n'auras pas borné le nombre de mes jours
À ces jours d'ici-bas, si troublés et si courts.
Je te vois en tous lieux conserver et produire ;
Celui qui peut créer dédaigne de détruire.
Témoin de ta puissance, et sûr de ta bonté,
J'attends le jour sans fin de l'immortalité.
La mort m'entoure en vain de ses ombres funèbres ;
Ma raison voit le jour à travers ces ténèbres ;
C'est le dernier degré qui m'approche de toi,
C'est le voile qui tombe entre ta face et moi.
Hâte pour moi, Seigneur, ce moment que j'implore ;
Ou, si dans tes secrets tu le retiens encore,
Entends du haut du ciel le cri de mes besoins ;
L'atome et l'univers sont l'objet de tes soins.
Des dons de ta bonté soutiens mon indigence ;
Nourris mon corps de pain, mon âme d'espérance ;
Réchauffe d'un regard de tes yeux tout-puissants
Mon esprit éclipsé par l'ombre de mes sens ;
Et, comme le soleil aspire la rosée,
Dans ton sein à jamais absorbe ma pensée.

Lamartine

XXXVI

L'ANNIVERSAIRE

Hélas ! après dix ans je revois la journée
Où l'âme de mon père aux cieux est retournée.
L'heure sonne ; j'écoute . . . O regrets ; ô douleurs!
Quand cette heure eut sonné, je n'avais plus de père :
On retenait mes pas loin du lit funéraire :
On me disait : " il dort ; " et je versais des pleurs.
Mais du temple voisin quand la cloche sacrée
Annonça qu'un mortel avait quitté le jour,
Chaque son retentit dans mon âme navrée,
  Et je crus mourir à mon tour.
Tout ce qui m'entourait me racontait ma perte :
Quand la nuit dans les airs jeta son crêpe noir,
Mon père à ses côtés ne me fit plus asseoir,
Et j'attendis en vain à sa place déserte
Une tendre caresse et le baiser du soir.
  Je voyais l'ombre auguste et chère
  M'apparaître toutes les nuits ;
  Inconsolable en mes ennuis,
Je pleurais tous les jours, même auprès de ma mère.
Ce long regret, dix ans ne l'ont point adouci :
Je ne puis voir un fils dans les bras de son père,
Sans dire en soupirant : "j'avais un père aussi !"
Son image est toujours présente à ma tendresse.
Ah ! quand la pâle automne aura jauni les bois,
O mon père, je veux promener ma tristesse
Aux lieux où je te vis pour la dernière fois.

Sur ces bords que la Somme arrose
J'irai chercher l'asile où ta cendre repose ;
J'irai d'une modeste fleur
Orner la tombe respectée,
Et, sur la pierre encor de larmes humectée,
Redire ce chant de douleur.

Millevoye. 1792 ?

II

PATRIOTIC AND WARLIKE SONGS

I

BALLADE

En une grant fourest et leé*
N'a gaires† que je cheminoye,
Où j'ay mainte beste trouvée ;
Mais en un grant parc regardoye,
Ours, lyons et liepars veoye,
Loups et renars qui vont disant
Au povre bestail qui s'effroye :
Sà, de l'argent ; sà, de l'argent.

La brebis s'est agenoillée,
Qui a respondu comme coye : ‡
J'ay esté quatre fois plumée
Cest an-ci ; point n'ay de monnoye.
Le buef et la vache se ploye.
Là se complaingnoit la jument ;
Mais on leur respont toutevoye :
Sà, de l'argent ; sà, de l'argent.

---

* Wide, Lat. *latus*. † Il n'y a guères. ‡ Quiet.

Où fut tel paroule trouvée
De bestes trop me merveilloye.
La chievre dist lors : Ceste année
Nous fera moult petit de joye ;
La moisson où je m'attendoye
Se destruit par ne sçay quel gent ;
Merci, pour Dieu, et va ta voye !
Sà, de l'argent ; sà, de l'argent.

La truie, qui fut désespérée,
Dist : Il fault que truande* soye
Et mes cochons ; je n'ay derrée
Pour faire argent.—Ven de ta soye,
Dist li loups ; car où que je soye
Le bestail fault estre indigent ;
Jamais pitié ne toi n'aroye :
Sà, de l'argent ; sà, de l'argent.

Quant celle raison fut finée,
Dont forment † esbahis estoye,
Vint à moi une blanche fée
Qui au droit chemin me ravoye
En disant : se Dieux me doint ‡ joye,
Ces bestes vont à court souvent ;
S'ont ce mot retenu sans joye :
Sà, de l'argent ; sà, de l'argent.

Eustache Deschamps.   13—?

* Truant, beggar.   † Fortement.   ‡ Donne.

II

CHANSON

Entre vous, Franchoix,
Jettés pleurs et larmes :
Wervic vostre choix
Est vaincus par armes
Du Roy Eduwart
Preu, vaillant et fort.
Plourés temprex tart *
Sa dollante mort.
Wui ! hui ! hui ! et Ho ! ho ! ho !
Il est mort Wervic,
Wui ! hui ! hui ! et Ho ! ho ! ho !
Et en terre enclos.

Cestoit ung Rollant,
Tant avoit de vantises,
Mais n'estoit qu'enffant,
Quant aux entreprises.
Il a pau gaigniet
D'honneur et de bruyt.
Il en est payet
De sanglante nuyt.

Par son grant engien,
A prins alianche
Au grand terrien
Puissant Roy de Franche,

* Très tard.

Pour encontre droit
Couronner Henrry ;
Mais Dieu loez soit,
Son rengne est finy.

Il cuidoit* regner
Sur toute Engleterre ;
Mais ne poeult finer
Que sept piés de terre,
Et par mort est mys
En l'aitre ou as camps.†
Hellas ! Le quetis ‡
Cache les fouans.§

Il avoit emprins
De faire vergongne ‖
Et de tenir prins
Le duc de Bourgongne,
Mais trop pesant fais
Prist sans advocat,
Car on n'a jamais
Sans mouffle ung tel cat.

Très souventes fois
Il faisoit son compte
De Flandres et d'Artois
Estre duc et conte ;
Mais ce povre sot
Avoit trop cours doys ;
En terre est enclos
Pour escaillier noys.

* Pensait.   † L'endroit où sont les champs.
‡ Chétif.   § Foin.   ‖ Honte.

Il faisoit son compte ;
Mais il s'abusoit,
C'estoit sans son hoste
Que son compte faisoit.
Son compte est venu,
Tant juste au revers ;
Dont on a véu
Son volloir pervers.

Dieu ottroit * sa paix
En cestui sa provinse,
Et en tous ses faix
Garde nostre prince ;
Et de Dieu prier
Ne soions lassés
Que repos donner
Voeulle aux trespassés.
Wui ! hui ! hui ! et Ho ! ho ! ho !
Il est mort Wervic,
Wui ! hui ! hui ! et Ho ! ho ! ho !
Et en terre enclos.
Anon. 1472 ?

III

ODE SACRÉE DE L'ÉGLISE FRANÇOYSE SUR LES MISÈRES DE CES TROUBLES

L'Astre qui l'an fuiant rameine
Commence sa huictiesme peine
Depuis que la fureur des cieux
Tonne et foudroie sur la France,
Sans qu'il naisse aucune apparance
D'un temps serain et gracieux.

* Octroie.

France est au navire semblable
Qui n'a mast, ny voile, ny cable,
Qui ne soient rompuz et cassez,
Et se jette encore à la rage
D'un huictiesme et fâcheux orage,
Oublieuse des maux passez.

Son gouvernail est cheut en l'onde,
Dont elle flotte vagabonde
Au seul vent de sa passion ;
Jà du naufrage elle s'approche,
Heurtant à l'insensible roche
De sa longue obstination.

France meurt par sa propre vie ;
France est par sa force affaiblie,
Et sa grandeur la met à bas ;
Son tant fleurissant diadème
Devient estranger à soy-mesme,
Quand soy-mesme il ne cognoist pas.

France faict ce que n'a peu faire
L'armée de son adversaire,
Soit de l'Espagnol bazanné,
Soit de ceste perruque blonde
Qui n'a autour de soy que l'onde
Pour borne et limite assigné.

Mais enfin faudra qu'elle sente
Que sa puissance est impuissante
Puisqu'elle veut se ruyner,
Et que c'est un esclave empire
Quand on veut ses subjectz destruire
Pour sur ses subjectz dominer.

Anon. 1586

IV

LA COMPLAINTE DE FRANCE

1

Que me sert d'emplir l'air de cris espouvantables ?
Que me sert d'implorer mon roy à mon secours ?
Que me sert de plorer et les nuicts et les jours ?
Que me sert de semer mes escrits lamentables ?

Mon roy ne m'entend point ; ses conseillers damnables
Le tiennent en furie ; estrangers ont le cours
En son privé conseil, et on les croit tous jours,
Encore que leurs fins on voye dommageables.

Sa mère le nourrit en plaisir et délices,
Mesme luy fait tenir escole de tous vices,
À fin que quelque foys il ne revienne à soy.

Ceux qui veulent m'aider me ruinent sans cesse ;
Comment seray-je donc sans appuy ni adresse ?
Nenny, car j'ay mon Dieu qui est mon premier roy.

2

N'estoit-ce point assés que toute ma noblesse
Fust en armes bandée à ma destruction ?
Que mes hommes gaillars de leur vocation
Fussent distrais, à fin d'entendre à mon oppresse ?*

---

* Oppression.

Mes temples fussent ars * et toute leur richesse
Fust au soldat mutin escheute en portion ?
Mes marchans et bourgeois fissent la faction
De la guerre sanglante, au trafic donnant cesse ?

Que mes gens de labeur, trois et trois fois pillez,
Veissent l'espoir de l'an, leurs beaux blez périllez ?
Que mes villes et forts rachatassent l'outrage ?

O fureur furieuse ! ô enragée rage !
On met l'arme en la main de mon peuple insensé !
Quel Phalaris l'a fait ? Quel Néron l'a pensé ?

3

Sénat, non plus sénat, ains † boutique marchande
De haine, de faveur et de corruption,
Certes, je n'ay pour toy ma moindre affliction,
Ne trouvant point en toy l'aide que je demande.

Jadis tu escoutois la plainte et la demande
De mes enfans foulez ; mesmes la passion
Des rois ne destournoit ta saincte affection,
Et les roys honoroyent alors ta vertu grande.

Tu foules maintenant par tes arrests les bons,
Tu adjuges leurs biens aux mutins et félons,
Tu es de l'oppresseur des justes le refuge ;

Tu fay exécuteur de ton iniquité
Mon peuple furieux : aussi, pour vérité,
Un tel exécuteur est digne d'un tel juge.

* Brûlés. † Mais.

4

Veux tu savoir quel est l'estat de nostre France ?
Un jeune roy mené par un peuple mal duit,*
Mené d'un Hespagnol, d'un moyne et d'un faux bruit,
Mené par une femme extraitte de Florence,

Un conseil bigarré qui cache ce qu'il pense,
L'artisan capitaine, un camp sans chef conduit,
Un pays de Papistes et Huguenotz détruit,
L'estranger qui pour nous à nostre mal s'avance,

L'ennemy qui, fuyant, s'en va mocquant de nous,
Le grand en nostre camp contre le grand jaloux,
Mille nouveaux états, mille emprunts sans trafic,

La justice sous pieds, le marchant faict les lois,
Paris ville frontière ! O malheur toutes fois,
Qui parle de la paix est ennemi public.
Anon. 1568

V

LES TRIOLETS DU TEMPS

Quoy donc ! Paris est investy ?
O cieux ! qui l'eût jamais pu croire !
Le roy mesmes en est sorty.
Quoy donc ! Paris est investy ?
Il me faut donc prendre party
Pour sauver mes biens et ma gloire.

* Mené.

Quoy donc ! Paris est investy ?
O cieux ! qui l'eût jamais pu croire ?

Parisiens, ne resvez pas tant,
La défense est toujours permise ;
En ce malheureux accident,
Parisiens, ne resvez pas tant.
Çà ! ça ! viste, il faut de l'argent :
Donnons tous jusqu'à la chemise.
Parisiens, ne resvez pas tant,
La défense est toujours permise.

Il faut estre icy libéraux ;
Pour sauver la ville alarmée,
Choisissons de bons généraux ;
Il faut estre icy libéraux :
Pour nous garantir de tous maux,
Faisons une puissante armée ;
Il faut estre icy libéraux,
Pour sauver la ville alarmée.

Qu'on taxe, maison par maison,
Les petites et grandes portes ;
N'importe qu'il en couste bon,
Qu'on taxe maison par maison.
Il est besoin pour la saison
Que nos troupes soient les plus fortes :
Qu'on taxe, maison par maison,
Les petites et grandes portes.

En cette juste occasion,
Employons nos corps et nos âmes ;
Travaillons avec passion
En cette juste occasion ;

Il faut tout mettre en faction,
Enfants, vieillards, hommes et femmes ;
En cette juste occasion
Employons nos corps et nos âmes.

Suivons notre illustre pasteur,
On ne peut après luy mal faire ;
C'est un maître prédicateur ;
Suivons notre illustre pasteur,
Cet autre Paul, ce grand docteur,
Que toute l'église révère ;
Suivons notre illustre pasteur,
On ne peut après luy mal faire.

François, venez tous prendre employ :
Montrez ici votre vaillance,
Vous aurez au moins bien de quoy ;
François, venez tous prendre employ :
C'est pour le service du roy,
Et pour le salut de la France ;
François, venez tous prendre employ,
Montrez ici votre vaillance.

Anon. 1649

VI

ROMANCE DE RICHARD CŒUR DE LION.

O Richard ! ô mon roi !
L'univers t'abandonne ;
Sur la terre il n'est donc que moi
Qui s'intéresse à ta personne !

Moi seul dans l'univers,
   Voudrais briser tes fers,
Et tout le monde t'abandonne.
   O Richard ! ô mon roi !
   L'univers t'abandonne,
Et sur la terre il n'est que moi
Qui s'intéresse à ta personne.

Et sa noble amie... hélas ! son cœur
   Doit être navré de douleur ;
Oui, son cœur est navré de douleur.
   Monarques, cherchez des amis,
   Non sous les lauriers de la gloire,
   Mais sous les myrtes favoris
Qu'offrent les filles de Mémoire.
   Un troubadour
   Est tout amour,
   Fidélité, constance,
Et sans espoir de récompense.

   O Richard ! ô mon roi !
   L'univers t'abandonne ;
Sur la terre il n'est donc que moi
Qui s'intéresse à ta personne !
   O Richard ! ô mon roi !
   L'univers t'abandonne ;
Et sur la terre il n'est que moi ;
Oui, c'est Blondel ! il n'est que moi
Qui s'intéresse à ta personne !
   N'est-il que moi
Qui s'intéresse à ta personne ?

Sedaine. 1784

VII

RELAN TAMPLAN, TAMBOUR BATTANT

Je veux au bout d'une campagne,
Te voir déjà joli garçon ;
Des héros que l'on accompagne,
On saisit l'air, on prend le ton :
Des ennemis, ainsi qu' des belles
On est vainqueur en l's imitant.
    Et r'li, et r'lan,
On prend d'assaut les citadelles,
Relan tamplan, tambour battant.

Braves garçons que l'honneur mène,
Prenez parti dans Orléans ;
Not' Coronel, grand capitaine,
Est le patron des bons vivans.
Dam' il fallait le voir en plaine
Où le danger était le plus grand.
    Et r'li, et r'lan,
Lui seul en vaut une douzaine,
Relan tamplan, tambour battant.

Nos officiers dans la bataille
Sont pêle-mêle avec nous tous :
Il n'en est point qui ne nous vaille,
Et les premiers ils sont aux coups.
Un général, fût-il un Prince,
Des grenadiers se met au rang.
    Et r'li, et r'lan,
Fond sur l's ennemis et vous les rince ;
Relan tamplan, tambour battant.

Vaillant et fier sans arrogance,
Et respecter ses ennemis ;
Brutal pour qui fait résistance,
Honnête à ceux qui sont soumis ;
Servir le Roi, servir les Dames,
Voilà l'esprit du Régiment.
  Et r'li, et r'lan,
Nos grenadiers sont bonnes lames,
Et vont toujours tambour battant.

Viens vite prendre la cocarde ;
Du régiment quand tu seras,
Avec respect j' veux qu'on te r'garde :
Le Prince est le chef, et j' sons les bras.
Par le courage on se ressemble ;
J'ons même cœur et sentiment.
  Et r'li, et r'lan,
Droit à l'honneur j'allons ensemble,
Relan tamplan, tambour battant.

La jeune Agnès devint ma femme,
J'étais le maître à la maison :
Au bout d'un mois changeant de gamme,
Elle fut pire qu'un dragon.
Pauvres époux, voyez ma peine,
Si je m'échappe un seul instant.
  Et r'li, et r'lan,
Relan tamplan elle me mène
Relan tamplan, tambour battant.

Favart. 1758

VIII

IAMBES

I

Que promet l'avenir ? — quelle franchise auguste
    De mâle constance et d'honneur ?
Quels exemples sacrés, doux à l'âme du juste,
    Pour lui, quelle ombre de bonheur ?
Quelle Thémis, terrible aux têtes criminelles ? —
    Quels pleurs d'une noble pitié ?
Des antiques bienfaits quel souvenir fidèle ? —
    Quels beaux échanges d'amitié
Font digne de regrets l'habitude des hommes ?
    La peur blême et louche est leur dieu ;
Le désespoir, le fer. Ah ! — lâches que nous sommes ! —
    Tous, oui tous ; adieu terre, adieu ! —
Vienne, vienne la mort, que la mort nous délivre !
    Ainsi donc, mon cœur abattu
Cède au poids de ses maux. Non, non puissé-je vivre,
    Ma vie importe à la vertu.
Car, l'on est homme enfin ; victime de l'outrage,
    Dans les cachots, près du cercueil,
Relève plus altier ton front et ton langage
    Brillant d'un généreux orgueil.
S'il est écrit aux cieux que jamais mon épée
    N'étincellera dans mes mains,
Dans l'encre et l'amertume une autre arme trempée
    Peut encor servir les humains.

Justice, vérité, si ma bouche sincère,
    Si mes pensers les plus secrets
Ne froncèrent jamais votre sourcil sévère ;
    Et, si les infâmes projets,
Si la risée atroce, ou plus atroce injure,
    L'encens hideux des scélérats
Ont pénétré vos cœurs d'une longue blessure,
    Sauvez-moi. Conservez un bras
Qui lance votre foudre, un ami qui vous venge.
    Mourir sans vider mon carquois !
Sans percer, sans fouler, sans pétrir dans leur fange,
    Ces bourreaux barbouilleurs de lois,
Ces tyrans effrontés, de la France asservie,
    Égorgée.... O mon cher trésor !
O ma plume ! fiel ! bile ! horreur, dieux de ma vie !—
    Par vous seuls je respire encor !—
Quoi !—nul ne restera pour attendrir l'histoire
    Sur tant de justes massacrés ?—
. . . .
Pour consoler leurs fils, leurs veuves et leurs mères ?—
    Pour que des brigands abhorrés
Frémissent aux portraits, noirs de leur ressemblance,
    Pour descendre jusqu'aux enfers
Chercher le triple fouet, le fouet de la vengeance,
    Déjà levé sur ces pervers ;
Pour insulter leur nom, pour chanter leur supplice...
    Allons, étouffe tes clameurs ;
Souffre ô cœur, gros de haine, affamé de justice,
    Et toi, vertu, pleurs si je meurs.

              André Chénier. 1794

2

Quand au mouton bêlant la sombre boucherie
    Ouvre ses cavernes de mort ;
Pauvres chiens et moutons, toute la bergerie,
    Ne s'informe plus de son sort !—
Les enfants qui suivaient ses ébats dans la plaine ;
    Les vierges aux belles couleurs
Qui le baisaient en foule, et sur sa blanche laine
    Entrelaçaient rubans et fleurs,
Sans plus penser à lui le mangent s'il est tendre !...
    Dans cet abîme enseveli,
J'ai le même destin. Je m'y devais attendre.
    Accoutumons-nous à l'oubli !—
Oubliés comme moi dans cet affreux repaire,
    Mille autres moutons comme moi,
Pendus aux crocs sanglants du charnier populaire,
    Seront servis au peuple roi.
Que pouvaient mes amis ? oui, de leur main chérie
    Un mot à travers ces barreaux,
A versé quelque baume en mon âme flétrie,
    De l'or peut-être à mes bourreaux ;
Mais tout est précipice. Ils ont eu droit de vivre.
    Vivez amis, vivez contents !—
En dépit de Bavus, soyez lents à me suivre :
    Peut-être en de plus heureux temps,
J'ai moi-même, à l'aspect des pleurs de l'infortune,
    Détourné mes regards distraits !—
À mon tour, aujourd'hui, mon malheur importune ;
    Vivez amis, vivez en paix.

Id. 1794

3

Comme un dernier rayon, comme un dernier zéphyre,
 Anime la fin d'un beau jour,
Au pied de l'échafaud j'essaie encor ma lyre,
 Peut-être est-ce bientôt mon tour !—
Peut-être, avant que l'heure en cercle promenée,
 Ait posé sur l'émail brillant,
Dans les soixante pas où sa route est bornée,
 Son pied sonore et vigilant ;
Le sommeil du tombeau pressera ma paupière ;
 Avant que de ses deux moitiés,
Ce vers que je commence, ait atteint la dernière,
 Peut-être en ces murs effrayés
Le messager de mort, noir recruteur des ombres,
 Escorté d'infâmes soldats,
Remplira de mon nom ces longs corridors sombres.
       Id. 1794

IX

LA MORT DE JEANNE D'ARC

 Silence au camp ! la vierge est prisonnière ;
Par un injuste arrêt Bedford croit la flétrir :
Jeune encore, elle touche à son heure dernière....
 Silence au camp ! la vierge va périr.

Des pontifes divins, vendus à la puissance,
Sous les subtilités des dogmes ténébreux
 Ont accablé son innocence.
Les Anglais commandaient ce sacrifice affreux :

Un prêtre en cheveux blancs ordonna le supplice ;
Et c'est au nom d'un Dieu par lui calomnié,
D'un Dieu de vérité, d'amour et de justice,
Qu'un prêtre fut perfide, injuste et sans pitié.

À qui réserve-t-on ces apprêts meurtriers ?
    Pour qui ces torches qu'on excite ?
    L'airain sacré tremble et s'agite....
D'où vient ce bruit lugubre ? où courent ces guerriers,
Dont la foule à longs flots roule et se précipite ?
    La joie éclate sur leurs traits ;
    Sans doute l'honneur les enflamme ;
Il vont pour un assaut former leurs rangs épais :
    Non, ces guerriers sont des Anglais
    Qui vont voir mourir une femme.

    Qu'ils sont nobles dans leur courroux !
Qu'il est beau d'insulter au bras chargé d'entraves !
La voyant sans défense, ils s'écriaient, ces braves :
    " Qu'elle meure ; elle a contre nous
Des esprits infernaux suscité la magie...."
    Lâches ! que lui reprochez-vous ?
D'un courage inspiré la brûlante énergie,
L'amour du nom Français, le mépris du danger,
    Voilà sa magie et ses charmes ;
    En faut-il d'autres que des armes
Pour combattre, pour vaincre et punir l'étranger ?

Du Christ avec ardeur Jeanne baisait l'image ;
Ses longs cheveux épars flottaient au gré des vents :
Au pied de l'échafaud, sans changer de visage,
    Elle s'avançait à pas lents.

Tranquille elle y monta ; quand, debout sur le faîte,
Elle vit ce bûcher qui l'allait dévorer,
Les bourreaux en suspens, la flamme déjà prête,
Sentant son cœur faillir elle baissa la tête,
  Et se prit à pleurer.
   Ah ! pleure, fille infortunée !
   Ta jeunesse va se flétrir,
   Dans sa fleur trop tôt moissonnée !
   Adieu, beau ciel, il faut mourir.

Tu ne reverras plus tes riantes montagnes,
Le temple, le hameau, les champs de Vaucouleurs,
  Et ta chaumière et tes compagnes,
Et ton père expirant sous le poids des douleurs.

Après quelques instants d'un horrible silence,
Tout à coup le feu brille, il s'irrite, s'élance....
Le cœur de la guerrière alors s'est ranimé :
À travers les vapeurs d'une fumée ardente,
  Jeanne, encor menaçante,
Montre aux Anglais son bras à demi consumé.
  Pourquoi reculer d'épouvante,
  Anglais ? son bras est désarmé.
La flamme l'environne, et sa voix expirante
Murmure encore : "ô France ! ô mon roi bien-aimé !"

Que faisait-il ce roi ? Plongé dans la mollesse,
Tandis que le malheur réclamait son appui,
L'ingrat, il oubliait, aux pieds d'une maîtresse,
  La vierge qui mourait pour lui !
  Ah ! qu'une page si funeste
  De ce règne victorieux,
  Pour n'en pas obscurcir le reste,
S'efface sous les pleurs qui tombent de nos yeux !

Qu'un monument s'élève aux lieux de ta naissance,
O toi, qui des vainqueurs renversas les projets !
La France y portera son deuil et ses regrets,
    Sa tardive reconnaissance ;
Elle y viendra gémir sous de jeunes cyprès :
Puissent croître avec eux ta gloire et sa puissance !

Que sur l'airain funèbre on grave des combats,
Des étendards Anglais fuyant devant tes pas,
Dieu vengeant par tes mains la plus juste des causes.
Venez, jeunes beautés ; venez, braves soldats ;
Semez sur son tombeau les lauriers et les roses !
Qu'un jour le voyageur, en parcourant ces bois,
Cueille un rameau sacré, l'y dépose et s'écrie :
"À celle qui sauva le trône et la patrie,
Et n'obtint qu'un tombeau pour prix de ses exploits !"

Notre armée au cercueil eut mon premier homage ;
Mon luth chante aujourd'hui les vertus d'un autre âge ;
Ai-je trop présumé de ses faibles accents ?
    Pour célébrer tant de vaillance,
Sans doute il n'a rendu que des sons impuissants ;
Mais, poëte et Français, j'aime à vanter la France.
Qu'elle accepte en tribut de périssables fleurs.
Malheureux de ses maux, et fier de ses victoires,
Je dépose à ses pieds ma joie ou mes douleurs ;
    J'ai des chants pour toutes ses gloires,
    Des larmes pour tous ses malheurs.

                              Casimir Delavigne. 1816

X

LES SOUVENIRS DU PEUPLE

On parlera de sa gloire
Sous le chaume bien longtemps :
L'humble toit, dans cinquante ans,
Ne connaîtra plus d'autre histoire.
Là, viendront les villageois
Dire alors à quelque vieille :
" Par des récits d'autrefois,
Mère, abrégez notre veille.
Bien, dit-on, qu'il nous ait nui,
Le peuple encor le révère,
   Oui, le révère.
Parlez-nous de lui, grand'mère,
   Parlez-nous de lui.

—Mes enfants, dans ce village,
Suivi de rois, il passa :
Voilà bien longtemps de ça :
Je venais d'entrer en ménage.
A pied grimpant le coteau
Où pour voir je m'étais mise,
Il avait petit chapeau
Avec redingote grise.
Près de lui je me troublai !
Il me dit : Bonjour, ma chère,
   Bonjour, ma chère.
Il vous a parlé, grand'mère,
   Il vous a parlé !

—L'an d'après, moi, pauvre femme,
À Paris étant un jour,
Je le vis avec sa cour :
Il se rendait à Notre Dame.
Tous les cœurs étaient contents ;
On admirait le cortége !
Chacun disait : quel beau temps !
Le ciel toujours le protége.
Son sourire était bien doux :
D'un fils Dieu le rendait père,
Le rendait père.
—Quel beau jour pour vous, grand'mère !
—Quel beau jour pour vous !

—Mais quand la pauvre Champagne
Fut en proie aux étrangers ;
Lui, bravant tous les dangers,
Semblait seul tenir la campagne.
Un soir, tout comme aujourd'hui,
J'entends frapper à la porte.
J'ouvre : bon Dieu ! c'était lui,
Suivi d'une faible escorte !
Il s'assied où me voilà,
S'écriant : ah ! quelle guerre !
Ah ! quelle guerre !
—Il s'est assis là, grand'mère,
Il s'est assis là !

—J'ai faim, dit-il ; et, bien vite,
Je sers piquette et pain bis.
Puis il sèche ses habits :
Même à dormir le feu l'invite.
Au reveil, voyant mes pleurs,

Il me dit : Bonne espérance !
Je cours de tous ses malheurs,
Sous Paris, venger la France.
Il part ; et comme un trésor
J'ai depuis gardé son verre,
  Gardé son verre.
—Vous l'avez encor, grand'mère,
  Vous l'avez encor ?

—Le voici. Mais à sa perte
Le héros fut entraîné.
Lui, qu'un pape a couronné,
Est mort dans une île déserte.
Longtemps aucun ne l'a cru ;
On disait : Il va paraître ;
Par mer il est accouru :
L'étranger va voir son maître.
Quand d'erreur on nous tira,
Ma douleur fut bien amère,
  Fut bien amère.
—Dieu vous bénira, grand'mère,
  Dieu vous bénira."

Béranger. 1815

XI

LA MARSEILLAISE

I

Allons, enfants de la Patrie,
Le jour de gloire est arrivé ;
Contre nous de la tyrannie
L'étendard sanglant est levé.

Entendez-vous dans ces campagnes
Mugir ces féroces soldats ?
Ils viennent jusque dans vos bras
Égorger vos fils, vos compagnes !....

Aux armes, citoyens ! formez vos bataillons!
    Marchons, marchons !
Qu'un sang impur abreuve nos sillons !

2

Que veut cette horde d'esclaves,
De traitres, de Rois conjurés ?
Pour qui ces ignobles entraves,
Ces fers des longtemps préparés ?
Français, pour nous, ah ! quel outrage !
Quels transports il doit exciter !
C'est nous qu'on ose méditer
De rendre à l'antique esclavage !....
    Aux armes, citoyens ! etc. etc.

3

Quoi ! ces cohortes étrangères
Feraient la loi dans nos foyers ?
Quoi ! des phalanges mercenaires
Terrasseraient nos fiers guerriers ?
Grand Dieu ! par des mains enchaînées
Nos fronts sous le joug se ploieraient !
De vils despotes deviendraient
Les maîtres de nos destinées !....
    Aux armes, citoyens ! etc. etc.

4

Tremblez, tyrans, et vous perfides,
L'opprobre de tous les partis ;
Tremblez ! vos projets parricides
Vont enfin recevoir leur prix !
Tout est soldat pour vous combattre ;
S'ils tombent, nos jeunes héros,
La terre en produit de nouveaux
Contre vous tout prêts à se battre !.....
    Aux armes, citoyens ! etc. etc.

5

Français, en guerriers magnanimes,
Portez ou retenez vos coups ;
Épargnez ces tristes victimes
À regret s'armant contre nous ;
Mais ces despotes sanguinaires,
Mais les complices de Bouillé,
Tous ces tigres qui sans pitié
Déchirent le sein de leurs mères !....
    Aux armes, citoyens ! etc. etc.

6

Nous entrerons dans la carrière
Quand nos aînés n'y seront plus ;
Nous y trouverons leur poussière
Et la trace de leurs vertus !
Bien moins jaloux de leur survivre
Que de partager leur cercueil,
Nous aurons le sublime orgueil
De les venger ou de les suivre !....
    Aux armes, citoyens ! etc. etc.

7

Amour sacré de la Patrie,
Conduis, soutiens nos bras vengeurs :
Liberté, Liberté chérie,
Combats avec tes défenseurs !
Sous nos drapeaux que la Victoire
Accoure à tes mâles accents ;
Que tes ennemis expirants
Voient ton triomphe et notre gloire !....

Aux armes, citoyens ! formez vos bataillons !
    Marchons, marchons !
Qu'un sang impur abreuve nos sillons !

Rouget de l'Isle. 1792

XII

LE CHANT DU DÉPART : HYMNE DE GUERRE

UN DÉPUTÉ DU PEUPLE

La victoire en chantant nous ouvre la barrière ;
    La liberté guide nos pas,
Et du nord au midi la trompette guerrière
    A sonné l'heure des combats.
    Tremblez, ennemis de la France,
    Rois ivres de sang et d'orgueil !
    Le peuple souverain s'avance ;
    Tyrans, descendez au cercueil.

La république nous appelle,
Sachons vaincre ou sachons périr ;
Un Français doit vivre pour elle,
Pour elle un Français doit mourir.

CHANT DES GUERRIERS

La république, etc.

UNE MÈRE DE FAMILLE

De nos yeux maternels ne craignez pas les larmes :
  Loin de nous de lâches douleurs !
Nous devons triompher quand vous prenez les armes :
  C'est aux rois à verser des pleurs.
    Nous vous avons donné la vie,
    Guerriers, elle n'est plus à vous ;
    Tous vos jours sont à la patrie :
    Elle est votre mère avant nous.

CHŒUR DES MERES DE FAMILLE

La république, etc.

DEUX VIEILLARDS

Que le fer paternel arme la main des braves ;
  Songez à nous au champ de Mars ;
Consacrez dans le sang des rois et des esclaves
  Le fer béni par vos vieillards ;
    Et, rapportant sous la chaumière
    Des blessures et des vertus,
    Venez fermer notre paupière
    Quand les tyrans ne seront plus.

CHŒUR DES VIEILLARDS

La république, etc.

UN ENFANT

De Barra, De Viala le sort nous fait envie ;
    Ils sont morts, mais ils ont vaincu.
Le lâche accablé d'ans n'a point connu la vie !
    Qui meurt pour le peuple a vécu.
    Vous êtes vaillans, nous le sommes :
    Guidez-nous contre les tyrans ;
    Les républicains sont des hommes,
    Les esclaves sont des enfans.

CHŒUR DES ENFANS

La république, etc.

UNE ÉPOUSE

Partez, vaillans époux ; les combats sont vos fêtes ;
    Partez, modèles des guerriers ;
Nous cueillerons des fleurs pour en ceindre vos têtes :
    Nos mains tresseront vos lauriers ;
    Et, si le temple de mémoire
    S'ouvrait à vos mânes vainqueurs,
    Nos voix chanteront votre gloire,
    Nos flancs porteront vos vengeurs.

CHŒUR DES ÉPOUSES

La république, etc.

UNE JEUNE FILLE

Et nous, sœurs des héros, nous qui de l'hyménée
    Ignorons les aimables nœuds ;
Si, pour s'unir un jour à notre destinée,
    Les citoyens forment des vœux,

Qu'ils reviennent dans nos murailles
Beaux de gloire et de liberté,
Et que leur sang, dans les batailles,
Ait coulé pour l'égalité.

CHŒUR DES JEUNES FILLES

La république, etc.

TROIS GUERRIERS

Sur le fer devant Dieu, nous jurons à nos pères,
   À nos épouses, à nos sœurs,
À nos représentans, à nos fils, à nos mères,
   D'anéantir les oppresseurs ;
   En tous lieux, dans la nuit profonde,
   Plongeant l'infâme royauté,
   Les Français donneront au monde
   Et la paix et la liberté.

CHŒUR GÉNÉRAL

La république, etc.

Joseph Chénier. 1794

XIII

LE VAISSEAU LE VENGEUR

ODE

Au sommet glacé du Rhodope,
Qu'il soumit tant de fois à ses accords touchants,
Par de timides sons le fils de Calliope
   Ne préludait point à ses chants.

Plein d'une audace Pindarique,
Il faut que des hauteurs du sublime Hélicon,
Le premier trait que lance un poëte lyrique
    Soit une flèche d'Apollon.

L'Etna, géant incendiaire,
Qui d'un front embrasé fend la voûte des airs,
Dédaigne ces volcans dont la froide colère
    S'épuise en stériles éclairs.

A peine sa fureur commence :
C'est un vaste incendie et des fleuves brûlants.
Qu'il est beau de courroux, lorsque sa bouche immense
    Vomit leurs flots étincelants !

Tel éclate un libre génie,
Quand il lance aux tyrans les foudres de sa voix ;
Telle à flots indomptés sa brûlante harmonie
    Entraîne les sceptres des rois.

Toi que je chante et que j'adore,
Dirige, ô Liberté ! mon vaisseau dans son cours.
Moins de vents orageux tourmentent le Bosphore
    Que la mer terrible où je cours.

Argo, la nef à voix humaine
Qui mérita l'Olympe et luit au front des cieux,
Quel que fût le succès de sa course lointaine,
    Prit un vol moins audacieux.

Vainqueur d'Éole et des Pléiades,
Je sens d'un souffle heureux mon navire emporté ;
Il échappe aux écueils des trompeuses Cyclades,
    Et vogue à l'immortalité.

Mais des flots fût-il la victime,
Ainsi que le Vengeur il est beau de périr :
Il est beau, quand le sort vous plonge dans l'abîme,
De paraître le conquérir.

Trahi par le sort infidèle,
Comme un lion pressé de nombreux léopards,
Seul au milieu de tous, sa fureur étincelle ;
Il les combat de toutes parts.

L'airain lui déclare la guerre ;
Le fer, l'onde, la flamme entourent ses héros.
Sans doute ils triomphaient ; mais leur dernier tonnerre
Vient de s'éteindre dans les flots.

Captifs, la vie est un outrage :
Ils préfèrent le gouffre à ce bienfait honteux.
L'Anglais, en frémissant, admire leur courage ;
Albion pâlit devant eux.

Plus fiers d'une mort infaillible,
Sans peur, sans désespoir, calmes dans leurs combats,
De ces républicains l'âme n'est plus sensible
Qu'à l'ivresse d'un beau trépas.

Près de se voir réduits en poudre,
Ils défendent leurs bords enflammés et sanglants.
Voyez-les défier et la vague et la foudre,
Sous des mâts rompus et brûlants.

Voyez ce drapeau tricolore,
Qu'élève en périssant leur courage indompté ;
Sous le flot qui les couvre, entendez-vous encore
Ce cri, " vive la liberté !"

  Ce cri .... c'est en vain qu'il expire,
Étouffé par la mort et par les flots jaloux ;
Sans cesse il revivra répété par ma lyre ;
  Siècles, il planera sur vous !

  Et vous, héros de Salamine,
Dont Thétis vante encor les exploits glorieux,
Non, vous n'égalez point cette auguste ruine,
  Ce naufrage victorieux.

P. D. E. Le Brun.   1794

XIV

COMPLAINTE SUR LA MACHINE INFERNALE

  Chantons le récit fidèle
  De plus horrible attentat,
  Exercé contre l'État,
  Rue Nicaise, au Carrouzelle.
  De ce fait la vérité
  Fait frémir l'humanité.

  Une machine infernale,
  De nouvelle invention,
  Fit, par son explosion,
  Un dégât que rien n'égale,
  Renversant aux environs,
  Les hommes et les maisons.

Le Consul, dans sa voiture,
À l'instant passait par-là ;
Il allait à l'Opéra ;
C'était à lui, chose sûre,
Qu'on voulait donner la mort,
Mais ce fut un vain effort.

De ses chevaux la vîtesse
Avait devancé le coup ;
Mais s'arrêtant tout à coup,
De s'informer il s'empresse ;
Sans craindre ce noir dessein,
Il poursuivit son chemin.

Son épouse, toute en larmes,
Veut partager son danger ;
Mais on vint la rassurer
Sur ces horribles vacarmes ;
Lui disant, " il est passé,
Le Consul n'est point blessé."

Bientôt, dans le voisinage,
Les blessés et les mourants
Poussent des gémissements ;
D'autres se font un passage
À travers mille débris,
Pour se sauver dans Paris.

Cette machine infernale
Était faite d'un tonneau ;
Et renfermait, au lieu d'eau,
Beaucoup de poudre et de balles ;
Cette invention d'enfer
Avait des cercles de fer.

Les éclats de la machine
Enfoncèrent les maisons,
Et la chûte des plafonds
Entassa sous leur ruine
Les meubles et les trésors,
Et des blessés et des morts.

Le Tribunat, plein de zèle,
Le Sénat-Conservateur,
Ministre et Législateur,
Le Conseil d'état fidèle,
Au grand Consul en ce jour,
Vinrent prouver leur amour.

DISCOURS DU MINISTRE DE LA POLICE AU PREMIER CONSUL

Une machine semblable
Est saisie entre les mains
De ces monstres inhumains,
Dont l'intention coupable,
Pour prolonger leurs forfaits,
Est de reculer la paix.

DISCOURS DES PRÉSIDENTS DES AUTORITÉS DU GOUVERNEMENT

Quand des monstres pleins de rage,
Veulent renverser l'État
Par le feu, l'assassinat,
Le désordre et le carnage,
Nous punirons leurs forfaits,
Pour accélérer la paix.

H

Bonaparte, en assurance,
De ses lâches ennemis
Saura purger son pays,
Et par sa rare prudence,
Terminer à nos souhaits,
Le grand œuvre de la paix.

Anon. 1800

XV

LE RÉVEIL DU PEUPLE

Peuple Français, peuple de frères,
Peux-tu voir, sans frémir d'horreur,
Le crime arborer les bannières
Du carnage et de la terreur;
Tu souffres qu'une horde atroce
Et d'assassins et de brigands
Souille de son souffle féroce
Le territoire des vivans.

Quelle est cette lenteur barbare?
Hâte-toi, peuple souverain;
De rendre aux monstres du Ténare
Tous ces buveurs de sang humain!
Guerre à tous les agens du crime!
Poursuivons-les jusqu'au trépas;
Partage l'horreur qui m'anime,
Ils ne nous échapperont pas.

Ah! qu'ils périssent ces infâmes,
Et ces égorgeurs dévorans,
Qui portent au fond de leurs âmes,
Le crime et l'amour des tyrans!

Mânes plaintifs de l'innocence,
Appaisez-vous dans vos tombeaux !
Le jour tardif de la vengeance
Fait enfin pâlir vos bourreaux.

Voyez déjà comme ils frémissent !
Ils n'osent fuir, les scélérats :
Les traces du sang qu'ils vomissent,
Bientôt décéleraient leurs pas.
Oui, nous jurons sur votre tombe,
Par notre pays malheureux,
De ne faire qu'une hécatombe
De ces cannibales affreux.

Représentants d'un peuple juste,
O vous ! législateurs humains !
De qui la contenance auguste
Fait trembler nos vils assassins,
Suivez le cours de votre gloire ;
Vos noms chers à l'humanité
Volent au temple de mémoire,
Au sein de l'immortalité.

La nature avec vous conspire
Contre tous les conspirateurs ;
Partout la Tyrannie expire,
Partout nos drapeaux sont vainqueurs.
Le Stathouder a pris la fuite,
Nous abandonnant ses vaisseaux,
Et la Terreur marche à sa suite,
Digne compagne des bourreaux.
          Saint-Marc. 1795

XVI

LE VRAI RÉVEIL DU PEUPLE

1

Peuple Français, peuple intrépide,
Toi le destructeur des tyrans,
Entends leur fureur homicide,
S'élever contre tes enfants ;
Entends les cris, vois l'insolence
Des muscadins, amis des rois ;
Ils menacent de leur vengeance
Tous les défenseurs de tes droits.

2

De ces mignons la horde infâme
T'insulte, peuple souverain :
Ils chassent tes enfants, ta femme,
De tes palais, de tes jardins :
Ils rompent, divisent tes groupes,
Ils outragent les citoyens,
Et de leurs insolentes troupes,
Poursuivent les républicains.

3

Merveilleux, jouant les victimes
En cadenettes retroussées,
Gardez ces froides pantomimes
Pour les veuves des trépassés.
Vos brunes à perruque blonde,
Vous estiment ravissants ; mais
Que fait pour le bonheur du monde
La cadenette d'un Français.

4

Vous ne ruminez qu'hécatombes,
Fer, vengeance, nobles efforts,
Et vous soulèveriez leurs tombes,
Pour combattre... ceux qui sont morts.
Jeunes fous, courez aux frontières,
Les cannibales sont Anglais.
Quoi! vous craignez les étrivières !
Et vous n'en voulez qu'aux Français.

5

À tes patrouilles ils résistent,
Ils bravent le frein de la loi ;
Au sein des nuits leurs cris persistent
À souiller l'air autour de toi.
Ils se ceignent d'armes brillantes,
Et ces jeunes efféminés,
De notre jeunesse vaillante,
Menacent les bras mutilés.

6

De nos légions victorieuses
Pusillanimes déserteurs,
Quelles blessures glorieuses
Reçûtes-vous au champ d'honneur ?
Vous vous cachez loin des frontières,
Vous avez fui hors des combats.
Ah ! du moins, respectez les mères
De nos intrépides soldats.

7

Ils se disent des patriotes,
Ces vils esclaves des tyrans ;
De leurs égaux fougueux despotes,
Du trône ils sont les partisans.
Le mensonge vit sur leur bouche,
Ils fondent sur lui leurs succès,
Et leur haine impie et farouche,
Brûle de perdre les Français.

8

Vainqueurs du Germain, de l'Ibère,
Conquérants du Wall et du Rhin,
N'avez-vous bravé le tonnerre,
Enduré la glace et la faim,
Que pour voir au sein de la gloire,
Changer vos lauriers en cyprès ?
Ou faudra-t-il que la victoire,
Vous livre encore des Français !

9

N'insultez pas, par votre faste,
Aux maux que vous nous avez faits,
Et d'une méprisable caste,
Ne répétez pas les excès.
N'insultez pas à la patrie,
Aux héros morts pour son salut,
A ceux que la rage ennemie
A blessés, mais n'a pas vaincus.

10

O des boudoirs bande insolente,
De débauchés impur amas,
Troupe avilie et fainéante,
Tremblez de voir armer nos bras.
Ne rappelez pas de vos pères
Les trop criminels attentats :
Le peuple arrête sa colère,
Ne l'appelez pas aux combats.

11

Législateurs d'un peuple libre,
Renversez ces audacieux.
Ils veulent rompre l'équilibre
Que la loi fait peser sur eux.
Votre serment est d'être justes,
De maintenir l'égalité,
Et les nôtres, non moins augustes,
De mourir pour la liberté.

Anon. 1795

XVII

LA GAMELLE PATRIOTIQUE

Savez-vous pourquoi, mes amis,
Nous sommes tous si rejouis ?
C'est qu'un repas n'est bon
Qu'apprêté sans façon :
Mangeons à la gamelle,
Vive le son,
Mangeons à la gamelle,
Vive le son du chaudron.

Nous faisons fi des bons repas,
On y veut rire, on ne peut pas.
　　Le mets le plus friand,
　　Dans un vase brillant,
　　Ne vaut pas la gamelle.
　　　Vive le son, etc.

Point de froideur, point de hauteur,
L'aménité fait le bonheur ;
　　Non, sans fraternité,
　　Il n'est point de gaîté.
　　Mangeons à la gamelle,
　　　Vive le son, etc.

Vous qui bâillez dans vos palais
Où le plaisir n'entra jamais,
　　Pour vivre sans souci,
　　Il faut venir ici,
　　Manger à la gamelle.
　　　Vive le son, etc.

On s'affaiblit dans le repos,
Quand on travaille on est dispos.
　　Que nous sert un grand cœur,
　　Sans la mâle vigueur
　　Qu'on gagne à la gamelle.
　　　Vive le son, etc.

Savez-vous pourquoi les Romains
Ont subjugué tous les humains ?
　　Amis, n'en doutez pas,
　　C'est que ces fiers soldats
　　Mangeaient à la gamelle.
　　　Vive le son, etc.

Bientôt les brigands couronnés,
Mourants de faim, proscrits, bernés,
  Vont envier l'état
  Du plus pauvre soldat
  Qui mange à la gamelle.
    Vive le son, etc.

Ces Carthaginois si lurons
À Capoue ont fait les capons.
  S'ils ont été vaincus
  C'est qu'ils ne daignaient plus
  Manger à la gamelle.
    Vive le son, etc.

Ah ! s'ils avaient le sens commun,
Tous les peuples n'en feraient qu'un :
  Loin de s'entr'égorger,
  Ils viendraient tous manger
  À la même gamelle.
    Vive le son, etc.

Amis, terminons ces couplets
Par le serment des bons Français.
  Jurons, tous mes amis,
  D'être toujours unis.
  Vive la république !
    Vive le son,
  Vive la république !
  Vive le son du canon !

      Despréaux. 1794

XVIII
ROMANCE CHEVALERESQUE

Partant pour la Syrie,
Le jeune et beau Dunois
Venait prier Marie
De bénir ses exploits.
Faites, reine immortelle,
Lui dit-il en partant,
Que j'aime la plus belle,
Et sois le plus vaillant.

Il trace sur la pierre
Le serment de l'honneur,
Et va suivre à la guerre
Le comte son seigneur.
Au noble vœu fidèle,
Il dit, en combattant :
Amour à la plus belle !
Honneur au plus vaillant !

" Je te dois la victoire,
Dunois," dit le seigneur.
" Puisque tu fais ma gloire,
Je ferai ton bonheur.
De ma fille Isabelle
Sois l'époux à l'instant,
Car elle est la plus belle,
Et toi le plus vaillant."

À l'autel de Marie,
Ils contractent tous deux
Cette union chérie,
Qui seule rend heureux.

Chacun dans la chapelle
Disait, en les voyant :
Amour à la plus belle !
Honneur au plus vaillant !

La Reine Hortense

XIX

SOUVENIRS D'UN VIEUX MILITAIRE

Te souviens-tu, disait un capitaine
Au vétéran qui mendiait son pain,
Te souviens-tu qu'autrefois dans la plaine
Tu détournas un sabre de mon sein ?
Sous les drapeaux d'un mère chérie,
Tous deux jadis nous avons combattu ;
Je m'en souviens, car je te dois la vie :
Mais, toi, soldat, dis-moi, *t'en souviens-tu ?*

Te souviens-tu de ces jours trop rapides,
Où le Français acquit tant de renom ?
Te souviens-tu que sur les Pyramides,
Chacun de nous osa graver son nom ?
Malgré les vents, malgré la terre et l'onde,
On vit flotter, après l'avoir vaincu,
Notre étendard sur le berceau du monde :
Dis-moi, soldat, dis-moi, *t'en souviens-tu ?*

Te souviens-tu que les preux d'Italie
Ont vainement combattu contre nous ?
Te souviens-tu que les preux d'Ibérie
Devant nos chefs ont plié les genoux ?

Te souviens-tu qu'aux champs de l'Allemagne
Nos bataillons, arrivant impromptu,
En quatre jours ont fait une campagne :
Dis-moi, soldat, dis-moi, *t'en souviens-tu ?*

Te souviens-tu de ces plaines glacées
Où le Français, abordant en vainqueur,
Vit sur son front les neiges amassées
Glacer son corps sans refroidir son cœur ?
Souvent alors au milieu des alarmes,
Nos pleurs coulaient, mais notre œil abattu
Brillait encor lorsqu'on volait aux armes :
Dis-moi, soldat, dis-moi, *t'en souviens-tu ?*

Te souviens-tu qu'un jour notre patrie
Vivante encor descendit au cercueil,
Et que l'on vit, dans Lutèce flétrie
Des étrangers marcher avec orgueil ?
Grave en ton cœur ce jour pour le maudire,
Et quand Bellone enfin aura paru,
Qu'un chef jamais n'ait besoin de te dire :
Dis-moi, soldat, dis-moi, *t'en souviens-tu ?*

Te souviens-tu... Mais ici ma voix tremble,
Car je n'ai plus de noble souvenir ;
Viens-t'en l'ami, nous pleurerons ensemble
En attendant un meilleur avenir.
Mais si la mort, planant sur ma chaumière,
Me rappelait au repos qui m'est dû,
Tu fermeras doucement ma paupière,
En me disant : Soldat, *t'en souviens-tu ?*

Émile Debraux. 1819

XX

FANFAN LA TULIPE

Comme l'mari d'notre mère
Doit toujours s'app'ler papa,
Je vous dirai que mon père
Un certain jour me happa ;
Puis, me m'nant jusqu'au bas de la rampe
M'dit ces mots qui m'mir'nt tout sans d'ssus d'ssous :
    J'te dirai ma foi
    Qui gnia plus pour toi
      Rien chez nous ;
      V'là cinq sous,
    Et décampe.
      En avant,
    Fanfan la Tulipe,
    Oui mill' nom d'un' pipe
      En avant.

Puisqu'il est d'fait qu'un jeune homme
Quand il a cinq sous vaillant,
Peut aller d'Paris à Rome,
Je partis en sautillant.
L'premier jour je trottais comme un ange,
    Mais l'lend'main
    Je mourais quasi d'faim.
      Un r'cruteur passa
      Qui me proposa....
    Pas d'orgueil,
    J'm'en bats l'œil,
    Faut que j'mange !
      En avant, etc.

Quand j'entendis la mitraille,
Comm' je r'grettais mes foyers !
Mais quand j'vis à la bataille
Marcher nos vieux grenadiers ;
Un instant, nous somm's toujours ensemble,
Ventrebleu, me dis-je alors tout bas !
  Allons, mon enfant,
   Mon petit Fanfan,
    Vite au pas,
   Qu'on n'dis'pas
  Que tu trembles.
   En avant, etc.

En vrai soldat de la garde,
Quand les feux étaient cessés,
Sans r'garder à la cocarde
J'tendais la main aux blessés.
D'insulter des homm's vivant encore
 Quand j'voyais des lâch's se faire un jeu,
  Quoi ! mill' ventrebleu !
  Devant moi, morbleu !
   J'souffrirais
   Qu'un Français
   S'deshonore !
   En avant, etc.

Vingt ans soldat vaill'que vaille,
Quoiqu'au d'voir toujours soumis,
Un' fois hors du champ d'bataille
J'nai jamais connu d'enn'mis.
Des vaincus la touchante prière
   M'fit toujours
  Voler à leur secours.
  P't'et c'que j'fais pour eux,

　　　　Les malheureux
　　　　　L'f'ront un jour
　　　　　A leur tour
　　　　Pour ma mère !
　　　　En avant, etc.

　Mon père, dans l'infortune,
　M'app'la pour le protéger ;
　Si j'avais eu d'la rancune,
　Quel moment pour me venger !
Mais un franc et loyal militaire
　D'ses parens doit toujours être l'appui ;
　　　Si j'n'avais eu qu'lui,
　　　J's'rais aujourd'hui
　　　　Mort de faim,
　　　　Mais enfin,
　　　C'est mon père !
　　　　En avant, etc.

　Maintenant je me repose
　Sous le chaume hospitalier,
　Et j'y cultive la rose,
　Sans négliger le laurier.
D'mon armur' je détache la rouille :
　Si le Roi m'app'lait dans les combats,
　　　De nos jeun's soldats
　　　Guidant les pas,
　　　　J'm'écrirais
　　　　J'suis français,
　　Qui touch' mouille !
　　　En avant,
　　Fanfan la Tulipe
　　Oui mill' nom d'un pipe
　　　　En avant.　　*Id.* 1819

XXI

CHANSON DE ROLAND

Où vont tous ces preux chevaliers,
L'orgueil et l'espoir de la France ?
C'est pour défendre nos foyers
Que leur main a repris la lance ;
Mais le plus brave, le plus fort,
C'est Roland, ce foudre de guerre,
S'il combat, la faux de la mort
Suit les coups de son cimeterre.
    Soldats français, chantons Roland,
    L'honneur de la chevalerie,
    Et repetons en combattant
    Ces mots sacrés : gloire et patrie !

Déjà mille escadrons épars
Couvrent le pied de ces montagnes ;
Je vois leurs nombreux étendarts
Briller sur les vertes campagnes.
Français, là sont vos ennemis ;
Que pour eux seuls soient les alarmes ;
Qu'ils tremblent ! tous seront punis ! . . .
Roland a demandé ses armes.
    Soldats français, etc.

L'honneur est d'imiter Roland,
L'honneur est près de sa bannière,
Suivez son panache éclatant ;
Qu'il vous guide dans la carrière.

Marchez, partagez son destin :
Des ennemis que fait le nombre ?
Roland combat ; ce mur d'airain
Va disparaître comme une ombre.
    Soldats français, etc.

Combien sont-ils ? combien sont-ils ?
C'est le cri du soldat sans gloire ;
Le héros cherche les périls ;
Sans les périls qu'est la victoire ?
Ayons tous, ô braves amis,
De Roland l'âme noble et fière.
Il ne comptait les ennemis
Qu'étendus morts sur la poussière.
    Soldats français, etc.

Mais j'entends le bruit de son cor
Qui résonne au loin dans la plaine :
Eh quoi ! Roland combat encor ?
Il combat ! ô terreur soudaine !
J'ai vu tomber ce fier vainqueur ;
Le sang a baigné son armure :
Mais toujours fidèle à l'honneur,
Il dit, en montrant sa blessure :
Soldats français ! chantez Roland,
Son destin est digne d'envie ;
Heureux qui peut, en combattant,
Vaincre et mourir pour sa patrie.

Alex. Duval. 1816

XXII

ADIEU, MON BEAU NAVIRE

Adieu, mon beau navire,
Aux grands mâts pavoisés,
Je te quitte et puis dire :
Mes beaux jours sont passés !

Toi, qui plus fort que l'onde,
En sillonnant les flots,
À tous les bouts du monde
Porte nos matelots ;
Nous n'irons plus ensemble
Voir l'équateur en feu,
Mexique où le sol tremble,
Et l'Espagne au ciel bleu !
    Adieu, mon beau, etc.

Quand éclatait la nue,
Et la foudre à nos yeux,
Lorsque la mer émue
S'élançait jusqu'aux cieux :
Sous nos pieds, sur nos têtes,
Quand grondaient mer et vent,
Entre ces deux tempêtes
Tu passais triomphant !
    Adieu, mon beau, etc.

Plus de courses paisibles,
Où l'espoir rit au cœur !
Plus de combats terribles
Dont tu sortais vainqueur !

Et d'une main, hardie
　　　Un autre à mon vaisseau,
　　　Sur la poupe ennemie,
　　　Plantera ton drapeau !
　　　　Adieu, mon beau, etc.
　　　　Frédéric Soulié et Arnould.　　1835

XXIII

L U I

I

Toujours lui ! lui partout ;—Ou brûlante ou glacée,
Son image sans cesse ébranle ma pensée.
Il verse à mon esprit le souffle créateur !
Je tremble, et dans ma bouche abondent les paroles
Quand son nom gigantesque, entouré d'auréoles,
Se dresse dans mon vers de toute sa hauteur.

Là, je le vois guidant l'obus aux bonds rapides ;
Là, massacrant le peuple au nom des régicides ;
Là, soldat, aux tribuns arrachant leurs pouvoirs ;
Là, consul jeune et fier, amaigri par les veilles,
　　Pâle sous ses longs cheveux noirs.

Puis empereur puissant, dont la tête s'incline ;
Gouvernant un combat du haut de la colline,
Promettant une étoile à ses soldats joyeux,
Faisant signe aux canons qui vomissent des flammes,
De son âme à la guerre armant six cent mille âmes,
Grave et serein, avec un éclair dans les yeux.

Puis pauvre prisonnier, qu'on raille et qu'on tourmente,
Croisant ses bras oisifs sur son sein qui fermente,
En proie aux geôliers vils comme un vil criminel,
Vaincu, chauve, courbant son front noir de nuages,
Promenant sur un roc où passent les orages,
    Sa pensée, orage éternel.

Qu'il est grand, là surtout ! quand, puissance brisée,
Des porte-clefs anglais misérable risée,
Au sacre du malheur il retrempe ses droits,
Tient au bruit de ses pas deux mondes en haleine,
Et mourant dans l'exil, gêné dans Sainte-Hélène,
Manque d'air dans la cage où l'exilent les rois !

Qu'il est grand à cette heure où, prêt à voir Dieu même,
Son œil qui s'éteint roule une larme suprême !
Il évoque à sa mort sa vieille armée en deuil,
Se plaint à ses guerriers d'expirer solitaire,
Et, prenant pour linceul son manteau militaire,
    Du lit de camp passe au cercueil !

2

À Rome où du sénat hérite le conclave,
À l'Elbe, aux monts blanchis de neige ou noirs de lave,
Au menaçant Kremlin, à l'Alhambra riant,
Il est partout !—Au Nil je le retrouve encore.
L'Égypte resplendit des feux de son aurore ;
Son astre impérial se lève à l'orient.

Vainqueur, enthousiaste, éclatant de prestiges,
Prodige, il étonna la terre des prodiges.
Les vieux scheiks admiraient l'émir jeune et prudent ;
Le peuple redoutait ses armes inouïes :
Sublime, il apparut aux tribus éblouies
     Comme un Mahomet d'occident.

Leur féerie a déjà réclamé son histoire.
La tente de l'Arabe est pleine de sa gloire.
Tout Bédouin libre était son hardi compagnon ;
Les petits enfants, l'œil tourné vers nos rivages,
Sur un tambour français règlent leurs pas sauvages,
Et les ardents chevaux hennissent à son nom.

Parfois il vient, porté sur l'ouragan numide,
Prenant pour piédestal la grande pyramide,
Contempler les déserts, sablonneux océans ;
Là, son ombre éveillant le sépulcre sonore,
Comme pour la bataille y ressuscite encore
     Les quarante siècles géants.

Il dit : debout ! soudain chaque siècle se lève,
Ceux-ci portant le sceptre et ceux-là ceints du glaive ;
Satrapes, Pharaons, Mages, peuple glacé.
Immobiles, poudreux, muets, sa voix les compte ;
Tous semblent, adorant son front qui les surmonte,
Faire à ce roi des temps une cour du passé.

Ainsi tout, sous les pas de l'homme ineffaçable,
Tout devient monument ; il passe sur le sable ?
Mais qu'importe qu'Assur de ses flots soit couvert,
Que l'Aquilon sans cesse y fatigue son aile ?
Son pied colossal laisse une trace éternelle
     Sur le front mouvant du désert.

3

Histoire, poésie, il joint du pied vos cimes.
Éperdu, je ne puis dans ces mondes sublimes
Remuer rien de grand sans toucher à son nom.
Oui, quand tu m'apparais, pour le culte ou le blâme,
Les chants volent pressés sur mes lèvres de flamme,
Napoléon ! soleil dont je suis le Memnon !

Tu domines notre âge ; ange ou démon, qu'importe !
Ton aigle dans son vol, haletant, nous emporte.
L'œil même qui te fuit te retrouve partout.
Toujours dans nos tableaux tu jettes ta grande
      ombre.
Toujours Napoléon, éblouissant ou sombre,
    Sur le seuil du siècle est debout.

Ainsi, quand du Vésuve explorant le domaine,
De Naple à Portici l'étranger se promène,
Lorsqu'il trouble, rêveur, de ses pas importuns,
Ischia, de ses fleurs embaumant l'onde heureuse,
Dont le bruit, comme un chant de sultane
      amoureuse,
Semble une voix qui vole au milieu des parfums ;

Qu'il hante de Pæstum l'auguste colonnade ;
Qu'il écoute à Pouzzol la vive sérénade
Chantant la tarentelle au pied d'un mur toscan ;
Qu'il éveille en passant cette cité momie,
Pompéï, corps gisant d'une ville endormie
    Saisie un jour par le volcan ;

Qu'il erre au Pausilippe avec la barque agile
D'où le brun marinier chante Tasse et Virgile ;
Toujours, sous l'arbre vert, sur les lits de gazon,
Toujours il voit, du sein des mers ou des prairies,
Du haut des caps, du bord des presqu'îles fleuries,
Toujours le noir géant qui fume à l'horizon.

Victor Hugo

III

BACCHANALIAN SONGS—LOVE SONGS

I

CHANSON

Une chançon encor voil
Faire, pour moi conforter,
Pour celi dont je me doil*
Voeil mont chant renoveler :
Por ce ai talent de chanter ;
Car quant je ne chant, mi oil
Tornent sovent en plorer.
Simple et france† sans orgoil
Quidai‡ ma dame trover :
Molt me fut de bel acoil,
Mès ce fut pour moi grever,
Si sont à li mi penser,
Ke la nuit, quant je somoil,
Va mes cuer merci crier.

Thibault, Comte de Champagne. 124—?

* Désole. † Franche. ‡ Je pensai.

II

PLAISIRS DE FROISSART

Au boire je prens grant plaisir :
Aussi fai-je en beaus draps vestir ;
En viande fresche et nouvelle,
Quant à table me voy servir,
Mon esperit se renouvelle.
Violettes en leurs saisons,
Et roses blanches et vermeilles
Voy volontiers ; car c'est raisons ;
Et chambres pleines de candeilles
Jeux et danses et longues veilles,
Et beaus licts pour li rafreschir,
Et, au couchier, pour mieulx dormir,
Épices, clairet et rocelle,
En toutes ces choses véir
Mon esperit se renouvelle.

134—?

III

RONDEAU

Reviens, amy ; trop longue est ta demeure ;*
Elle me fait avoir peine et doulour.
Mon esperit te demande à toute heure.
Reviens, amy ; trop longue est ta demeure ;

* Retard.

Car il n'est nul, fors toi, qui me sequeure,*
Ne secourra, jusques à ton retour.
Reviens, amy, trop longue est ta demeure ;.
Elle me fait avoir peine et doulour.
Jehan Froissart. 134—?

IV

VAU-DE-VIRE

Tout à l'entour de nos remparts
Les ennemis sont en furie ;
Sauvez nos tonneaux, je vous prie !
Prenez plus tost de nous, souldars,
Tout ce dont vous aurez envie :
Sauvez nos tonneaux, je vous prie !

Nous pourrons après, en beuvant,
Chasser notre mérencolie ;†
Sauvez nos tonneaux, je vous prie !
L'ennemi, qui est cy-devant,
Ne nous veult faire courtoisie :
Vuidons nos tonneaux, je vous prie !

Au moins, s'il prend nostre cité,
Qu'il n'y treuve‡ plus que la lie :
Vuidons nos tonneaux, je vous prie !
Deussions nous marcher de costé,
Ce bon sildre§ n'espairgnons mie :
Vuidons nos tonneaux, je vous prie !
Olivier Basselin. 14—?

* Secoure.   † Mélancolie.   ‡ Trouve.   § Cidre.

V

TRIOLETS

Laissez-moi penser à mon aise
Hélas ! donnez m'en le loysir.
Je devise avecques Plaisir
Combien* que ma bouche se taise.

Quand mérencolie† mauvaise
Me vient maintes fois assaillir,
Laissez-moi penser à mon aise
Hélas ! donnez m'en le loysir.

Car enfin que mon cueur rapaise‡
J'appelle Plaisant Souvenir,
Qui tantost § me vient réjouir
Pour ce, pour Dieu ! ne vous déplaise
Laissez-moy penser à mon aise.

Charles d'Orléans. 14—?

VI

TRIOLETS

Dieu ! qu'il fait bon la regarder,
La gracieuse, bonne et belle !
Pour les grans biens qui sont en elle,
Chacun est prest de la louer.

---

* Quoique. † Mélancolie. ‡ S'apaise. § Bientôt.

Qui se pourrait d'elle lasser ?
Tousjours sa beauté renouvelle ;
Dieu ! qu'il la fait bon regarder
La gracieuse, bonne et belle !

Par deçà, ne delà la mer,
Ne sçay dame ni damoiselle
Qui soit en tous biens parfais telle—
C'est un songe que d'y penser :
Dieu ! qu'il la fait bon regarder !
Id. 14—?

VII

SONNET

Tant que mes yeux pourront larmes répandre
Pour l'heur* passé avec toi regretter,
Et que pouvant aux soupirs résister,
Pourra ma voix un peu se faire entendre ;

Tant que ma main pourra les cordes tendre
Du mignard lut, pour tes grâces chanter ;
Tant que l'esprit se voudra contenter
De ne vouloir rien fors que toi comprendre ;

Je ne souhaite encore point mourir :
Mais quand mes yeux je senteray tarir,
Ma voix cassée et ma main impuissante,

Et mon esprit en ce mortel séjour,
Ne pouvant plus montrer signe d'amante,
Priray la mort noircir mon plus cler jour.
Louise Labé. 15—?

* Bonheur.

VIII

SONNET

Quand vous serez bien vieille, au soir, à la chandelle,
Assise auprès du feu, devidant et filant,
Direz, chantant mes vers, et vous esmerveillant :
Ronsard me célébroit du temps que j'estois belle.

Lors vous n'aurez servante oyant telle nouvelle,
Desja sous le labeur à demy sommeillant,
Qui, au bruit de Ronsard, ne s'aille réveillant,
Bénissant vostre nom de louange immortelle.

Je seray sous la terre, et, fantosme sans os,
Par les ombres* myrteux† je prendai mon repos ;
Vous serez au fouyer‡ une vieille accroupie ;

Regrettant mon amour et vostre fier dédain
Vivez, si m'en croyez, n'attendez à demain ;
Cueillez dès aujourd'huy les roses de la vie.

Ronsard. 15—?

IX

ODE

Mignonne, allons voir si la rose
Qui ce matin avoit desclose
Sa robe de pourpre au soleil
A point perdu ceste vesprée,§
Les plis de sa robe pourprée,
Et son teint au vostre pareil.

---

* Ombrages.   † This epithet is now obsolete.
‡ Now spelt *foyer*.   § Now *soirée*.

    Las ! voyez comme en peu d'espace,
Mignonne, elle a dessus la place,
Las ! las ! ses beautez laissé cheoir !*
O vrayment marastre Nature,
Puis qu'une telle fleur ne dure
Que du matin jusques au soir.
    Donc, si vous me croyez, mignonne,
Tandis que vostre âge fleuronne
En sa plus verte nouveauté,
Cueillez, cueillez vostre jeunesse ;
Comme à ceste fleur, la vieillesse
Fera ternir vostre beauté.

Id. 15—?

X

VILLANELLE

Rozette, pour un peu d'absence
Votre cœur vous avez changé ;
Et moi, sachant cette inconstance,
Le mien autre part j'ai rangé.
Jamais plus beauté si légère
Sur moi tant de pouvoir n'aura.
Nous verrons, volage bergère,
Qui premier s'en repentira.

Tandis qu'en pleurs je me consume,
Maudissant cet éloignement,
Vous, qui n'aimiez que par coutume
Caressiez un nouvel amant.

---

* Or *choir*; compounds, *déchoir*, *échoir* ; subst. *chûte*.

Jamais légère girouette
Au vent si tôt ne se vira.
Nous verrons, bergère Rozette,
Que premier s'en repentira.

Où sont tant de promesses saintes,
Tant de pleurs versés en partant?
Est-il vrai que ces tristes plaintes
Sortissent d'un cœur inconstant?
Dieux, que vous êtes mensongère!
Maudit soit qui plus vous croira!
Nous verrons, volage bergère,
Qui premier s'en repentira.

Celui qui a gagné ma place
Ne vous peut aimer tant que moi;
Et celle que j'aime vous passe
De beauté, d'amour et de foi.
Gardez bien votre amitié neuve:
La mienne plus ne variera;
Et puis nous verrons à l'épreuve
Qui premier s'en repentira.

Desportes. 15—?

XI

CHANSON

Qu'autres que vous soient désirées,
Qu'autres que vous soient adorées,
   Cela se peut facilement;
Mais qu'il soit des beautés pareilles
À vous, merveille des merveilles,
   Cela ne se peut nullement.

Que chacun sous telle puissance
Captive son obéissance,
  Cela se peut facilement ;
Mais qu'il soit une amour si forte
Que celle-là que je vous porte,
  Cela ne se peut nullement.

Que le fâcheux nom de cruelles
Semble doux à beaucoup de belles,
  Cela se peut facilement ;
Mais qu'en leur âme trouve place
Rien de si froid que votre glace,
  Cela ne se peut nullement.

Qu'autres que moi soient misérables
Par vos rigueurs inexorables,
  Cela se peut facilement ;
Mais que la cause de leurs plaintes
Porte de si vives atteintes,
  Cela ne se peut nullement.

Qu'on serve bien, lorsque l'on pense
En recevoir la récompense,
  Cela se peut facilement ;
Mais qu'une autre foi que la mienne
N'espère rien et se maintienne,
  Cela ne se peut nullement.

Qu'à la fin la raison essaie
Quelque guérison à ma plaie,
  Cela se peut facilement ;
Mais que d'un si digne servage
La remontrance me dégage,
  Cela ne se peut nullement.

Qu'en ma seule mort soient finies
Mes peines et vos tyrannies,
   Cela se peut facilement ;
Mais que jamais par le martyre
De vous servir je me retire,
   Cela ne se peut nullement.

Malherbe.   1606

XII

CHANSON

Ils s'en vont, ces rois de ma vie,
   Ces yeux, ces beaux yeux,
Dont l'éclat fait pâlir d'envie
   Ceux même des cieux.
Dieux amis de l'innocence,
Qu'ai-je fait pour mériter
Les ennuis où cette absence
   Me va précipiter ?

Elle s'en va cette merveille,
   Pour qui nuit et jour,
Quoi que la raison me conseille,
   Je brûle d'amour.
Dieux amis, etc.

En quel effroi de solitude
   Assez écarté,
Mettrai-je mon inquiétude
   En sa liberté ?
Dieux amis, etc.

Les affligés ont en leurs peines
  Recours à pleurer;
Mais quand mes yeux seroient fontaines
  Que puis-je espérer?
Dieux amis, etc.

Id. 1615

XIII

CHARMANTE GABRIELLE

Charmante Gabrielle,
Percé de mille dards,
Quand la gloire m'appelle
A la suite de Mars,
Cruelle départie!
  Malheureux jour!
Que ne suis-je sans vie
  Ou sans amour!

L'amour, sans nulle peine,
M'a, par vos doux regards,
Comme un grand capitaine
Mis sous ses étendards.
Cruelle départie!
  Malheureux jour!
Que ne suis-je sans vie
  Ou sans amour!

Si votre nom célèbre
Sur mes drapeaux brillait,
Jusqu'au delà de l'Èbre
L'Espagne me craindrait.

Cruelle départie !
  Malheureux jour !
Que ne suis-je sans vie
  Ou sans amour !

Je n'ai pu, dans la guerre,
Qu'un royaume gagner ;
Mais sur toute la terre
Vos yeux doivent régner.
Cruelle départie !
  Malheureux jour !
Que ne suis-je sans vie
  Ou sans amour !

Partagez ma couronne,
Le prix de ma valeur ;
Je la tiens de Bellone :
Tenez-la de mon cœur.
Cruelle départie !
  Malheureux jour !
C'est trop peu d'une vie
  Pour tant d'amour.

Bel astre que je quitte,
Ah ! cruel souvenir !
Ma douleur s'en irrite :
Vous revoir ou mourir.
Cruelle départie !
  Malheureux jour !
C'est trop peu d'une vie
  Pour tant d'amour.

Je veux que mes trompettes,
Mes fifres, les échos,
A tout moment répètent
Ces doux et tristes mots !
Cruelle départie !
   Malheureux jour !
C'est trop peu d'une vie
   Pour tant d'amour.

Henri IV. 15—?

XIV

CHANSON

Viens, Aurore,
Je t'implore,
Je suis gai quand je te voi.
   La bergère
   Qui m'est chère,
Est vermeille comme toi.

De rosée
Arrosée,
La rose a moins de fraîcheur ;
   Une hermine
   Est moins fine ;
Le lait a moins de blancheur.

Pour entendre
Sa voix tendre
On déserte le hameau ;
   Et Tityre,
   Qui soupire,
Fait taire son chalumeau.

Elle est blonde,
Sans seconde ;
Elle a la taille à la main ;
Sa prunelle
Étincelle
Comme l'astre du matin.

D'ambroisie,
Bien choisie,
Hébé la nourrit à part ;
Et sa bouche,
Quand j'y touche,
Me parfume de nectar.
Id. 15—?

XV

CHANSON

Le cœur blessé, les yeux en larmes ;
Ce cœur ne songe qu'à vos charmes :
Vous êtes mon unique amour :
Jour et nuit pour vous je soupire :
Si vous m'aimez à votre tour,
J'aurai tout ce que je désire.

Je vous offre sceptre et couronne ;
Mon sincère amour vous les donne :
À qui puis-je mieux les donner ?
Roi trop heureux sous votre empire,
Te croirai doublement règner
Si j'obtiens ce que je désire.
Id. 15—?

XVI

CHANSON

J'ai couru tous ces bocages,
Ces prés, ces monts, ces rivages;
Mais je n'ai trouvé pourtant
Celle que j'ai poursuivie :
Hélas ! qui me l'a ravie,
La nymphe que j'aimais tant ?

Pastourelles joliettes,
Qui de vos voix déliettes,
Vos ardeurs allez chantant,
Selon qu'amour vous convie,
Dites, qui me l'a ravie,
La nymphe que j'aimais tant ?

Ah ! c'en est fait, c'est fait d'elle :
Un dieu, la voyant si belle,
Parmi ces bois l'écartant,
Épris d'amoureuse envie,
Au ciel me l'aura ravie,
La nymphe que j'aimais tant.

Adieu, forêts désolées ;
Adieu, monts, adieu, vallées ;
Adieu, je vous vais quittant :
Puis-je plus rester en vie,
Puisque l'on me l'a ravie,
La nymphe que j'aimais tant ?

Gilles Durant. 15—?

XVII
PEINE D'AMOUR

Cruel tyran de mes désirs,
Respect, de qui la violence,
Au plus fort de mes déplaisirs,
Me veut obliger au silence,
Permets qu'aux rochers seulement
Je conte les ennuis que je souffre en aimant.

Ces bois éternellement sourds
Ne sont point suspects à ma plainte:
Les échos y dorment toujours;
Le repos y suit la contrainte;
Les zéphyrs peuvent seulement
Y soupirer le mal que je souffre en aimant.

Que sous leurs ombrages épais
Ma tristesse trouve de charmes !
Que ces lieux amis de la paix
Reçoivent doucement mes larmes !
C'est là que je puis seulement
Me plaindre des ennuis que je souffre en aimant.

Encore que devant Daphné
Ma passion soit excessive,
Ce qui tient mon cœur enchainé,
Tient aussi ma langue captive;
Même je n'ose seulement
Y soupirer le mal que je souffre en aimant.

Tout cède au pouvoir de ses yeux ;
Leurs clartés n'ont point de pareilles ;
L'auteur de la terre et des cieux
N'admire qu'en eux de merveilles :
Aussi sa beauté seulement
Est digne des ennuis que je souffre en aimant.

Si la fortune quelque jour
Exauce ma juste requête,
Et fait triompher mon amour
De cette pénible conquête,
Alors aux rochers seulement
Je dirai les douceurs que l'on goûte en aimant.

Racan. 16—?

XVIII

STANCES

Ah Dieu ! que la flamme est cruelle
Dont amour me fait consumer !
Je sers une dame infidèle,
Et ne puis cesser de l'aimer.

La marine est plus arrêtée,
Et du ciel les hauts mouvements ;
Bref, tout ce qu'on lit de Protée
Ne s'égale à ses changements.

Ores je suis seul en sa grâce,
Ce n'est qu'amour, ce n'est que feu ;
Un autre aussitôt prend la place,
Et feint ne m'avoir jamais veu.

Ce nouveau, fier de mon dommage,
Qui se forge un destin constant,
Aussitôt se trouve en naufrage,
Et me voit au port tout content.

J'ai fait par art et par nature
Tout ce qu'un amant peut penser,
Afin d'arrêter ce mercure,
Sans jamais y rien avancer.

Las ! ce qui plus me désespère,
C'est qu'avec tout ce que j'en voi,
Mon esprit ne s'en peut distraire,
Et l'adore en dépit de moi.

Si jaloux je franchis sa porte,
Jurant de n'y plus retourner,
Mon pied, malgré moi, m'y rapporte,
Et ne saurais l'en détourner.

C'est toujours accord ou querelle :
(O misérable que je suis !)
Je ne saurais vivre avec elle,
Et sans elle aussi je ne puis.
Jean Desmarets

XIX

L'AVIS DE MARIAGE

Toi qui veux femme choisir,
    À plaisir,
Si ta belle te demeure,
Des amis de ses beaux yeux,
    Curieux,
Te viendront voir à toute heure.

Si tu mets en ta maison,
  Sans raison,
La laide et mal gracieuse,
Elle qui rechignera,
  Te sera
Toute ta vie ennuyeuse.

Si tu veux la riche avoir,
  Son avoir
La rendra bien si rebelle,
Qu'elle te méprisera
  Et dira
Que tu ne vivrais sans elle.

Si la pauvre tu attends,
  Le bon temps
Chez toi n'arrêtera guère ;
Pauvreté, par désarroi,
  Tire à soi
Toute sorte de misère.

Si d'avarice surpris
  Tu as pris
Une femme fausse et fière,
Tu t'es mis la corde au col,
  Comme un fol
Qui se noie en la rivière.

Mais toi qui, par ton savoir,
  Dis avoir
Femme belle et bonne ensemble,
O beau Phénix devenu
  Cher tenu,
Heureux est qui te ressemble !

Claude Mermet

XX

LE BLASON DE LA MARGUERITE

En Avril où naquit amour,
J'entrai dans son jardin un jour,
Où la beauté d'une fleurette
Me plut sur celles que j'y vis.
Ce ne fut pas la pâquerette,
L'œillet, la rose ni le lys :
Ce fut la belle Marguerite,
Qu'au cœur j'aurai toujours écrite.

Elle ne commençait encor
Qu'à s'éclore, ouvrant un fond d'or ;
C'est des fleurs la fleur plus parfaite,
Qui plus dure, en son teint naïf,
Que le lys ni la violette,
La rose ni l'œillet plus vif ;
J'aurai toujours au cœur écrite
Sur toutes fleurs la Marguerite.

Les uns loueront le teint fleuri
D'autre fleur dès le soir flétri,
Comme d'une rose tendrette
Qu'on ne voit qu'en un mois fleurir :
Mais par moi, mon humble fleurette
Fleurira toujours sans flétrir :
J'aurai toujours au cœur écrite
Sur toutes fleurs la Marguerite.

Plût à Dieu que je pusse un jour
La baiser mon soûl, et qu'amour
Cette grâce et faveur m'eût faite,
Qu'en saison je pusse cueillir
Cette jeune fleur vermeillette,
Qui, croissant, ne fait qu'embellir !
J'aurais toujours au cœur écrite
Sur toutes fleurs la Marguerite.

Jean de la Taille

XXI

LE BLASON DE LA ROSE

À demoiselle Rose de la Taille, sa cousine

Aux uns plait l'azur d'une fleur,
Aux autres une autre couleur :
L'un des lys, de la violette,
L'autre blasonne de l'œillet
Les beautés, ou d'une fleurette
L'odeur ou le teint vermeillet :
À moi, sur toute fleur déclose,
Plait l'odeur de la belle rose.

J'aime à chanter de cette fleur
Le teint vermeil et la valeur,
Dont Vénus se pare, et l'Aurore,
De cette fleur, qui a le nom
D'une que j'aime et que j'honore,
Et dont l'honneur ne sent moins bon :
J'aime, sur toute fleur déclose,
À chanter l'honneur de la rose.

La rose est des fleurs tout l'honneur,
Qui en grâce et divine odeur
Toutes les belles fleurs surpasse,
Et qui ne doit au soir flétrir,
Comme une autre fleur qui se passe,
Mais en honneur toujours fleurir :
J'aime, sur toute fleur déclose,
À chanter l'honneur de la rose.

Elle ne défend à aucun
Ni sa vue, ni son parfum ;
Mais si de façon indiscrète
On la voulait prendre ou toucher,
C'est lors que sa pointue aigrette
Montre qu'on n'en doit approcher :
J'aime, sur toute fleur déclose,
À chanter l'honneur de la rose.

Id.

XXII

STANCES

Marquise, si mon visage
A quelques traits un peu vieux,
Souvenez-vous qu'à mon âge
Vous ne vaudrez guère mieux !

Le temps aux plus belles choses
Se plait à faire un affront,
Et saura faner vos roses
Comme il a ridé mon front.

Le même cours des planètes
Règle vos jours et vos nuits :
On m'a vu ce que vous êtes ;
Vous serez ce que je suis.

Cependant j'ai quelques charmes
Qui sont assez éclatants,
Pour n'avoir pas trop d'alarmes
De ces ravages du temps.

Vous en avez qu'on adore,
Mais ceux que vous méprisez
Pourraient bien durer encore,
Quand ceux-là seront usés.

Ils pourront sauver la gloire
Des yeux qui me semblent doux,
Et dans mille ans faire croire
Ce qu'il me plaira de vous.

Chez cette race nouvelle
Où j'aurai quelque credit,
Vous ne passerez pour telle
Qu'autant que je l'aurai dit.

Pensez-y, belle Marquise,
Quoiqu'un grison fasse effroi,
Il vaut bien qu'on le courtise
Quand il est fait comme moi.

Corneille. 16—?

XXIII

CHANSON

Toi qui près d'un beau visage
Ne veux que feindre l'amour,
Tu pourrais bien quelque jour
Éprouver à ton dommage
   Que souvent la fiction
   Se change en affection.

Tu dupes son innocence ;
Mais enfin ta liberté
Se doit à cette beauté
Pour réparer ton offense ;
   Car souvent la fiction
   Se change en affection.

Bien que ton cœur désavoue
Ce que ta langue lui dit,
C'est en vain qu'il la dédit :
L'amour ainsi ne se joue ;
   Et souvent la fiction
   Se change en affection.

Sache enfin que cette flamme
Que tu veux feindre au dehors,
Par des inconnus ressorts
Entrera bien dans ton âme ;
   Car souvent la fiction
   Se change en affection.

Tirsis auprès d'Hippolyte
Pensait bien garder son cœur ;
Mais ce bel objet vainqueur
Se fit rendre à son mérite,
  Changeant en affection,
  Malgré lui, sa fiction.

Id. 16— ?

XXIV

CHANSON DE MAÎTRE ADAM

Aussitôt que la lumière
A redoré nos côteaux,
Je commence ma carrière
Par visiter mes tonneaux :
Ravi de revoir l'aurore,
  Le verre en main, je lui dis :
Vois-tu sur la rive More
Plus qu'à mon nez de rubis ?

Le plus grand roi de la terre,
Quand je suis dans un repas,
S'il me déclarait la guerre,
Ne m'épouvanterait pas :
À table rien ne m'étonne,
Et je pense quand je bois,
Si là-haut Jupiter tonne,
Que c'est qu'il a peur de moi.

Si quelque jour, étant ivre,
La mort arrêtait mes pas,
Je ne voudrais pas revivre
Pour changer ce grand trépas :
Je m'en irais dans l'Averne,
Faire enivrer Alecton,
Et planter une taverne
Dans la chambre de Pluton.

Par ce nectar délectable
Les démons étant vaincus,
Je ferais chanter au Diable
Les louanges de Bacchus :
J'appaiserais de Tantale
La grande altération,
Et passant l'onde infernale,
Je ferais boire Ixion....

Au bout de ma quarantaine,
Cent ivrognes m'ont promis
De venir, la tasse pleine,
Au gîte où l'on m'aura mis :
Pour me faire une hécatombe
Qui signale mon destin,
Ils arroseront ma tombe
De plus de cent brocs de vin.

De marbre ni de porphyre
Qu'on ne fasse mon tombeau,
Pour cercueil je ne désire
Que le contour d'un tonneau,

Et veux qu'on peigne ma trogne
Avec ces vers à l'entour :
" Ci-gît le plus grand ivrogne
" Qui jamais ait vu le jour."

Adam Billaut.   16—?

XXV

CHANSON À BOIRE,

Que je fis au sortir de mon cours de philosophie, à l'âge de dix-sept ans

Philosophes rêveurs, qui pensez tout savoir,
Ennemis de Bacchus, rentrez dans le devoir :
   Vos esprits s'en font trop accroire.
 Allez, vieux fous, allez apprendre à boire.
    On est savant quand on boit bien :
    Qui ne sait boire ne sait rien.

S'il faut rire ou chanter au milieu d'un festin,
Un docteur est alors au bout de son latin :
   Un goinfre en a toute la gloire.
 Allez, vieux fous, allez apprendre à boire.
    On est savant quand on boit bien :
    Qui ne sait boire ne sait rien.

Boileau.   1657

XXVI

CHANSON À BOIRE,

Faite à Bâville, où étoit le P. Bourdaloue

Que Bâville me semble aimable,
Quand des magistrats le plus grand
Permet que Bacchus à sa table
Soit notre premier président !

Trois muses, en habit de ville,
Y président à ses côtés :
Et ses arrêts par Arbouville
Sont à plein verre exécutés.

Si Bourdaloue un peu sévère
Nous dit, Craignez la volupté ;
Escobar, lui dit-on, mon Père,
Nous la permet pour la santé.

Contre ce docteur authentique
Si du jeûne il prend l'intérêt,
Bacchus le déclare hérétique,
Et Janséniste, qui pis est.

Id. 1657

XXVII

CHANSON

Celle qu'adore mon cœur n'est ni brune ni blonde ;
    Pour la peindre d'un seul trait,
      C'est le plus charmant objet
        Du monde.

Cependant de ses beautés le compte est bien facile,
  On lui voit cinq cents appas
  Et cinq cents qu'on ne voit pas
    Font mille.

La sagesse et son esprit sont d'une main céleste ;
  Mille attraits m'ont informé
  Que les Grâces ont formé
    Le reste.

Du vif éclat de son teint quelles couleurs sont dignes ?
  Flore a bien moins de fraîcheur,
  Et son gorge a la blancheur
    Des cygnes.

Elle a la taille et le bras de Vénus elle-même ;
  D'Hébé la bouche et le nez ;
  Et, pour ses yeux, devinez
    Qui j'aime.

Le comte d'Hamilton. 1661

XXVIII

L'AVARICIEUSE

Philis, plus avare que tendre,
Ne gagnant rien à refuser,
Un jour exigeait de Sylvandre
Trente moutons pour un baiser.

Le lendemain, nouvelle affaire :
Pour le berger le troc fut bon,
Car il obtint de la bergère
Trente baisers pour un mouton.

Le lendemain, Philis, plus tendre,
Craignant de déplaire au berger,
Fut trop heureuse de lui rendre
Trente moutons pour un baiser.

Le lendemain, Philis, peu sage,
Aurait donné moutons et chien
Pour un baiser que le volage
À Lisette donnait pour rien.

Dufresny. 1708

XXIX

L'AMOUR

" L'Amour est un enfant trompeur,
   " Me dit souvent ma mère,
" Avec son air plein de douceur
   " C'est pis qu'une vipère !"
Mais je prétends savoir pourtant
   Quel mal si grand d'un jeune enfant
Peut craindre une bergère.

Je vis hier le beau Lucas
   Aller près de Glycère,

Il lui parlait tout près, tout bas,
  Et d'un air bien sincère ;
Il lui vantait un dieu charmant :
  Ce dieu c'était précisément
Celui que craint ma mère.

Pour sortir de cet embarras
  Et savoir le mystère,
Cherchons l'Amour avec Colas,
  Sans rien dire à ma mère :
Et supposé qu'il soit méchant,
  Nous serons deux contre un enfant,
Quel mal peut-il nous faire ?

Boufflers. 1775

XXX

L'AMANT GRENADIER

Malgré la bataille
Qu'on donne demain,
Ça, faisons ripaille,
Charmante Catin ;
Attendant la gloire,
Goûtons le plaisir,
Sans lire au grimoire
Du sombre avenir.

Si la hallebarde
Je peux mériter,
Près du corps-de-garde
Je te fais planter ;

Ayant la dentelle,
Le soulier brodé,
La boucle à l'oreille,
Le chignon cardé.

Narguant tes compagnes,
Méprisant leurs vœux,
J'ai fait deux campagnes,
Rôti de tes feux.
Digne de la pomme,
Tu reçus ma foi ;
Et jamais rogome
Ne fut bu sans toi.

Tiens, serre ma pipe,
Garde mon briquet ;
Et si la Tulipe
Fait le noir trajet,
Que tu sois la seule,
Dans le régiment,
Qu'ait le brûle-gueule
De son cher amant.

Ah ! retiens tes larmes !
Calme ton chagrin ;
Au nom de tes charmes,
Achève ton vin.
Mais quoi ! de nos bandes
J'entends les tambours....
Gloire, tu commandes,
Adieu mes amours !

Mangenot. 1745

XXXI

LES HIRONDELLES

Que j'aime à voir les hirondelles
À ma fenêtre, tous les ans,
Venir m'apporter des nouvelles
De l'approche du doux printemps !
Le même nid, me disent-elles,
Va revoir les mêmes amours :
Ce n'est qu'à des amants fidèles
À vous annoncer les beaux jours.

Lorsque les premières gelées
Font tomber les feuilles des bois,
Les hirondelles rassemblées
S'appellent toutes sur les toits :
Partons, partons, se disent-elles,
Fuyons la neige et les autans ;
Point d'hiver pour les cœurs fidèles ;
Ils sont toujours dans le printemps.

Si par malheur, dans le voyage,
Victime, d'un cruel enfant,
Une hirondelle mise en cage
Ne peut rejoindre son amant,
Vous voyez mourir l'hirondelle
D'ennui, de douleur et d'amour,
Tandis que son amant fidèle
Près de là meurt le même jour.

Florian. 1782

XXXII

C'EST MON AMI : RENDEZ-LE MOI

Ah ! s'il est, dans votre village,
Un berger sensible et charmant,
Qu'on chérisse au premier moment,
Qu'on aime ensuite davantage ;
C'est mon ami, rendez-le-moi,
J'ai son amour, il a ma foi.

Si, par sa voix douce et plaintive,
Il charme l'écho de vos bois ;
Si les accents de son hautbois
Rendent la bergère pensive ;
C'est encor lui, rendez-le-moi ;
J'ai son amour, il a ma foi.

Si, même en n'osant rien vous dire,
Son regard sait vous attendrir ;
Si, sans jamais faire rougir,
Sa gaîté fait toujours sourire ;
C'est encor lui, rendez-le-moi ;
J'ai son amour, il a ma foi.

Si, passant près de sa chaumière,
Le pauvre en voyant son troupeau
Ose demander un agneau,
Et qu'il obtienne encore la mère;
Oh ! c'est bien lui, rendez-le-moi ;
J'ai son amour, il a ma foi.

Id. 1782

XXXIII

CLÉMENCE ISAURE

A Toulouse il fut une belle ;
Clémence Isaure était son nom :
Le beau Lautrec brûla pour elle ;
Et de sa foi reçut le don.
Mais leurs parents trop inflexibles
S'opposaient à leurs tendres feux :
Ainsi toujours les cœurs sensibles
Sont nés pour être malheureux !

Alphonse, le père d'Isaure,
Veut lui donner un autre époux ;
Fidèle à l'amant qu'elle adore,
Sa fille tombe à ses genoux :
" Ah ! que plutôt votre colère
" Termine des jours de douleur !
" Ma vie appartient à mon père ;
" À Lautrec appartient mon cœur."

Le vieillard, pour qui la vengeance
A plus de charmes que l'amour,
Fait charger de chaines Clémence,
Et l'enferme dans une tour.
Lautrec, que menaçait sa rage,
Vient gémir au pied du donjon,
Comme l'oiseau près de la cage
Où sa compagne est en prison.

Une nuit la tendre Clémence
Entend la voix de son amant ;
À ses barreaux elle s'élance,
Et lui dit ces mots en pleurant :
" Mon ami, cédons à l'orage ;
" Va trouver le roi des Français :
" Emporte mon bouquet pour gage
" Des serments que mon cœur t'a faits.

" L'églantine est la fleur que j'aime ;
" La violette est ma couleur ;
" Dans le souci tu vois l'emblême
" Des chagrins de mon triste cœur.
" Ces trois fleurs que ma bouche presse
" Seront humides de mes pleurs ;
" Qu'elles te rappellent sans cesse
" Et nos amours et nos douleurs ! "

Elle dit, et par la fenêtre
Jette les fleurs à son amant.
Alphonse, qui vient à paraître,
Le force de fuir tout tremblant.
Lautrec part. La guerre commence,
Et s'allume de toutes parts :
Vers Toulouse l'Anglais s'avance,
Et brûle déjà ses remparts.

Sur ses pas Lautrec revient vîte :
À peine est-il sur le glacis,
Qu'il voit des Toulousains l'élite
Fuyant devant les ennemis.

Un seul vieillard résiste encore :
Lautrec court lui servir d'appui ;
C'était le vieux père d'Isaure.
Lautrec est blessé près de lui.

Hélas ! sa blessure est mortelle.
Il sauve Alphonse et va périr.
Le vieillard fuit ; Lautrec l'appelle,
Et lui dit avant de mourir :
" Cruel père de mon amie,
" Tu ne m'as pas voulu pour fils !
" Je me venge en sauvant ta vie :
" Le trépas m'est doux à ce prix.

" Exauce du moins ma prière ;
" Rends les jours de Clémence heureux :
" Dis lui qu'à mon heure dernière
" Je t'ai chargé de mes adieux ;
" Reporte lui ces fleurs sanglantes,
" De mon cœur le plus cher trésor,
" Et laisse mes lèvres mourantes
" Les baiser une fois encor."

En disant ces mots il expire.
Alphonse, accablé de douleur,
Prend le bouquet et s'en va dire
À sa fille l'affreux malheur.
En peu de jours la triste amante
Dans les pleurs terminant son sort,
Prit soin d'une main défaillante,
D'écrire un testament de mort.

Elle ordonna que chaque année,
En mémoire de ses amours,
Chacune des fleurs fut donnée
Aux plus habiles troubadours.
Tout son bien fut laissé par elle,
Pour que ces trois fleurs fussent d'or.
Sa patrie, à son vœu fidèle,
Observe cet usage encor.

Id. 1782

XXXIV

L'AMOUR

Jeune, j'aimai—le temps de mon bel âge,
Ce temps si court, l'amour seul le remplit ;
Quand j'atteignis la saison d'être sage,
Toujours j'aimai—la raison me le dit.
Puis l'âge vient, et le plaisir s'envole,
Mais mon bonheur ne s'envole aujourd'hui,
Car j'aime encore, et l'amour se console ;
Rien ne pourrait me consoler de lui.

Madame d'Houdetot. 18—?

XXXV

SUR LA MORT D'UNE JEUNE FILLE

Son âge échappait à l'enfance ;
Riante comme l'innocence,
Elle avait les traits de l'Amour.
Quelques mois, quelques jours encore,

Dans ce cœur pur et sans détour
Le sentiment allait éclore.
Mais le ciel avait au trépas
Condamné ses jeunes appas ;
Au ciel elle a rendu sa vie,
Et doucement s'est endormie.
Sans murmurer contre ces lois
Ainsi le sourire s'efface ;
Ainsi meurt sans laisser de trace
Le chant d'un oiseau dans les bois.

Parny. 1778

XXXVI

CONSEILS À DÉLIE

Crois-moi, jeune Délie,
Profitons des beaux jours ;
L'aurore de la vie
Appartient aux Amours ;
Vainement la Sagesse
Condamne nos soupirs,
Notre amoureuse ivresse
Vaut bien ses froids plaisirs.

Si l'amour est un songe,
Prolongeons le sommeil ;
Jouissons du mensonge
Sans penser au réveil ;
Et, puisqu'avec le rêve
S'enfuit notre bonheur,
Avant qu'il ne s'achève,
Mourons dans notre erreur.

De Jouy. 18—?

XXXVII

FEMME SENSIBLE

CHANT DU BARDE DANS ARIODANT

Femme sensible, entends-tu le ramage
De ces oiseaux qui célèbrent leurs feux ?
Ils font redire à l'écho du rivage :
Le printemps fuit, hâtez-vous d'être heureux.

Vois-tu ces fleurs, ces fleurs qu'un doux Zéphire
Va caressant de son souffle amoureux ?
En se fanant elles semblent te dire :
Le printemps fuit, hâtez-vous d'être heureux.

Moments charmants d'amour et de tendresse,
Comme un éclair vous fuyez à nos yeux ;
Et tous les jours perdus dans la tristesse
Nous sont comptés comme des jours heureux.

Hoffmann. 1800

XXXVIII

ÉLOGE DE L'EAU

Il pleut, il pleut enfin !
Et la vigne altérée
Va se voir restaurée,
Par ce bienfait divin !
De l'Eau chantons la gloire :
On la méprise en vain ;
C'est l'eau qui nous fait boire
Du vin, du vin, du vin.

C'est par l'eau, j'en conviens,
Que Dieu fit le déluge,
Mais ce souverain juge
Mit les maux près des biens :
Du déluge, l'histoire,
Fait naître le raisin :
C'est l'eau qui nous fait boire
Du vin, du vin, du vin.

Du bonheur je jouis
Quand la rivière apporte,
Presque devant ma porte,
Des vins de tous pays ;
Ma cave et mon armoire,
Dans l'instant, tout est plein !
C'est l'eau qui me fait boire
Du vin, du vin, du vin.

Par un temps sec et beau,
Le meunier du village
Se morfond sans ouvrage,
Et ne boit que de l'eau ;
Il rentre dans sa gloire
Quand l'eau vient au moulin ;
C'est l'eau qui lui fait boire
Du vin, du vin, du vin.

S'il faut un trait nouveau,
Mes amis, je le guette ;
Voyez à la guinguette
Entrer mon porteur d'eau ;

Il y perd la mémoire
Des travaux du matin ;
C'est l'eau qui lui fait boire
Du vin, du vin, du vin.

Mais à vous chanter l'eau,
Je sens que je m'altère,
Passez-moi vîte un verre
Plein de jus du tonneau ;
Si tout mon auditoire
Répète mon refrain ;
C'est l'eau qui lui fait boire
Du vin, du vin, du vin.

 Armand Gouffé. 18—

XXXIX

COUPLETS AUX CONVIVES DES DÎNERS DU VAUDEVILLE,

POUR LES INVITER À SE RÉUNIR DE NOUVEAU

Depuis que nous ne dînons plus,
À rimer en vain je m'amuse ;
Je fais des efforts superflus
Pour ranimer ma pauvre muse :
De jour en jour elle maigrit,
Mais la guérison est facile :
Rien ne restaure mon esprit
Comme un dîner du Vaudeville.

J'ai dîné chez de gros traiteurs ;
J'ai dîné chez des gens du monde :
Ils reçoivent bien les auteurs,
Et sur leur table tout abonde.
Mais ils montrent tous plus de goût
Dans leurs sauces que dans leur style ;
Et le sel qu'ils mettent partout
N'est pas le sel du Vaudeville.

On boit chez eux, on boit beaucoup
Et de bourgogne et de champagne ;
Mais rien ne vaut un petit coup
Qu'un petit couplet accompagne :
Vous savez seuls dans un festin,
Joignant l'agréable à l'utile,
Unir une pointe de vin
À la pointe d'un Vaudeville.

Beaucoup de faiseurs d'almanachs
Sur vos vers fondent leur cuisine :
Ah ! rassurez leurs estomacs ;
Ne les prenez point par famine.
Votre absence les fait jeûner,
Et j'en citerais plus de mille
Qui n'ont jamais eu pour dîner
Que le dîner du Vaudeville.

Le Vaudeville à la gaîté
Semble avoir fermé sa demeure ;
Triste, pâle et déconcerté,
Tous les soirs voyez comme il pleure !

Il n'est qu'un moyen d'essuyer
Les pleurs de cet enfant docile :
Amis : il faut vous égayer,
Pour égayer le Vaudeville.

Ce Collé, dont nous chérissons
Et les couplets et la mémoire,
Bacchus seul dictait ses chansons :
Pour bien chanter il faut donc boire.
Buvons, mes amis ; nous pourrons
Rendre à la gaîté son asile
Buvons, et tant que nous vivrons,
Faisons vivre le Vaudeville !

Id. 18—

XL

LE VERRE,

CHANSON À BOIRE

Messieurs les beaux esprits du jour,
    Dont le style me vexe,
Peindraient le *verre* tour à tour
    Ou *concave* ou *convexe :*
Buveurs et chansonniers joyeux,
    Vous devez tous m'en croire ;
Pour l'honneur du *verre* il vaut mieux
    Chanter le *verre* à boire.

Je sais qu'on rapproche les cieux
    Avec un télescope ;
Qu'un ciron parait monstrueux
    Vu dans un microscope :
De tous ces *verres* aujourd'hui
    Ferai-je la revue ?
Le plus net ne vaut pas celui
    Qui nous trouble la vue.

Du verre faut-il à vos yeux
    Déployer la noblesse ?
J'en appelle à nos bons aïeux,
    Vivant pleins de sagesse :
Lisez l'histoire, s'il vous plaît,
    Et vous y verrez comme
Pour *souffler* un *verre* il fallait
    Que l'on fût gentilhomme.

Les verres sont petits ou grands,
    Ils sont ce que nous sommes :
Chez eux les rangs sont différents,
    Comme parmi les hommes.
Point de quiproquos affligeants,
    Buveurs, mes chers confrères ;
Nous devons aux *petites gens*
    Laisser les *petits verres*.

Le *verre* est un meuble charmant,
    Un meuble fort utile ;
Il n'a qu'un seul désagrément,
    C'est d'être un peu fragile.

Perdre son *verre!*... Est-il permis!...
  Grand Dieu, quelle disgrace!...
Vidons le notre, mes amis,
  De peur qu'il ne se casse.
Id. 18—

XLI

LE BAL DES MÈRES

À moi, charmant Anacréon !
J'invoque aujourd'hui ton génie ;
Des jeux prolonger la saison,
C'est ajouter à notre vie.
Appelons ici la gaîté,
L'innocence et la liberté :
    Enfans
    De quinze ans,
Laissez danser vos mamans.

Conviens, Amour, qu'ici des ans
Tu méconnaîtrais l'intervalle :
La moins jeune de ces mamans
Peut de sa fille être rivale ;
Il est plus d'un mois pour les fleurs,
Et toutes les roses sont sœurs.
    Enfans, etc.

Belles, qui formez des projets,
Trente ans est pour vous le bel âge,
Vous n'en avez pas moins d'attraits,
Vous en connaissez mieux l'usage :

C'est le vrai moment d'être heureux ;
On plaît autant, l'on aime mieux.
  Enfans, etc.

Croyez-vous que ce dieu malin,
Dont je chéris et crains la flamme,
Allume, aux rayons du matin,
Le flambeau qui brûle notre âme ?
Son feu, si je l'ai bien senti,
Ressemble aux ardeurs du midi.
  Enfans
  De quinze ans,
Laissez danser vos mamans.

Moreau, historiographe de France. 1779

XLII

LES COMPAGNONS DE VOYAGE

L'hymen est un lien charmant,
Lorsque l'on s'aime avec ivresse,
Et ce n'est que dans la jeunesse
Qu'on peut s'aimer bien tendrement ;
C'est un gentil pélerinage
Que l'on entreprend de moitié,
Peines, plaisirs, tout se partage.
L'amour, l'estime et l'amitié
Sont les compagnons du voyage.

Si par malheur chez les époux
On voit naître l'indifférence,
Si la triste et froide inconstance
Succède à leurs transports si doux,
Plus n'est gentil pèlerinage
Qu'on faisait gaîment de moitié,
Mais si l'amour devient volage,
Qu'au moins l'estime et l'amitié
Restent compagnons du voyage.

Quand j'ai vu naître mes enfants,
M'immoler devint nécessaire.
Je connais les devoirs d'un père,
Il doit tenir tous ses serments !
Dans mon triste pèlerinage,
Qui fut entrepris de moitié,
Je bénis encor mon partage,
Si leur bonheur, leur amitié
Sont mes compagnons de voyage.

Marsollier. 1797

XLIII

ROMANCE DE JOCONDE

Dans un délire extrême
On veut fuir ce qu'on aime,
On prétend se venger,
On jure de changer ;

On devient infidèle,
On court de belle en belle,
Mais on revient toujours
À ses premiers amours.

Ah! d'une ardeur sincère
Le temps ne peut distraire,
Et nos plus doux plaisirs
Sont dans nos souvenirs.
On pense, on pense encore
À celle qu'on adore,
Et l'on revient toujours
À ses premiers amours.

Étienne. 1814

XLIV

LE TEMPS ET L'AMOUR

À voyager passant sa vie,
Certain vieillard nommé le Temps,
Près d'un fleuve arrive et s'écrie :
" Ayez pitié de mes vieux ans,
" Hé quoi! sur ces bords on m'oublie,
" Moi qui compte tous les instants!
" Mes bons amis, je vous supplie,
" Venez, venez passer le Temps."

De l'autre côté sur la plage,
Plus d'une fille regardait,
Et voulait aider son passage,
Sur un bateau qu'Amour guidait :

Mais une d'elles, bien plus sage,
Leur répétait ces mots prudents :
" Ah ! souvent on a fait naufrage,
" En cherchant à passer le Temps."

L'Amour gaiment pousse au rivage ;
Il aborde tout près du Temps,
Il lui propose le voyage,
L'embarque et s'abandonne aux vents ;
Agitant ses rames légères,
Il dit et redit dans ses chants :
" Vous voyez bien, jeunes bergères,
" Que l'Amour fait passer le Temps."

Mais tout-à-coup l'Amour se lasse ;
Ce fut toujours là son défaut.
Le Temps prend la rame à sa place,
Et lui dit : " Quoi ! céder si tôt !
" Pauvre enfant ! quelle est ta faiblesse !
" Tu dors, et je chante à mon tour,
" Ce vieux refrain de la Sagesse :
" Ah ! le Temps fait passer l'Amour."

Une beauté dans le bocage
Se riait sans ménagement
De la morale du vieux sage,
Et du dépit du jeune enfant :
" Qui peut," dit le Temps en colère,
" Braver l'Amour et mes vieux ans ?"
" C'est moi," dit l'Amitié sincère,
" Qui ne crains jamais rien du Temps."

Ségur. 1804

XLV

L'ÉDUCATION DE L'AMOUR

Quand l'Amour naquit à Cythère
On s'intrigua dans le pays :
Venus dit, "Je suis bonne mère ;
C'est moi qui nourrirai mon fils."
Mais l'Amour, malgré son jeune âge,
Trop attentif à tant d'appas,
Préférait le vase au breuvage,
Et l'enfant ne profitait pas.

"Ne faut pourtant pas qu'il pâtisse,"
Dit Vénus parlant à sa cour :
"Que la plus sage le nourrisse ;
Songez toutes que c'est l'Amour."
Soudain la Candeur, la Tendresse,
L'Égalité viennent s'offrir,
Et même la Délicatesse ;
Nulle n'avait de quoi nourrir.

On penchait pour la Complaisance ;
Mais l'enfant eut été gâté.
On avait trop d'expérience
Pour penser à la Volupté.
Enfin sur ce choix d'importance,
Cette cour ne décidant rien,
Quelqu'un proposa l'Espérance,
Et l'enfant s'en trouva fort bien.

On prétend que la Jouissance,
Qui croyait devoir le nourrir,
Jalouse de la préférence,
Guettait l'enfant pour s'en saisir ;
Prenant les traits de l'Innocence,
Pour berceuse elle vint s'offrir,
Et la trop crédule Espérance
Eut le malheur d'y consentir.

Un jour advint que l'Espérance,
Voulant se livrer au sommeil,
Remit à la fausse Innocence
L'enfant jusques à son reveil.
Alors la trompeuse déesse
Donne bonbons à pleine mains :
L'Amour d'abord fut dans l'ivresse,
Mais mourut bientôt dans son sein.

Id. 1805

XLVI

LES ADIEUX

Vous me quittez pour aller à la gloire,
Mon triste cœur suivra partout vos pas.
Allez, volez au temple de mémoire,
Suivez l'honneur ; mais ne m'oubliez pas.

À vos devoirs comme à l'amour fidèle,
Cherchez la gloire, évitez le trépas :
Dans les combats où l'honneur vous appelle
Distinguez-vous ; mais ne m'oubliez pas.

Que faire, hélas ! dans mes peines cruelles,
Je crains la paix autant que les combats ;
Vous y verrez tant de beautés nouvelles ;
Vous leur plairez ; mais ne m'oubliez pas.

Oui, vous plairez et vous vaincrez sans cesse ;
Mars et l'Amour suivront partout vos pas.
De vos succès gardez la douce ivresse,
Soyez heureux ; mais ne m'oubliez pas.

Id. 1805

XLVII

LE POINT DU JOUR

Le point du jour
À nos bosquets rend toute leur parure ;
Flore est plus belle à son retour ;
L'oiseau reprend doux chant d'amour :
Tout célèbre dans la nature
Le point du jour.

Au point du jour
Désir plus vif est toujours près d'éclore ;
Jeune et sensible troubadour,
Quand vient la nuit, chante l'amour :
Mais il chante bien mieux encore
Au point du jour.

Le point du jour
Cause parfois, cause douleur extrême.
Que l'espace des nuits est court
Pour le berger brûlant d'amour,
Forcé de quitter ce qu'il aime
Au point du jour.

Étienne. 1805

XLVIII

LA FIN DU JOUR

La fin du jour
Sauve les fleurs et rafraichit les belles ;
Je veux, en galant troubadour,
Célébrer, au nom de l'amour,
Chanter, au nom des fleurs nouvelles,
La fin du jour.

La fin du jour
Rend aux plaisirs l'habitant du village ;
Voyez les bergers d'alentour
Danser en chantant tour à tour :
Ah ! comme on aime, après l'ouvrage,
La fin du jour.

La fin du jour
Rend aux amans et l'ombre et le mystère ;
Quand Phébus termine son tour,
Vénus, au milieu de sa cour,
Avec Mars célèbre à Cythère
La fin du jour.

  La fin du jour
Rend le bonheur aux oisèaux du bocage ;
 Bravant dans leur obscur séjour
 La griffe du cruel vautour,
 Ils vont guetter sous le feuillage
  La fin du jour.

  La fin du jour
Me voit souvent commencer un bon somme ;
 Et pour descendre au noir séjour,
 En fermant les yeux sans retour
 Je dirai gaiment : c'est tout comme
  La fin du jour.

Armand Gouffé. 1805

XLIX

LE VERRE

Quand je vois des gens ici-bas
Sécher de chagrin ou d'envie,
Ces malheureux, dis-je tout bas,
N'ont donc jamais bu de leur vie !
On ne m'entendra pas crier
Peine, famine, ni misère,
Tant que j'aurai de quoi payer
Le vin que peut tenir mon verre.

Riche sans posséder un sou,
Rien n'excite ma jalousie ;
Je ris des mines du Pérou,
Je ris des trésors de l'Asie ;

Car sans sortir de mon taudis,
Grâce au seul dieu que je révère,
Je vois saphir, perle et rubis
Abonder au fond de mon verre.

Tout nous atteste que le vin
De tous les maux est le remède,
Et les dieux n'ont pas fait en vain
Leur échanson de Ganymède.
Je gage même que ces coups
Que l'homme attribue au tonnerre,
Sont moins l'effet de leur courroux,
Que du choc bruyant de leur verre.

Chaque jour l'humide fléau
Des cieux ne rompt-il pas les digues ?
Si les immortels aimaient l'eau,
Ils n'en seraient pas si prodigues.
Et quand nous voyons par torrent
La pluie inonder notre terre,
C'est qu'ils rejettent en jurant
L'eau que l'on verse dans leur verre.

Le bon vin rend l'homme meilleur ;
Car du monarque assis à table,
Vit-on jamais le bras vengeur
Signer la perte d'un coupable ?
De son cœur le courroux banni
N'obscurcit plus son front sévère :
Armé du sceptre, il l'eût puni :
Il lui pardonne, armé du verre.

Je ne sais par quel vertigo,
Ou quelle suffisance extrême,
Narcisse, en se mirant dans l'eau,
Devint amoureux de lui-même.
Moi, fort souvent je suis atteint
De cette risible chimère,
Mais c'est lorsque je vois mon teint
Pourpré par le reflet du verre.

Dieu du vin, dieu de l'univers,
Toi qui me fis à ton image,
Reçois ce tribut de mes vers :
Et, pour couronner ton ouvrage,
Fais, jusqu'à mes instants derniers,
Que dans ma soif je persévère,
Et qu'à ma mort mes héritiers
Ne puissent m'arracher mon verre.

Désaugiers. 18—

L

MONSIEUR ET MADAME DENIS

MADAME DENIS

Quoi ! vous ne me dites rien ?
Mon ami, ce n'est pas bien ;
Jadis c'était différent ;
Souvenez-vous-en, souvenez-vous-en....
J'étais sourde à vos discours,
Et vous me parliez toujours.

MONSIEUR DENIS

Mais m'amour, j'ai sur le corps
Cinquante ans de plus qu'alors ;
Car c'était en mil sept cent ;
Souvenez-vous-en, souvenez-vous-en ....
An premier de mes amours,
Que ne duriez-vous toujours !

MADAME DENIS

C'est de vous qu'en sept cent un
Une anguille de Melun
M'arriva si galamment !
Souvenez-vous-en, souvenez-vous-en ....
Avec des pruneaux de Tours
Que je crois manger toujours.

MONSIEUR DENIS

En mil sept cent deux, mon cœur
Vous déclara son ardeur :
J'étais un petit volcan !
Souvenez-vous-en, souvenez-vous-en ....
Feu des premières amours,
Que ne brûlez-vous toujours !

MADAME DENIS

On nous maria, je crois,
À Saint-Germain-l'Auxerrois.
J'étais mise en satin blanc ;
Souvenez-vous-en, souvenez-vous-en ....
Du plaisir charmants atours,
Je vous conserve toujours.

MONSIEUR DENIS
Comme j'étais étoffé !

MADAME DENIS
Comme vous étiez coiffé !

MONSIEUR DENIS
Habit jaune en bouracan ;
Souvenez-vous-en, souvenez-vous-en....

MADAME DENIS
Et culotte de velours
Que je regrette toujours.
Comme, en dansant le menuet,
Vous tendites le jarret !
Ah ! vous alliez joliment !
Souvenez-vous-en, souvenez-vous-en....
Aujourd'hui nous sommes lourds !

MONSIEUR DENIS
On ne danse pas toujours.
[*Lui offrant une prise de tabac.*
Demain songez, s'il vous plaît,
À me donner mon bouquet.

MADAME DENIS
(*Tenant la prise de tabac sous le nez*).
Quoi ! c'est demain la Saint-Jean ?

MONSIEUR DENIS
Souvenez-vous-en, souvenez-vous-en....
Époque où j'ai des retours
Qui me surprennent toujours.

MADAME DENIS

Oui, jolis retours, ma foi !
Votre éloquence avec moi
Éclate une fois par an ;
Souvenez-vous-en, souvenez-vous-en....
Encor votre beau discours
Ne finit-il pas toujours.

Id. 18—

LI

LA JEUNE FILLE

Elle était bien jolie, au matin, sans atours,
De son jardin naissant visitant les merveilles,
Dans leur nid d'ambroisie épiant ses abeilles,
Et du parterre en fleurs suivant les longs détours.

Elle était bien jolie, au bal de la soirée,
Quand l'éclat des flambeaux illuminait son front,
Et que de bleus saphirs ou de roses parée
De la danse folâtre elle menait le rond.

Elle était bien jolie, à l'abri de son voile
Qu'elle livrait, flottant, au souffle de la nuit,
Quand pour la voir de loin, nous étions là sans bruit,
Heureux de la connaître au reflet d'une étoile.

Elle était bien jolie ; et de pensers touchants
D'un espoir vague et doux chaque jour embellie,
L'amour lui manquait seul pour être plus jolie !...
Paix !... voilà son convoi qui passe dans les champs !...

Ch. Nodier. 183-

LII

COUPLETS DE VAUDEVILLE

STÉPHANIE

Bijoux et dentelles,
Parures nouvelles,
A quoi servent-elles ?
Prends, elles sont là.
Ce luxe éphémère
M'était nécessaire,
Pourquoi ?... pour te plaire ;
Je te plais sans ça.
Qu'importe le reste ?
Oui, je te l'atteste,
Si, simple et modeste,
Tu me trouves bien,
Ta seule tendresse
Fera ma richesse ;
Ta seule tendresse
Fera tout mon bien.

Je suis riche, et beaucoup ;
Car l'amour, oui, l'amour tient lieu de tout.

LUDOVIC

Serviteurs à gage,
Dans un bon ménage,
Sont un esclavage,
Je m'en passerai.

STÉPHANIE

Plus de soin futile;
Pour me rendre utile,
À tes lois docile,
Je te servirai.
Servir ce qu'on aime,
C'est le bien suprême.

LUDOVIC

Et des gages même,
Je veux t'en donner.
Les voilà, ma chère.
　　　　　[*Il l'embrasse.*

STEPHANIE

À ce prix, j'espère,
Tu ne risques guère
De te ruiner.

Je suis riche, et beaucoup;
Car l'amour, oui, l'amour tient lieu de tout.
　　　Scribe et Bayard,
"*Le Budget d'un jeune Ménage.*" 1831

LIII

CHANSON DE FORTUNIO

Si vous croyez que je vais dire
　　Qui j'ose aimer,
Je ne saurais, pour un empire,
　　Vous la nommer.

Nous allons chanter à la ronde,
  Si vous voulez,
Que je l'adore et qu'elle est blonde
  Comme les blés.

Je fais ce que sa fantaisie
  Veut m'ordonner,
Et je puis, s'il lui faut ma vie,
  La lui donner.

Du mal qu'une amour ignorée
  Nous fait souffrir,
J'en porte l'âme déchirée
  Jusqu'à mourir.

Mais j'aime trop pour que je die
  Qui j'ose aimer,
Et je veux mourir pour ma mie
  Sans la nommer.

Alfred de Musset. 1836

LIV

CHANSON DE CÉSARIO

Il se levait le bon matin
  Pour se mettre à l'ouvrage,
Le bon gros père Célestin,
  Tintaine, tintin.
Il se levait de bon matin,
  Comme un coq de village.

Lorsque, pour chanter au lutrin,
  Nous manquions de courage,
Le bon gros père Célestin,
  Tintaine, tintin,
Il buvait pour nous mettre en train,
  C'était là son usage.

Quand il mourra le verre en main
  Un jour, dans son grand âge,
Le bon gros père Célestin,
  Tintaine, tintin,
Quand il mourra le verre en main,
  Ce sera grand dommage.

Id. 1836

LV

LE GARDE-MOULIN

Je vais épouser la meunière
Dont on voit le moulin là-bas :
Mais j'aime une pauvre bergère ;
Comprenez-vous mon embarras ?
Ma Fanchette est si jolie !
Mais la meunière a du bien....
S'il faut faire une folie,
Que cela ne soit pas pour rien !
Bah ! j'épouserai la meunière,
Qui me fait toujours les yeux doux,
En me disant : "Beau petit Pierre,
Mais quand donc nous marierons-nous ?"

Un instant, n'allons pas si vite !
Suis-je bien certain d'être heureux
Avec la femme de mérite
Dont je ne suis pas amoureux ?
Il s'agit de mariage ;
C'est, hélas ! pour plus d'un jour ;
Oui, mais pour vivre en ménage,
C'est bien maigre, de l'amour !
Bah ! j'épouserai la, etc.

Cependant mon cœur s'inquiète
Et me dit que c'est mal à moi
De trahir la pauvre Fanchette,
À qui j'avais donné ma foi.
Elle est si tendre, si bonne,
Comme son cœur va souffrir !
Hélas ! si je l'abandonne,
Elle est capable d'en mourir !
Ma foi, tant pis pour la meunière,
Je ne serai pas son époux ;
Qu'elle dise : Beau petit Pierre !
Petit Pierre n'est pas pour vous ! . . .

G. Lemoine. 183–

LVI

L'AMOUR

Dis moi, mon cœur, mon cœur de flammes,
   Qu'est ce qu'amour, ce mot charmant ?
—C'est une pensée et deux âmes,
   Deux cœurs qui n'ont qu'un battement.

Dis d'où vient qu'amour nous visite ?
—L'amour est là—car il est là !
Dis d'où vient donc, qu'amour nous quitte ?
—Ce n'est pas l'amour, s'il s'en va !

Dis quel est l'amour véritable ?
—Celui qui respire en autrui.
Et l'amour le plus indomptable ?
—Celui qui fait le moins de bruit !

Comment accroit-il sa richesse ?
—C'est en donnant à chaque pas.
Et comment parle son ivresse ?
—L'amour aime—et ne parle pas. . . .

Anon. 18—

LVII

DORMEZ, DORMEZ, CHÈRES AMOURS

Reposons-nous ici tous deux,
Goûtons le charme de ces lieux,
Qu'un doux sommeil ferme vos yeux :
Que le bruit de l'onde se mêle,
Aux doux accents de Philomèle.
Dormez, dormez, chères amours,
Pour vous je veillerai toujours ;
Dormez, dormez, pour vous je veillerai toujours.

Au sein de ces vastes forêts,
Si l'ombre de ces bois épais
De votre cœur trouble la paix,
Chassez une crainte funeste,
Auprès de vous votre ami reste :
Dormez, dormez, chères amours,
Pour vous je veillerai toujours.

Vos yeux se ferment doucement,
Je vais chanter plus lentement :
Heureuse d'un songe charmant,
Puissiez-vous être ramenée
Aux doux instants de la journée !
Dormez, dormez, chères amours,
Pour vous je veillerai toujours.

Amédée de Beauplan. 182-

LVIII

COLINETTE

Colinette était son nom,
Elle habitait un village,
Où l'été dans mon jeune âge,
J'allais passer la moisson.
Ce n'était qu'une fillette,
Je n'étais qu'un écolier,
Elle est morte en février ;
Pauvre Colinette !

Lorsque nous courions tous deux
Dans la verdoyante allée,
Comme elle était essouflée,
Comme j'étais radieux !
Le pinson et la fauvette
Chantaient nos chastes amours ;
Les oiseaux chantaient toujours :
   Pauvre Colinette !

Sur ce banc, ce fut un soir
Notre dernière entrevue :
J'avais l'âme toute émue ;
Je l'aimais sans le savoir !
Cachant ma peine secrète,
Je lui dis, prenant sa main :
Adieu jusqu'à l'an prochain,
   Pauvre Colinette !

Un tel récit est bien vieux ;
Cette histoire est bien commune,
Pourtant il n'en est pas une
Qui ne mouille pas les yeux.
J'aimai plus tard en poète
Par vingt coquettes charmé —
Je n'ai qu'une fois aimé
   Pauvre Colinette !

Anon. 18—

LIX

LA VIE EST UN VOYAGE

La vie est un voyage,
Tâchons de l'embellir :
Jetons sur son passage
Les roses du plaisir.
Dans l'âge heureux de la jeunesse,
L'amour nous flatte, il nous caresse,
Il nous présente le bonheur,
Puis il s'envole ; on voit l'erreur,
Hélas que faire ?
Tâcher de plaire.
Du bien présent savoir jouir
Sans trop songer à l'avenir.

À la ville, au village,
On n'est content de rien :
Pensons comme le sage
Qui dit que tout est bien.
Le bonheur n'est qu'imaginaire,
Chacun sourit à sa chimère,
Chantons, célébrons tour à tour
Bacchus, le plaisir et l'amour.
Que sous la treille
Le plaisir veille.
Tenant le flambeau de l'amour,
Bacchus sera le dieu du jour.

  Les dieux à leur image
  Formèrent la beauté ;
  Sur leur plus bel ouvrage
  L'amour fut consulté.
Le jour, la nuit fût-elle obscure,
Sous la pourpre, sur la verdure,
Suivons l'amour et la gaîté
Aux autels de la volupté.
  Ah ! quel délire
  Pour qui respire :
L'encens par l'amour présenté
Des dieux c'est la félicité !
Morel. 18- -

LX

BARCAROLLE DE MARIE

"Batelier, dit Lisette,
Je voudrais passer l'eau,
Mais je suis bien pauvrette
Pour payer le bateau."
Colin dit à la belle :
" Venez, venez toujours,"
Et vogue la nacelle
Qui porte mes amours.

—Je m'en vais chez mon père,
Dit Lisette à Colin ;
—Eh bien ! crois-tu, ma chère,
Qu'il m'accorde ta main?

—Ah ! répondit la belle,
Osez, osez toujours.
—Et vogue la nacelle
Qui porte mes amours.

Après le mariage,
Toujours dans son bateau,
Colin fut le plus sage
Des maris du hameau.
À sa chanson fidèle,
Il répéta toujours :
" Et vogue la nacelle
Qui porte mes amours."

E. de Planard. 1826

LXI

NOUVELLE CHANSON SUR UN VIEIL AIR

S'il est un charmant gazon
    Que le ciel arrose,
Où brille en toute saison
    Quelque fleur éclose,
Où l'on cueille à pleine main
Lis, chèvrefeuille et jasmin,
J'en veux faire le chemin
    Où ton pied se pose !

S'il est un sein bien aimant
    Dont l'honneur dispose !
Dont le ferme dévoûment
    N'ait rien de morose,

Si toujours ce noble sein
Bat pour un digne dessein !
J'en veux faire le coussin
   Où ton front se pose !

S'il est un rêve d'amour,
   Parfumé de rose,
Où l'on trouve chaque jour
   Quelque douce chose,
Un rêve que Dieu bénit,
Où l'âme à l'âme s'unit,
Oh ! j'en veux faire le nid
   Où ton cœur se pose !
                Victor Hugo. 183–

LXII

AUTRE CHANSON

L'aube nait et ta porte est close !
Ma belle, pourquoi sommeiller ?
À l'heure où s'éveille la rose
Ne vas-tu pas te réveiller ?

    O ma charmante,
    Écoute ici
    L'amant qui chante
    Et pleure aussi !

Tout frappe à ta porte bénie ;
L'aurore dit : Je suis le jour !
L'oiseau dit : Je suis l'harmonie !
Et mon cœur dit : Je suis l'amour !

O ma charmante,
Écoute ici
L'amant qui chante
Et pleure aussi !

Je t'adore ange et t'aime femme.
Dieu qui par toi m'a complété
A fait mon amour pour ton âme
Et mon regard pour ta beauté !

O ma charmante,
Écoute ici
L'amant qui chante
Et pleure aussi !

Id. 183-

LXIII

MA NORMANDIE

Quand tout renaît à l'espérance,
Et que l'hiver fuit loin de nous ;
Sous le beau ciel de notre France,
Quand le soleil revient plus doux ;
Quand la nature est reverdie,
Quand l'hirondelle est de retour,
Je vais revoir ma Normandie,
C'est le pays qui m'a donné le jour.

J'ai vu les champs de l'Helvétie
Et ses chalets et ses glaciers,
J'ai vu le ciel de l'Italie
Et Venise et ses gondoliers ;

En saluant chaque patrie,
Je me disais : Aucun séjour
N'est plus beau que ma Normandie,
C'est le pays qui m'a donné le jour.

Il est un âge dans la vie
Où chaque rêve doit finir,
Un âge où l'âme recueillie
A besoin de se souvenir ;
Lorsque ma muse refroidie
Aura fini ses chants d'amour,
J'irai revoir ma Normandie,
C'est le pays qui m'a donné le jour.

F. Bérat. 183-

LXIV

FLEUR DES CHAMPS

Fleur des champs, brune moissonneuse,
Aimait le fils d'un laboureur ;
Par malheur, la pauvre faneuse
N'avait à donner que son cœur.
Elle pleurait ; un jour, le père
Lui dit : " Fauche ce pré pour moi ;
Si dans trois jours, il est par terre,
Dans trois jours, mon fils est à toi."

Le doux récit que je vous chante
Est un simple récit du cœur ;
C'est une histoire bien touchante
Que m'a contée un moissonneur !

En l'écoutant, la pauvre fille
Crut mourir de joie et d'amour.
À l'instant prenant sa faucille
Elle travaille nuit et jour.
Près de défaillir à l'ouvrage,
Elle puisait avec ferveur,
Dans sa prière, du courage,
Et sa prière dans son cœur.
    Le doux récit, etc.

Sur sa route, une marguerite
Arrête ses yeux attendris :
Il faut tomber, pauvre petite,
Car mon bonheur est à ce prix.
Mais en tombant, la fleur naissante
Avait des regards si touchants,
Qu'elle fit pleurer l'innocente,
Comme elle, simple fleur des champs.
    Le doux récit, etc.

Le troisième jour, dans la plaine
Revient le riche laboureur ;
L'enfant est pâle et hors d'haleine,
Mais ses yeux brillent de bonheur.
" J'ai plaisanté," dit-il, " ma fille,
Mais pour toi voilà dix écus."
Et le soir près de sa faucille
Expirait une fleur de plus.

Telle est l'histoire bien touchante
Que m'apprirent des moissonneurs,
Et chaque fille qui la chante
À la chanson mêle ses pleurs !
                  Gustave Lemoine. 183-

IV

SATIRICAL SONGS, EPIGRAMS, ETC.

I

BALLADE

Nouvelles ont couru en France,
Par mains lieux, que j'estoye mort;
Dont avoient peu deplaisance*
Aucuns qui me hayent à tort;
Autres en ont eu desconfort,
Qui m'ayment de loyal vouloir,
Comme mes bons et vrais amis;
Si † fais à toutes gens savoir
Qu'encore est vive la souris.

Je n'ay eu ne mal, ne grevance,‡
Dieu mercy, mais suis sain et fort,
Et passe temps en espérance
Que paix, qui trop longuement dort,
S'esveillera, et par accort
À tous fera liesse avoir;
Pour ce, de Dieu soient maudis
Ceux qui sont dolens de veoir
Qu'encore est vive la souris.

* Déplaisir.   † Ainsi.   ‡ Grief.

Jeunesse sur moy a puissance,
Mais Vieillesse fait son effort
De m'avoir en sa gouvernance;
À present faillira son sort,
Je suis assez loing de son port,
De pleurer vueil garder mon hoir;*
Loué soit Dieu de Paradis,
Qui m'a donné force et povoir,
Qu'encore est vive la souris.

Nul ne porte pour moy le noir,
On vent meilleur marchié drap gris;
Or tiengne chascun, pour tout voir,
Qu'encore est vive la souris.

Id. 14—

II

SUR SEMBLANÇAY

Lorsque Maillart, juge d'enfer, menoit
À Monfaucon Semblançay l'âme rendre,
À vostre advis lequel des deux tenoit
Meilleur maintien?—Pour vous le faire entendre,
Maillart sembloit homme qui mort va prendre:
Et Semblançay fut si ferme vieillart,
Que l'on cuydoit, pour vrai, qu'il menast pendre
À Monfaucon le lieutenant Maillart.

Clément Marot. 1527

* Héritier.

III

SUR UN SOT

Parmi les courtisans qui lui rendaient hommage,
Un jour, Henri le Grand, dans la foule, aperçut
Un homme assez mal mis et fort laid de visage.
Ne le connaissant pas, ce monarque conçut
Le désir de savoir le rang du personnage.
Il l'appelle et lui dit: " Quel est donc votre emploi ?
Qui servez-vous ?..."   Le rustre, amoureux de son
     être,
Répondit d'un ton fier : " Je n'appartiens qu'à moi !
—Je vous plains, mon ami ! lui répliqua le roi ;
Vous ne pouviez jamais avoir un plus sot maître."

F***

IV

ÉPITAPHE DE RÉGNIER

J'ai vécu sans nul pensement,
Me laissant aller doucement
À la bonne loy naturelle;
Et si m'étonne fort pourquoy
La Mort daigna penser à moy,
Qui ne pensay jamais en elle.

Régnier. 1613

V

ÉPITAPHE DE RICHELIEU

Cy-gist, oui, gist, par la mort-bleu !
Le cardinal de Richelieu,
Et, ce qui cause mon ennui,
Ma pension avecque lui.

Benserade. 1642

VI

SUR LE TEMPS

SONNET

Superbes monuments de l'orgueil des humains,
Pyramides, tombeaux, dont la vaste structure
A témoigné que l'art, par l'adresse des mains
Et l'assidu travail, peut vaincre la nature ;

Vieux palais ruinés, chefs-d'œuvre des Romains,
Et les derniers efforts de leur architecture,
Colisée où souvent ces peuples inhumains
De s'entr'assassiner se donnaient tablature ;

Par l'injure des temps vous êtes abolis,
Ou du moins la plupart vous êtes démolis.
Il n'est point de ciment que le temps ne dissoude.

Si vos marbres si durs ont senti son pouvoir,
Dois-je trouver mauvais qu'un méchant pourpoint
    noir,
Qui m'a duré deux ans, soit percé par le coude?

Scarron. 165.

VII

ÉPITAPHE D'UN COQUIN

Ci-gît qui fut de belle taille,
Qui savait danser et chanter,
Faisait des vers vaille que vaille,
Et les savait bien réciter.

Sa race avait quelque antiquaille,
Et pouvait des héros compter ;
Même il aurait livré bataille
S'il en avait voulu tâter.

Il parlait fort bien de la guerre,
Des cieux, du globe et de la terre,
Du droit civil, du droit canon,

Et connaissait assez les choses
Par leurs effets et par leurs causes.
Était-il honnête homme?... Oh! non.

Id.

VIII
ÉPITAPHE DE CROMWELL

Ci-gît l'usurpateur d'un pouvoir légitime,
Jusqu'à son dernier jour favorisé des cieux,
    Dont les vertus méritaient mieux
    Que le trône acquis par un crime.
Par quel destin faut-il, par quelle étrange loi,
Qu'à tous ceux qui sont nés pour porter la couronne
    Ce soit l'usurpateur qui donne
L'exemple des vertus que doit avoir un roi?

Pavillon. 1658

IX
ÉPITAPHE D'UN BOITEUX

    Ci-gît le nommé Pédrille,
    Qui toujours mourant de langueur,
    Et, malgré son peu de vigueur,
    Clopinant avec sa béquille,
    A vécu d'ans quatre-vingt-deux...
    C'est bien aller pour un boiteux.

Anon.

X
ÉPITAPHE DE BOUHOURS

Ci-gît un bel esprit qui n'eut rien de terrestre;
Il donnait un tour fin à ce qu'il écrivait;
    La médisance ajoute qu'il servait
    Le monde et le ciel par semestre.

Anon. 1702

XI

ÉPITAPHE D'UN CENTENAIRE

N'attends, passant, que de ma gloire
Je te fasse une longue histoire,
Pleine d'un langage indiscret :
Qui se loue irrite l'envie.
Juge de moi par le regret
Qu'eut la mort de m'ôter la vie.

Malherbe. 16—

XII

ORPHÉE

Pour ravoir sa femme Euridice,
Orphée aux enfers s'en alla :
Est-il si bizarre caprice
Dont on s'étonne après cela ?

Puisqu'une impertinente flamme,
Pour nous troubler l'a fait venir,
Dit Pluton, rendez-lui sa femme ;
On ne saurait mieux le punir.

En vertu de mon indulgence,
Bientôt, puisqu'il le veut ainsi,
Il sera damné par avance,
Et peut-être un peu plus qu'ici.

Rendez-lui donc sa demoiselle,
Qui le suivra sans dire mot ;
Mais s'il tourne les yeux sur elle,
Qu'on me la refourre au cachot.

Ah ! si des femmes incommodes
Des tours de tête délivraient,
Que de maris, comme Pagodes,
Incessamment la tourneraient !

L'ordre est suivi ; mais cette fête
Se termine en tristes regrets ;
Orphée ayant tourné la tête,
Redevient veuf sur nouveaux frais.

Vaine et légère comme un songe,
Qu'un dormeur prend pour vérité,
L'ombre gémit, et se replonge
Dans l'éternelle obscurité.

L'époux, qui la voit disparaître,
Se livre à son mortel ennui,
Incapable de reconnaître
Le bien qu'on lui fait malgré lui.

L'enfer, à ses plaintes touchantes,
Cessant de se laisser charmer,
Dans la Thrace, par les Bacchantes
Il s'en va se faire assommer.

Senecé. 16—

XIII

ODE À LA FORTUNE

Fortune dont la main couronne
Les forfaits les plus inouis,
Du faux éclat qui t'environne
Serons-nous toujours éblouis ?
Jusques à quand, trompeuse idole,
D'un culte honteux et frivole
Honorerons-nous tes autels ?
Verra-t-on toujours tes caprices
Consacrés par les sacrifices
Et par l'hommage des mortels ?

Apprends que la seule sagesse
Peut faire les héros parfaits ;
Qu'elle voit toute la bassesse
De ceux que ta faveur a faits ;
Qu'elle n'adopte point la gloire
Qui naît d'une injuste victoire
Que le sort remporte pour eux ;
Et que, devant ses yeux stoïques,
Leurs vertus les plus héroïques
Ne sont que des crimes heureux.

Quoi ! Rome et l'Italie en cendre
Me feront honorer Sylla ?
J'admirerai dans Alexandre
Ce que j'abhorre en Attila ?

J'appellerai vertu guerrière
Une vaillance meurtrière
Qui dans mon sang trempe ses mains ;
Et je pourrai forcer ma bouche
A louer un héros farouche,
Né pour le malheur des humains ?

Quels traits me présentent vos fastes,
Impitoyables conquérants !
Des vœux outrés, des projets vastes,
Des rois vaincus par des tyrans ;
Des murs que la flamme ravage,
Des vainqueurs fumants de carnage,
Un peuple au fer abandonné :
Des mères pâles et sanglantes,
Arrachant leurs filles tremblantes
Des bras d'un soldat effréné.

Juges insensés que nous sommes,
Nous admirons de tels exploits !
Est-ce donc le malheur des hommes
Qui fait la vertu des grands rois ?
Leur gloire, féconde en ruines,
Sans le meurtre et sans les rapines
Ne saurait-elle subsister ?
Images des Dieux sur la terre,
Est-ce par des coups de tonnerre
Que leur grandeur doit éclater ?

Montrez-nous, guerriers magnanimes,
Votre vertu dans tout son jour,
Voyons comment vos cœurs sublimes
Du sort soutiendront le retour.

Tant que sa faveur vous seconde,
Vous êtes les maîtres du monde,
Votre gloire nous éblouit ;
Mais, au moindre revers funeste,
Le masque tombe, l'homme reste,
Et le héros s'évanouit.

J. B. Rousseau. 17—

XIV

TURCS ET CHRÉTIENS

Un maquignon de la ville du Mans
Chez son évêque était venu conclure
Certain marché de chevaux bas Normands,
Que l'homme saint louait outre mesure.

"Vois-tu ces crins ? vois-tu cette encolure ?
Pour chevaux Turcs on les vendit au roi.
—Turcs, monseigneur? À d'autres ! Je vous jure
Qu'ils sont chrétiens ainsi que vous et moi."

Id. 17--

XV

SUR L'ÉVÊQUE DE NIMES

Pour éviter des Juifs la fureur et la rage,
Paul, dans la ville de Damas,
Descend de la fenêtre en bas.
La Parisière, en homme sage,

Pour éviter ses créanciers,
En fit autant ces jours derniers.
Dans un siècle tel que le nôtre,
On doit être surpris, je crois,
Qu'un de nos prélats, une fois,
Ait su prendre sur lui d'imiter un apôtre.

Id. 17—

XVI

ÉPIGRAMME

Un vieil abbé sur certains droits de fief
Fut consulter un juge de Garonne,
Lequel lui dit : " Portez votre grief
Chez quelque sage et discrète personne ;
Conseillez-vous, au Palais, en Sorbonne
Puis, quand vos cas seront bien décidés,
Accordez-vous, si votre affaire est bonne ;
Si votre cause est mauvaise, plaidez."

Id. 17—

XVII

AUTRE

" Huissiers, qu'on fasse silence,
Dit, en tenant audience,
Un président de Baugé ;
C'est un bruit à tête fendre ;
Nous avons déjà jugé
Dix causes sans les entendre !"

Barraton

XVIII

LES VIEILLARDS

Dans ma jeunesse
On se divertissait ;
Chacun se trémoussait ;
Avec grâce on dansait ;
Dans un bal on faisait
Admirer son adresse.
Aujourd'hui ce n'est plus cela :
Ce n'est qu'indolence,
Langueur, négligence ;
Les grâces, la danse
Sont en décadence,
Et le bal va
Cahin, caha.

Dans ma jeunesse
La vérité régnait,
La vertu dominait,
La constance brillait ;
La bonne foi réglait
L'amant et la maîtresse.
Aujourd'hui ce n'est plus cela :
Ce n'est qu'injustice,
Trahison, malice,
Changements, caprice,
Détours, artifice,
Et l'amour va
Cahin, caha.

Dans ma jeunesse
Les veuves, les mineurs
Avaient des défenseurs ;
Avocats, procureurs,
Juges et rapporteurs
Soutenaient leur faiblesse.
Aujourd'hui ce n'est plus cela :
L'on gruge, l'on pille
La veuve, la fille,
Majeur et pupille ;
Sur tout on grapille,
Et Thémis va
Cahin, caha.

Dans ma jeunesse
On voyait des auteurs,
Fertiles producteurs,
Enchanter les lecteurs,
Charmer les spectateurs
Par leur délicatesse.
Aujourd'hui ce n'est plus cela :
Les vers assoupissent,
Les scènes languissent,
Les Muses gémissent,
Succombent, périssent,
Pégase va
Cahin, caha.

Dans ma jeunesse
L'homme sombre et prudent,
Au plaisir moins ardent,
Se bornait sagement,

Et ce ménagement
Retardait sa vieillesse.
Aujourd'hui ce n'est plus cela :
   Honteux d'être sage,
   Le libertinage
  Dès quinze ans l'engage ;
  À vingt il fait rage ;
    À trente il va
    Cahin, caha.

  Dans ma jeunesse
Les femmes, dès vingt ans,
Renonçaient aux amants ;
De leurs engagements
Les devoirs importants
Les occupaient sans cesse.
Aujourd'hui ce n'est plus cela :
   Plus d'une grand'mère
   S'efforce de plaire,
  Et veut encore faire
  Un tour à Cythère :
    La bonne y va
    Cahin, caha.

  Dans ma jeunesse
Des riches partisans
Les trésors séduisants,
Les fêtes, les présents
N'étaient pas suffisants
 Pour vaincre une maîtresse.
Aujourd'hui ce n'est plus cela :
   Un commis sans peine
   Gagne une Climène,

Et dès qu'à Vincenne
En fiacre il la mène,
La vertu va
Cahin, caha.

Dans ma jeunesse
Le spectacle chéri
Se voyait applaudi ;
Le théâtre garni,
Le parterre rempli,
Nous comblaient d'allégresse.
Faites-nous voir encor cela :
Qu'une ardeur nouvelle
Chez nous vous rappelle ;
Pour vous notre zèle,
Constant et fidèle,
Jamais n'ira
Cahin, caha.

Panard. 1726

XIX

LES MERVEILLES DE L'OPÉRA

J'ai vu Mars descendre en cadence ;
J'ai vu des vols prompts et subtils :
J'ai vu la justice en balance,
Et qui ne tenait qu'à deux fils.

J'ai vu le soleil et la lune
Qui faisaient des discours en l'air :
J'ai vu le terrible Neptune
Sortir tout frisé de la mer.

J'ai vu l'aimable Cythérée,
Aux doux regards, au teint fleuri,
Dans une machine entourée
D'amours natifs de Chambéri.

Dans le char de monsieur son père
J'ai vu Phaëton, tout tremblant,
Mettre en cendre la terre entière
Avec des rayons de fer blanc.

J'ai vu Mercure, en ses quatre ailes
Ne trouvant pas de sûreté,
Prendre encor de bonnes ficelles
Pour voiturer sa déité.

J'ai vu l'amant d'une bergère,
Lorsqu'elle dormait dans un bois,
Prescrire aux oiseaux de se taire,
Et lui chanter à pleine voix.

J'ai vu des dragons fort traitables
Montrer les dents sans offenser;
J'ai vu des poignards admirables
Tuer les gens sans les blesser.

J'ai vu, du ténébreux empire,
Accourir, avec un pétard,
Cinquante lutins pour détruire
Un palais de papier brouillard.

J'ai vu Roland, dans sa colère,
Employer l'effort de son bras
Pour pouvoir arracher de terre
Des arbres qui n'y tenaient pas.

J'ai vu des guerriers en alarmes,
Les bras croisés et le corps droit,
Crier cent fois : Courons aux armes,
Et ne point sortir de l'endroit.

J'ai vu plus d'un fier militaire
Se croire digne du laurier,
Pour avoir étendu par terre
Des monstres de toile et d'osier.

J'ai vu souvent une furie
Qui s'humanisait volontiers :
J'ai vu des faiseurs de magie
Qui n'étaient pas de grands sorciers.

J'ai vu trotter d'un air ingambe,
De grands démons à cheveux bruns :
J'ai vu des morts friser la jambe,
Comme s'ils n'étaient pas défunts.

J'ai vu le maître du tonnerre,
Attentif au coup de sifflet,
Pour lancer ses feux sur la terre,
Attendre l'ordre d'un valet.

J'ai vu, ce qu'on ne pourra croire,
Des Tritons, animaux marins,
Pour danser troquer leur nageoire
Contre une paire d'escarpins.

J'ai vu Diane en exercice
Courir le Cerf avec ardeur ;
J'ai vu derrière la coulisse
Le gibier courir le chasseur.

J'ai vu la vertu dans un temple
Avec deux couches de carmin,
Et son vertugadin très ample
Moraliser le genre humain.

Dans des Chaconnes et Gavottes
J'ai vu des fleuves sautillans ;
J'ai vu danser deux Matelottes,
Trois Jeux, six Plaisirs et deux Vents.

J'ai vu, par un destin bizarre,
Les héros de ce pays-là
Se désespérer en bécarre,
Et rendre l'âme en ré-mi-la.

J'ai vu des ombres très palpables
Se trémousser au bord du Styx ;
J'ai vu l'enfer et tous les diables
À quinze pieds du paradis.

Id. 1733

XX

LA RESSEMBLANCE ET LA DIFFÉRENCE

Mars et l'Amour en tous lieux
Savent triompher tous deux ;
Voilà la ressemblance :
L'un règne par la fureur,
Et l'autre par la douceur ;
Voilà la différence.

Le voleur et le tailleur
Du bien d'autrui font le leur ;
Voilà la ressemblance :
L'un vole en nous dépouillant,
Et l'autre en nous habillant ;
Voilà la différence.

L'amourette et le procès
Tous deux causent bien des frais ;
Voilà la ressemblance :
Dans l'un on gagne en perdant,
Dans l'autre on perd en gagnant ;
Voilà la différence.

Clitandre se plaint d'Iris,
Damon se plaint de Laïs ;
Voilà la ressemblance :
L'un murmure des rigueurs,
L'autre gémit des faveurs ;
Voilà la différence.

Le chasseur et l'amoureux
Battent le buisson tous deux ;
Voilà la ressemblance :
Bien souvent, dans le taillis,
L'un attrappe, et l'autre est pris ;
Voilà la différence.

Un rien détruit une fleur,
Un rien fait périr l'honneur ;
Voilà la ressemblance :
La fleur peut renaître un jour,
L'honneur se perd sans retour ;
Voilà la différence.

Clef de fer et clef d'argent
Ouvrent tout appartement ;
Voilà la ressemblance :
Le fer ouvre avec fracas,
L'argent sans bruit et tout bas ;
Voilà la différence.

La douceur et la beauté
Font notre félicité ;
Voilà la ressemblance :
La beauté deux ou trois ans,
La douceur dans tous les temps ;
Voilà la différence.

Hippocrate et le canon,
Nous dépêchent chez Pluton ;
Voilà la ressemblance :
L'un le fait pour de l'argent
Et l'autre gratuitement ;
Voilà la différence.

Adolescents et barbons,
Pour aimer ne sont point bons ;
Voilà la ressemblance :
Il n'est pas temps à quinze ans,
À soixante il n'est plus temps ;
Voilà la différence.

L'amour donne un grand désir,
Il cause aussi grand plaisir ;
Voilà la ressemblance :
Le désir est son berceau,
Le plaisir est son tombeau ;
Voilà la différence.

Maint procureur et drapier
D'allonger font leur métier;
Voilà la ressemblance :
L'un allonge le procès
Et l'autre le Van Robez;
Voilà la différence.

Le perroquet et l'acteur
Tous deux récitent par cœur;
Voilà la ressemblance :
Devant le monde assemblé
L'un siffle, l'autre est sifflé;
Voilà la différence.

Critiquer, satiriser,
C'est aux abus s'opposer;
Voilà la ressemblance :
Par l'un on veut outrager,
Par l'autre on veut corriger;
Voilà la différence.

Id. 1735

XXI

LES RARETÉS

On dit qu'il arrive ici
  Grande compagnie,
Qui vaut mieux que celle-ci,
  Et bien mieux choisie.
Va-t-en voir s'ils viennent, Jean;
  Va-t-en voir s'ils viennent.

Un abbé, qui n'aime rien
   Que le séminaire,
Qui donne aux pauvres son bien,
   Et dit son bréviaire.
Va-t-en voir, etc.

Un magistrat curieux
   De Jurisprudence,
Et qui, devant deux beaux yeux,
   Tient bien la balance.
Va-t-en voir, etc.

Une femme et son époux,
   Couple bien fidèle ;
Elle le préfère à tous ;
   Et lui n'aime qu'elle.
Va-t-en voir, etc.

Un chanoine dégoûté
   Du bon jus d'octobre ;
Un poëte sans vanité ;
   Un musicien sobre.
Va-t-en voir, etc.

Un Breton qui ne boit point ;
   Un Gascon tout bête ;
Un Normand franc de tout point ;
   Un Picard sans tête.
Va-t-en voir, etc.

Une femme que le temps
   A presque flétrie,
Qui voit des appas naissants
   Sans aucune envie.
Va-t-en voir, etc.

Une belle qui, cherchant
   Compagne fidèle,
La choisit, en la sachant
   Plus aimable qu'elle.
Va-t-en voir, etc.

Un savant prédicateur,
   Comme Bourdaloue,
Qui veut toucher le pécheur,
   Et craint qu'on le loue.
Va-t-en voir, etc.

Une nonne de Longchamps,
   Belle comme Astrée,
Qui brûle, en courant les champs,
   D'être recloîtrée.
Va-t-en voir, etc.

Un médecin, sans grands mots,
   D'un savoir extrême,
Qui n'envoie point aux eaux,
   Et guérit lui-même.
Va-t-en voir, etc.

Et, pour bénédiction,
   Il nous vient un moine,
Fort dans la tentation,
   Comme saint Antoine.
Va-t-en voir s'ils viennent, Jean ;
   Va-t-en voir s'ils viennent.

La Motte. 1720

XXII

BONSOIR, LA COMPAGNIE

J'aurai bientôt quatre-vingts ans.
Je crois qu'à cet âge il est temps
　　D'abandonner la vie;
Je la quitterai sans regret.
Gaîment je ferai mon paquet.
　　Bonsoir, la compagnie.

Quand de chez nous je sortirai,
Je ne sais pas trop où j'irai,
　　Mais en Dieu je me fie;
Il ne peut que me mener bien,
Aussi je n'appréhende rien:
　　Bonsoir, la compagnie.

J'ai goûté de tous les plaisirs,
J'en ai gardé les souvenirs,
　　À présent je m'ennuie;
Mais quand on n'est plus propre à rien,
L'on se retire, et l'on fait bien:
　　Bonsoir, la compagnie.

Dieu fait tout sans nous consulter,
Rien ne saurait lui résister:
　　Ma carrière est remplie;
À force de devenir vieux
Peut-on se flatter d'être heureux?
　　Bonsoir, la compagnie.

Nul mortel n'est ressuscité
Pour nous dire la vérité
　　Des biens de l'autre vie ;
Une profonde obscurité
Fait le sort de l'humanité :
　　Bonsoir, la compagnie.

Rien ne périt entièrement,
Et la mort n'est qu'un changement,
　　Dit la philosophie ;
Que ce système est consolant !
Je chante en adoptant ce plan :
　　Bonsoir, la compagnie.

Lorsque l'on prétend tout savoir,
Depuis le matin jusqu'au soir
　　On lit, on étudie,
Mais, par ma foi, le plus savant
N'est comme moi qu'un ignorant.
　　Bonsoir, la compagnie.

Lattaignant (L'Abbé de). 1757

XXIII

LA TRAGÉDIE ET LA COMÉDIE

Lucinde, en perdant son époux,
Pleure, et du sort maudit les coups ;
　　Voilà la Tragédie.
Trois jours après, elle a grand soin
De sangloter devant témoin ;
　　Voilà la Comédie.

Dans certains drames, quelquefois,
Les bourgeois s'expriment en rois ;
　　Voilà la Tragédie.
On en voit d'autres où les rois
S'expriment comme des bourgeois ;
　　Voilà la Comédie.

Au bois deux auteurs d'opéra
Vont pour savoir qui périra ;
　　Voilà la Tragédie.
Les rivaux, prompts à pardonner,
S'embrassent, et vont déjeûner ;
　　Voilà la Comédie.

Pour un mélodrame bien noir
Paris va s'étouffer ce soir ;
　　Voilà la Tragédie.
De *Molière* un œuvre charmant
N'aura personne, et cependant
　　Voilà la Comédie.

Mondor manque, et, par contre-coup,
Vingt maisons manquent tout-à-coup ;
　　Voilà la Tragédie.
Mais, hélas ! ces infortunés
Donnent toujours de bons dînés ;
　　Voilà la Comédie.

Au chevet du mourant *Orgon*
Sont trois médecins en renom ;
　　Voilà la Tragédie.
Verseuil, zélé collatéral,
Au pied du lit se trouve mal ;
　　Voilà la Comédie.

Belles, autrefois vos amants,
Sûrs de vos cœurs, mouraient constants ;
  Voilà la Tragédie.
De vos serments, de nos amours,
On peut bien dire, de nos jours :
  Voilà la Comédie.

Ourry. 18—

XXIV

CONTRE LA BRUYÈRE

Quand La Bruyère se présente,
Pourquoi faut-il crier haro ?
Pour faire un nombre de quarante,
Ne fallait-il pas un zéro ?

Anon. 1693

XXV

CONTRE LACHAUSSÉE

Connaissez-vous sur l'Hélicon
  L'une et l'autre Thalie ?
L'une est chaussée et l'autre non,
  Mais c'est la plus jolie :
Elle a le rire de Vénus ;
  L'autre est froide et pincée :
Honneur à la belle aux pieds nus,
  Nargue de *la chaussée.*

Piron. 17—

XXVI

DIALOGUE

APOLLON

Que je vois d'abus,
De gens intrus,
Ici, ma chère,
Depuis quarante ans
Qu'en pourpoint j'ai couru les champs !
D'où nous est venu ce téméraire
Qu'on nomme Voltaire ?

LA MUSE

Joli sansonnet,
Bon perroquet,
Dès la lisière
Le petit fripon
Eut d'abord le vol du chapon.

APOLLON

Par où commença le téméraire ?
Répondez, ma chère.

LA MUSE

Tout jeune il voulut
Pincer le luth
Du bon Homère ;
Et ressembla fort
Au bon Homère quand il dort.

APOLLON

Que fit ensuite le téméraire ?
Répondez, ma chère.

LA MUSE

Maint drame pillé
Et r'habillé
À sa manière ;
Toujours étayé
D'un parterre bien soudoyé.

APOLLON

Que fit ensuite le téméraire ?
Répondez, ma chère.

LA MUSE

L'histoire d'un roi,
Qui, par ma foi,
N'y gagne guère ;
Car il y parait
Aussi fou que l'écrivain l'est.

APOLLON

Que fit ensuite le téméraire ?
Répondez, ma chère.

LA MUSE

De son galetas,
Séjour des rats,
On l'ouit braire :
" Messieurs, je suis tout ;
C'est ici le Temple du Goût."

APOLLON

Que fit ensuite le téméraire ?
Répondez, ma chère.

LA MUSE

Une satire, où
Ce maître fou
Gaîment s'ingère
D'être en ce pays
Votre maréchal des logis.

APOLLON

Que fit ensuite le téméraire ?
Répondez, ma chère.

LA MUSE

Voulant de Newton
Prendre le ton,
Sur la lumière,
Son mauvais propos
Le replongea dans le chaos.

APOLLON

Que fit ensuite le téméraire ?
Répondez, ma chère.

LA MUSE

Il vendit en cour
Par un bon tour
De gibecière,
Deux fois en un an
De l'opium pour du nanan.

APOLLON

Que fit ensuite le téméraire ?
Répondez, ma chère.

LA MUSE

N'ayant plus maison
Sous l'horizon,
Trou ni chaumière,
Partout sans aveu,
Il demeura sans feu ni lieu.

APOLLON

Que fit encor ce téméraire ?
Répondez, ma chère.

LA MUSE

Mainte épître, un peu
Digne du feu,
Trop familière,
Où le drôle osa
Trancher du petit Spinosa.

APOLLON

Que devint alors le téméraire ?
Dites-moi, ma chère.

LA MUSE

Tapi dans un coin
 Un peu plus loin
 Que la frontière ;
 Quand l'écrit flambait,
À la flamme il se dérobait.

APOLLON

Que fit ensuite le téméraire
 Répondez, ma chère.

LA MUSE

Il fit le méchant,
 Le chien couchant,
 Le réfractaire ;
 Et, selon les temps,
Montra le derrière ou les dents.

APOLLON

Que fait aujourd'hui le téméraire ?
 Répondez, ma chère.

LA MUSE

Il fait et refait
 Ce qu'il a fait,
 Ce qu'il voit faire ;
 Subtil éditeur,
Grand copiste et jamais auteur.

APOLLON

J'ordonne, lorsque le téméraire
 Sera dans la bière,
  Qu'on porte soudain
   Cet écrivain
   Au cimetière,
  Dit communément
Le charnier de St. Innocent,
Et qu'il soit écrit sur la pierre,
 Par mon secrétaire :
 " Ci-dessous gît qui
   Droit comme un I
   Eût perdu terre,
  Si de Montfaucon
Le croc était sur l'Hélicon."

Id. 17—

XXVII

ADIEUX A LA VIE

Adieu, je vais en ce pays
D'où ne revint point feu mon père ;
Pour jamais adieu, mes amis,
Qui ne me regretterez guère.

Vous en rirez, mes ennemis ;
C'est le *Requiem* ordinaire.
Vous en tâterez quelque jour ;
Et, lorsque aux ténébreux rivages
Vous irez trouver vos ouvrages,
Vous ferez rire à votre tour.

Quand sur la scène de ce monde
Chaque homme a joué son rôlet,
En partant il est à la ronde
Reconduit à coups de sifflet.
Dans leur dernière maladie,
J'ai vu des gens de tous états,
Vieux évêques, vieux magistrats,
Vieux courtisans à l'agonie.

Vainement en cérémonie
Avec sa clochette arrivait
L'appareil de la sacristie ;
Le curé vainement oignait
Notre vieille âme à sa sortie ;
Le public malin s'en moquait ;
La satire un moment parlait
Des ridicules de sa vie ;
Puis à jamais on l'oubliait :
Ainsi la farce était finie.

Petits papillons d'un moment,
Invisibles marionettes,
Qui volez si rapidement
De Polichinelle au néant,
Dites-moi donc ce que vous êtes !

Au terme où je suis parvenu,
Quel mortel est le moins à plaindre?
C'est celui qui sait ne rien craindre,
Qui vit et qui meurt inconnu.

Voltaire. 177-

XXVIII

ADIEU PANIER, VENDANGES SONT FAITES

Pour être au ton de vos musettes
En vain je cherche de l'esprit ;
Momus vous écoute, et me dit :
Adieu panier, vendanges sont faites.

L'amant au jardin d'amourettes
Vient dès que le printemps a lui ;
Et quand l'époux vient après lui,
Adieu panier, vendanges sont faites.

Damis, sans faire de courbettes,
Par ses talents croit parvenir ;
Il ne sait flatter ni mentir :
Adieu panier, vendanges sont faites.

Vous qui des avides coquettes
Cherchez à vous faire écouter,
Ces dames vous feront chanter...
Adieu panier, vendanges sont faites.

On change son or pour les traites
D'un banquier du quartier d'Antin :
À sa caisse on court un matin...
Adieu panier, vendanges sont faites.

Orphise, par l'art des toilettes,
Donne un relief à ses attraits ;
Mais quand vous les voyez de près,
Adieu panier, vendanges sont faites.

Aux tribunaux comme aux buvettes
Craignez le procureur Grippard ;
Quand il a passé quelque part,
Adieu panier, vendanges sont faites.

Nos mères, crainte de défaites,
D'un *panier* cernaient leur honneur ;
Fillette aujourd'hui n'a plus peur :
Adieu panier, vendanges sont faites.

Quand Elmire, avec ses lunettes,
Cherche encore un jeune galant,
L'Amour lui dit en s'envolant :
Adieu panier, vendanges sont faites.

Dans le pays des chansonnettes
Nous grapillons, pauvres rimeurs :
Après les joyeux *Vendangeurs.*
Adieu panier, vendanges sont faites.

Je passe ma vie en goguettes
Sans m'arrêter un seul instant ;
Je veux pouvoir dire en partant :
Adieu panier, vendanges sont faites.

Que Bacchus préside à nos fêtes :
Tarissons les vins les melleurs ;
Faisons dire à nos successeurs :
Adieu panier, vendanges sont faites.

Moreau. 17—

XXIX

LA SAGESSE

Faut des chansons ; pas trop n'en faut ;
L'excès en tout est un défaut.
De la gaîté, joyeux apôtres,
On ne vous dit jamais assez ;
Mais les chansons de quelques autres
Font dire aux lecteurs courroucés :
Faut des chansons, etc.

Faut de l'argent ; pas trop n'en faut ;
L'excès en tout est un défaut.
Sur son or *Harpagon* soupire ;
Sans crainte il ne peut faire un pas :
Toujours chantant, *Blaise* n'aspire
Qu'à gagner ses quatre repas.
Faut de l'argent, etc.

Faut de l'esprit ; pas trop n'en faut ;
L'excès en tout est un défaut.
Un bon mot est l'éclair qui brille ;
Son feu parfois peut effrayer ;
On mit *Voltaire* à la Bastille
Pour en avoir trop fait briller.
Faut de l'esprit, etc.

Faut des plaisirs ; pas trop n'en faut ;
L'excès en tout est un défaut.
Quand dans la coupe enchanteresse
Un imprudent court s'enivrer,
L'homme guidé par la Sagesse
Ne fait que s'y désaltérer.
Faut des plaisirs, etc.

Faut des amis ; pas trop n'en faut ;
L'excès en tout est un défaut.
Douce amitié, flamme céleste,
Je ne te sens point à demi ;
Mais dans tes fastes, tout l'atteste,
On n'a qu'un véritable ami.
Faut des amis, etc.

Faut d'la raison ; pas trop n'en faut ;
L'excès en tout est un défaut.
La raison est bonne à tout âge ;
J'en sais le prix assurément :
La trouver a son avantage,
Mais la perdre a son agrément.
Faut d'la raison, etc.

Faut des docteurs ; pas trop n'en faut ;
L'excès en tout est un défaut.
J'ai toujours mis en parallèle
Les coursiers et le médecin :
À son char plus on en attèle,
Plus on abrège son chemin.
Faut des docteurs, etc.

Faut des gourmands ; pas trop n'en faut ;
L'excès en tout est un défaut.
Rien à table ne m'effarouche
Comme un mangeur déterminé ;
Tout ce qui passe par sa bouche
Me passe toujours sous le né.
Faut des gourmands, etc.

Faut des auteurs ; pas trop n'en faut ;
L'excès en tout est un défaut.
Le dieu qu'au Parnasse on révère
Se montre avare de ses dons ;
La France, qui compte un Molière,
Ne peut compter tous ses Pradons.
Faut des auteurs, etc.

Faut du bon vin : pas trop n'en faut ;
L'excès en tout est un défaut.
Pour nous piquer de savoir vivre,
Modérons-nous, ventre-saint-gris !
On est triste quand on est ivre ;
On est joyeux quand on est gris.
Faut du bon vin, etc.

Faut des couplets ; pas trop n'en faut ;
L'excès en tout est un défaut ;
Aussi, prudemment je m'arrête ;
À mon ardeur je mets un frein.
Je vois le censeur qui s'apprête
A me répéter mon refrain :
Faut des couplets ; pas trop n'en faut ;
L'excès en tout est un défaut.

Id. 17—

XXX

LA LANTERNE MAGIQUE

Vive la lanterne magique !...
Disais-je quand j'avais douze ans ;
Que sa peinture est magnifique !
Que ses tableaux sont amusants !
Maudit soit le sot qui nous crie,
Lorsqu'à peine ils sont entrevus :
Regardez-les bien, je vous prie ;
Bientôt vous ne les verrez plus !

Ces mots chagrinaient mon enfance ;
Mais je chéris leur souvenir ;
Ils offrent à l'homme qui pense
Une leçon pour l'avenir :
Tous les objets qui, dans la vie,
Tentent nos cœurs irrésolus,
Regardez-les bien, je vous prie ;
Bientôt vous ne les verrez plus !

Voyez chez l'aveugle déesse
L'heureux Gercourt gagner au jeu ;
Courir de même à la richesse,
Voilà, je gage, votre vœu :
Vous ne sauriez voir sans envie
Devant lui ce monceau d'écus....
Regardez-les bien, je vous prie ;
Bientôt vous ne les verrez plus !

Au milieu d'une cour nombreuse
Remarquez l'opulent Mondor :
Il sait qu'une faillite... heureuse
Peut le rendre plus riche encor :
De ses créanciers en furie
Qu'importent les cris superflus ?
Regardez-le bien, je vous prie ;
Bientôt vous ne le verrez plus.

Suivez Damis, qu'aucun obstacle
En route ne peut arrêter ;
Courez, courez voir au spectacle
Le drame qu'il vient d'enfanter ;
Vous le trouverez, je parie,
Charmant, divin... Mais au surplus
Regardez-le bien, je vous prie ;
Bientôt vous ne le verrez plus.

Le monde est un plus grand théâtre,
Où l'on voit de plus grands acteurs
Étonner la foule idolâtre
Par cent prestiges séducteurs :

À la fin de la comédie,
Tous les rangs seront confondus :
Regardez-les bien, je vous prie ;
Bientôt vous ne les verrez plus.

Mes chers amis, ce ton sévère
N'est pas celui de la chanson ;
De bon vin remplissez mon verre
Pour me remettre à l'unisson ;
Versez champagne ou malvoisie....
Et par mon refrain je conclus :
Regardez-le bien, je vous prie ;
Bientôt vous ne le verrez plus.

Armand Gouffé. 18—

XXXI

SUR LA CONSULTATION DES AVOCATS
AU SUJET DU CONCILE D'EMBRUN

Du fameux concile d'Embrun,
   Que faut-il que l'on pense ?
Tous les évêques en commun
   En ont pris la défense ;
Mais c'est bien affaire aux prélats !
Écoutons plutôt sur ce cas
   Les avocats, les avocats,
Les avocats, les avocats de France !

Jadis, pour affermir la foi,
    Les Pères en concile
Du Saint-Esprit suivoient la loi,
    Consultoient l'Évangile.
Ce n'est plus la bonne façon,
L'Esprit-Saint doit prendre le ton
  Des avocats, des avocats,
Des avocats, des avocats de France !

Quand d'un fatal schisme autrefois,
    L'Église menacée,
Par le concours de trois cents voix,
    Combattoit à Nicée ;
Pour terminer tous ces débats,
Ne fit-on pas juger le cas
  Aux avocats, aux avocats,
Aux avocats, aux avocats de France ?

Que de troubles ne vit-on pas
    Au concile d'Éphèse ?
Il fallut livrer vingt combats
    Pour proscrire une thèse.
Mais falloit-il tant de fracas ?
Pourquoi ne consultoit-on pas
  Les avocats, les avocats,
Les avocats, les avocats de France ?

Des conciles dans tous les temps
    On sait assez les formes,
Leurs canons et leurs règlements
    Font des livres énormes.

Mais qu'est-il besoin de canons ?
Pour moi, je m'en tiens aux factums
Des avocats, des avocats,
Des avocats, des avocats de France !

Saint Augustin et saint Thomas
   Ont dit de bonnes choses ;
Mais c'est au corps des avocats
   À leur prêter les gloses.
Honneur aux docteurs, aux prélats !
Mais qu'on ne les compare pas
Aux avocats, aux avocats,
Aux avocats, aux avocats de France !

Du troupeau soyez les pasteurs,
   Dit Jésus aux apôtres,
Mais vous n'êtes pas seuls docteurs,
   Mon Église en a d'autres.
Ne liez et ne déliez,
Qu'avant tout vous ne consultiez
Les avocats, les avocats,
Les avocats, les avocats de France !

Grands avocats, zélés docteurs
   De l'Église nouvelle,
Des conciles vrais directeurs,
   Ranimez votre zèle !
En paradis, n'en doutez pas,
Saint Pierre vous tendra les bras !
Grands avocats, grands avocats,
Grands avocats, grands avocats de France !

Avec de si fidèles chiens,
    Troupeau, soyez tranquille,
Ils mordent vos gardiens
    Dans l'accès de leur bile ;
Dieu sait comme fuiront les loups,
Entendant aboyer pour vous
    Les avocats, les avocats,
Les avocats, les avocats de France !

Ne prenez pas ceci pour vous,
    Avocats que j'estime,
De vous confondre avec des fous,
    Je me ferois un crime ;
Je ne connois que les Aubry
Et trente avocats de Paris,
    Pour avocats, pour avocats,
Pour avocats, pour avocats de France !

Anon. 1728

XXXII

ÉPITAPHE D'UN ANGLAIS

Ci-gît Jean Rosbif, écuyer,
Qui se pendit pour se désennuyer.

Destouches. 17—

XXXIII

D'UN ANTIQUAIRE

Ci-gît un antiquaire acariâtre et brusque :
Ah ! qu'il est bien couché dans cette cruche étrusque !

Diderot. 17—

XXXIV

ASMODÉE

Hier, à l'heure où l'étoile scintille,
J'étais plongé dans un sommeil profond ;
Un petit diable, armé d'une béquille,
Dans mon grenier entra par le plafond.
Avant, dit-il, de rêver à la noce,
Ami, veux-tu choisir dans les houris
Que l'amour sème en ce vaste Paris ?...
Partons ! lui dis-je en sautant sur sa bosse.
    Bon Asmodée, allons, allons toujours,
    Cherchons ailleurs l'hymen et les amours.

Par la fenêtre, après un vol rapide,
Nous nous perchons sur un brillant palais :
De là je vois une imposante Armide
Menant au doigt ses femmes, ses valets ;
D'adorateurs une petite armée
À genoux flatte et son âme et ses sens ;
Sous les lambris où l'orgueil vit d'encens
Le vrai bonheur s'évapore en fumée.
    Bon Asmodée, allons, allons toujours,
    Cherchons ailleurs l'hymen et les amours.

Un peu plus loin, sémillante et coquette,
Clara consulte un complaisant miroir ;
Un art cruel préside à sa toilette
Où tout se cache et se laisse entrevoir ;

Devant la glace, enjouée, ingénue,
Elle s'assied, pleure et rit aux éclats :
C'est l'oiseleur apprêtant ses appâts :
Gare au moineau que retiendra la glue !...
    Bon Asmodée, allons, allons toujours,
      Cherchons ailleurs l'hymen et les amours.

Plus haut, que vois-je ? un salon à l'antique ;
Sur un divan repose une *Clairon*,
Qui, suspendant sa tirade tragique,
S'est endormie en maudissant Néron ;
Sous le manteau de Phèdre ou de Lucrèce,
Qu'elle est superbe et qu'elle a de talens !
Hélas ! hélas ! pourquoi depuis vingt ans
Rend-elle heureux les Romains et la Grèce ?
    Bon Asmodée, allons, allons toujours,
      Cherchons ailleurs l'hymen et les amours.

À la lueur d'une pâle veilleuse
Zoé dévore un lourd in-octavo ;
Ses yeux sont vifs, sa pose est gracieuse ;
Chez elle s'ouvre... un sentiment nouveau.
Furtivement cette tendre vestale,
Dont le cœur cherche et poursuit un époux,
Prend chez *Ricard* son style à billet doux,
Et chez *de Kock* des leçons de morale.
    Bon Asmodée, allons, allons toujours,
      Cherchons ailleurs l'hymen et les amours.

Là-bas, drapant son foulard, sa pelisse,
Marche une femme au regard inspiré ;
Elle est en feu, comme la Pythonisse
Improvisant sur le trépied sacré :

C'est une Muse à la voix creuse et mâle ;
Dans sa mansarde est l'immortel vallon ;
En y grimpant, l'amante d'Apollon
A déchiré sa robe virginale.
    Bon Asmodée, allons, allons toujours,
    Cherchons ailleurs l'hymen et les amours.

Là qu'aperçois-je auprès d'une croisée ?...
C'est une vierge aux mourantes couleurs
Veillant, la nuit, sur sa mère épuisée,
En lui cachant son travail et ses pleurs ;
Ange aux yeux doux, que d'amour te réclame !
Pour captiver les époux, les amants,
Ton front n'est pas orné de diamants ;
Mais Dieu versa des trésors dans ton âme....
    Bon Asmodée, arrêtons pour toujours ;
    Je trouve ici l'hymen et les amours.

Festeau. 183-

XXXV

PROPHÉTIE TURGOTINE

Vivent tous nos beaux esprits,
    Encyclopédistes,
Du bonheur français épris,
    Grands economistes.
Par leurs soins, au temps d'Adam,
Nous reviendrons, c'est leur plan.
Momus les assiste, ô gué !
    Momus les assiste.

Ce n'est pas de nos bouquins
  Que vient leur science ;
En eux, ces fiers paladins
  Ont la sapience.
Les Colbert et les Sully
  Nous paraissent grands : mais fi !
Ce n'est qu'ignorance, ô gué !
  Ce n'est qu'ignorance.

On verra tous les états
  Entre eux se confondre ;
Les pauvres, sur leurs grabats,
  Ne plus se morfondre.
Des biens on fera des lots
Qui rendront les gens égaux.
Le bel œuf à pondre, ô gué !
  Le bel œuf à pondre.

Du même pas, marcheront
  Noblesse et roture.
Les Français retourneront
  Au droit de nature.
Adieu Parlements et Lois,
Adieu Ducs, Princes et Rois,
La bonne aventure, ô gué !
  La bonne aventure.

Puis, devenus vertueux,
  Par philosophie,
Les Français auront des Dieux
  À leur fantaisie.

Nous reverrons un ognon
À Jésus damer le pion,
Ah ! quelle harmonie, ô gué !
   Ah ! quelle harmonie.

Alors d'amour, sûreté
   Entre sœurs et frères ;
Sacrements et parenté,
   Seront des chimères.
Chaque père imitera
Loth, alors qu'il s'enivra ;
Liberté plenière, ô gué !
   Liberté plenière.

Plus de moines langoureux,
   De plaintives nonnes ;
Au lieu d'adresser aux cieux,
   Matines et nones,
On verra ces malheureux
Danser, abjurant leurs vœux,
Galante chaconne, ô gué !
   Galante chaconne.

Prisant des novations
   La fine sequelle,
La France, des nations
   Sera le modèle.
Cet honneur, nous le devrons
À Turgot et Compagnons,
Besogne immortelle, ô gué !
   Besogne immortelle.

À qui devrons-nous le plus ?
C'est à notre maître,
Qui, se croyant un abus,
Ne voudra plus l'être.
Ah ! qu'il faut aimer le bien
Pour, de Roi, n'être plus rien !
J'enverrais tout paître, ô gué !
J'enverrais tout paître !

Le Chevalier Delisle. 1779

XXXVI

VIVE LA LIBERTÉ

—Mon cher ami... *vive la liberté !*
—Ah ! d'en jouir, monsieur, je n'ai pas le courage...
—Comment ! que dis-tu là ?... *Vive la liberté !*
—Hélas ! monsieur, je manque et de place et d'ouvrage...
—Oui, mais, mon cher ami, *vive la liberté !*
—En soldat déguisé, malgré moi volontaire,
J'ai sur mes pieds passé la nuit entière...
—Cela n'est rien : *vive la liberté !*
—Mourant de peur, de froid, chargé d'une giberne,
D'un sabre, d'un fusil, j'ai gardé la lanterne...
—Mais aussi, pense donc... *vive la liberté !*
—Dans un libelle affreux, monsieur, l'on me déchire.
—Oh ! c'est égal... *Vive la liberté !*
—On m'a volé ; partout j'ai couru pour le dire ;
J'ai demandé justice, et l'on n'a fait qu'en rire...
Mais aussi, quel bonheur... *Vive la liberté !*

—J'ai tout perdu ; mais, grâce au sénat que j'honore,
Bien plus que l'an dernier, il faut payer encore...
—C'est vrai ; mais malgré ça... *vive la liberté !*
—Mais, monsieur, je n'ai plus ni pain, ni sou, ni maille,
Et, sur ma foi, je crois qu'ils ne font rien qui vaille...
—Oui ; mais, mon cher ami... *vive la liberté !*
—Allons, puisqu'il le faut : *vive la liberté !*

Actes des Apôtres. 179-

XXXVII

LES INCONVÉNIENTS DE LA FORTUNE

Depuis que j'ai touché le faîte
Et du luxe et de la grandeur,
J'ai perdu ma joyeuse humeur :
    Adieu bonheur !
Je bâille comme un grand seigneur...
    Adieu bonheur !
Ma fortune est faite.

Le jour, la nuit, je m'inquiète ;
La chicane et tous ses suppôts
Chez moi fendent à tout propos ;
    Adieu repos !
Et je suis surchargé d'impôts ;
    Adieu repos !
Ma fortune est faite.

Toi dont la grâce gentillette
En me ravissant la raison,
Sut charmer ma jeune saison,
    Adieu Suzon !
Je dois te fermer ma maison;
    Adieu Suzon !
  Ma fortune est faite.

Pour le plus léger mal de tête
Au poids de l'or je suis traité,
J'entretiens seul la Faculté.
    Adieu santé !
Hier trois docteurs m'ont visité ;
    Adieu santé !
  Ma fortune est faite.

Mais je vois en grande étiquette
Chez moi venir ducs et barons.
Lyre, il faut suspendre tes sons ;
    Adieu chansons !
Mon Suisse annonce, finissons !
    Adieu chansons !
  Ma fortune est faite.

Désaugiers. 18—

XXXVIII

ÉPITAPHE D'UN ÉGOÏSTE

Ci-gît Paul, qui, vivant sans faire bien ni mal,
N'aima rien que lui seul, et n'eut point de rival.

P. L. Verdier. 18—

XXXIX

ÉPITAPHE D'UN PRÉLAT

Ci-gît un bon prélat, intrigant s'il en fut,
Qui s'occupa de tout, hormis de son salut.
B. D. L. M. 18—

XL

CONTRE FORLIS

—Quoi! c'est toi, cher Forlis? Ma surprise est
    extrême!
Que fais-tu, seul, assis près de ce peuplier?
    —Je m'entretiens avec moi-même.
    —Oh! comme tu dois t'ennuyer!
T.-A. Fumelo. 18—

XLI

SUR UN MÉDECIN

" Mes malades jamais ne se plaignent de moi,"
Disait un médecin d'ignorance profonde.
    —Ah! repartit un plaisant, je le crois;
Vous les envoyez tous se plaindre en l'autre monde.
François (de Neufchâteau). 18—

XLII

CONTRE MAUPOU

Louis voulait être Titus ;
Mais Maupou voulait le contraire,
Car il comptait pour jours perdus
Tous ceux qu'il passait sans mal faire ;
Et le coquin n'en passait guère !

Anon. 17—

XLIII

LA LORGNETTE

Lorsque je suis au Luxembourg,
Je prends ma lorgnette et je lorgne.
En lorgnant, j'y vis l'autre jour
Un boiteux qui riait d'un borgne ;
Ce borgne riait à son tour
De certain bossu gros et court,
Qui, grâce à son malin génie,
Faisait rire une compagnie
Des quiproquos d'un pauvre sourd.
À cinq ou six pas je m'avance,
Je rencontre un petit chanteur ;
Il riait d'un maître de danse,
Qui riait aussi d'un acteur.
Un peu plus loin, je vois paraître
Un homme dont la pesanteur
Marquait assez un géomètre.
Il montrait au doigt un auteur
Songeant alors à quelque mètre.

Je poursuis encor mon chemin,
Et je m'imagine qu'enfin
La scène changera peut-être.
Point. J'aperçois un capucin :
Le capucin riait d'un carme ;
Le carme d'un abbé poupin ;
Cet abbé poupin d'un gendarme,
Ce gendarme . . .
. . . riait à l'approche
D'un fat en habit de satin,
Lequel était, pour le certain,
Un magistrat de la basoche ;
Et celui-ci, d'un air malin,
Envisageait un bon humain
Qui, je pense, arrivait du coche,
Vrai gentilhomme Limousin
Tenant son mouchoir d'une main,
Et de l'autre serrant sa poche.
Du monde entier voilà le train ;
Chacun y rit de son voisin,
Le preuve en est assez complète.
Las d'observer, j'allai m'asseoir,
Et je demandai la gazette ;
Un petit homme, en habit noir,
Vint me dire : " Monsieur, bonsoir,
J'ai bien ri de votre lorgnette."

Pons (de Verdun). 18—

XLIV

CONTRE MARTIN

" Les gens d'esprit ! ah ! ne m'en parlez pas,"
Disait Martin, d'un ton de suffisance ;
    Ils ont, eux seuls, perdu la France. . . .
—" Que ne la sauviez-vous ? " lui répondit Thomas.
                              Albéric Deville. 18—

XLV

SUR UN PARASITE

  —Depuis sa fâcheuse aventure,
    Voyez-vous encor monseigneur ?
  — Si je le vois ! connaissez mieux mon cœur ;
    Vous me faites vraiment injure ;
    Si je le vois ! Trêve à de tels discours !
Je n'abandonne pas mes amis dans la peine :
Je ne dînais chez lui qu'une fois par semaine,
    J'y dîne à présent tous les jours.
                               Id.

XLVI

PRÉDICATEUR COURTISAN

Certain prédicateur prêchait devant le roi :
  " Sire, dit-il, une commune loi
Nous condamne à mourir tous, tous... " Mais il
    remarque
Un mouvement d'effroi dans les yeux du monarque,
Et reprend aussitôt, d'un ton de voix plus doux :
" Sire, je vous le dis, nous mourrons *presque*
    tous ! "
Madame E. P.

XLVII

CONTRE UN ANCIEN SÉNATEUR

Quand vous voulez singer les héros de l'histoire,
    Ayez au moins bonne mémoire ;
    N'imitez pas ce sénateur
Qui, fier de conserver ses emplois, sa richesse,
Et de François premier imitant la grandeur,
Mandait à sa moitié : " Dieu soit loué, comtesse,
    Nous ne perdons rien, fors l'honneur ! "
Fabien Pillet.

XLVIII

LE ROI D'YVETOT

Il était un roi d'Yvetot
    Peu connu dans l'histoire,
Se levant tard, se couchant tôt,
    Dormant fort bien sans gloire,
Et couronné par Jeanneton
D'un simple bonnet de coton,
      Dit-on.
Oh ! oh ! oh ! oh ! ah ! ah ! ah ! ah !
Quel bon petit roi c'était là !
      La, la.

Il faisait ses quatre repas
    Dans son palais de chaume,
Et sur un âne, pas à pas,
    Parcourait son royaume.
Joyeux, simple et croyant le bien,
Pour toute garde il n'avait rien
      Qu'un chien.
Oh ! oh ! oh ! oh ! ah ! ah ! ah ! ah !
Quel bon petit roi c'était là !
      La, la.

Il n'avait de goût onéreux
    Qu'une soif un peu vive ;
Mais, en rendant son peuple heureux,
    Il faut bien qu'un roi vive.

Lui-même, à table et sans suppôt,
Sur chaque muid levait un pot
    D'impôt.
Oh ! oh ! oh ! oh ! ah ! ah ! ah ! ah !
Quel bon petit roi c'était là !
    La, la.

Il n'agrandit point ses États,
  Fut un voisin commode,
Et, modèle des potentats,
  Prit le plaisir pour code.
Ce n'est que lorsqu'il expira
Que le peuple, qui l'enterra,
    Pleura.
Oh ! oh ! oh ! oh ! ah ! ah ! ah ! ah !
Quel bon petit roi c'était là !
    La, la.

On conserve encor le portrait
  De ce digne et bon prince ;
C'est l'enseigne d'un cabaret
  Fameux dans la province.
Les jours de fête, bien søuvent,
La foule s'écrie en buvant
    Devant :
Oh ! oh ! oh ! oh ! ah ! ah ! ah ! ah !
Quel bon petit roi c'était là !
    La, la.

Béranger. 18—

XLIX

SUR UN COURTISAN

—De toutes les couleurs prompt à se revêtir,
D'un vrai caméléon il a le caractère....
—De toutes les couleurs?... Ah ! comme on exagère !
    Je ne l'ai jamais vu rougir.

Fabien Pillet. 18—

L

CONTRE UN CRITIQUE

    Il m'appelle petit auteur !
    Eh bien, c'est un petit malheur.
    En attendant que l'on me dise
    De quelle taille est mon censeur,
    Je le mesure à sa sottise,
    Et suis frappé de sa grandeur !

Id.

LI

CONTRE UN ENVIEUX

Voyez de Méricourt l'air sombre ; voyez, dis-je,
    Comme il paraît triste aujourd'hui ;
De son propre malheur vous croyez qu'il s'afflige ?
    Eh non ! C'est du bonheur d'autrui.

Ponsardin-Simon. 18—

LII

ÉPITAPHE D'UN AMI

—Ci-gît qui fut toujours sensible, doux, fidèle,
Et, jusques au tombeau, des amis le modèle.
Il ne me quitta pas quand je perdis mon bien.
—C'était un homme unique !—Hélas ! c'était mon
    chien.

Edmond Dallier. 18—

LIII

UN BON CONSERVATEUR

Je ne suis pas de ceux qui ne respirent
Qu'orage, trouble et révolution.
De lutte en lutte ainsi nos maux empirent.
J'aime la paix, je haïs l'ambition.
Pourquoi ce bruit qui toujours me réveille ?
Mon lit est fait ! Dans un songe flatteur
J'y dors si bien sur l'une et l'autre oreille.
Conservez-moi ! je suis conservateur.

Mon lit est fait ! et ce n'est pas sans peine !
Comme l'oiseau, j'ai tressé brin à brin
Plume, duvet, fil de soie et de laine ;
Et le voilà ! je m'y repose enfin.
Vents, bercez-moi d'une aile fraîche et pure
Avec l'ombrage, avec le flot chanteur !
Terre, et vous, cieux, et toute la nature,
Conservez-moi ! je suis conservateur.

Mon lit est fait ! je n'empêche personne
De faire aussi le sien comme il l'entend.
Tel n'en a pas, du moins je le soupçonne,
Mais j'ai le mien, c'est le point important.
Qu'on le dédouble, on en fera peut-être
Trois, tout au plus, de moyenne hauteur ;
Mais ce serait un acte bas et traître.
Conservez-moi ! je suis conservateur.

Tel qui descend, le matin, dans la rue
Ne sait où prendre, hélas ! son pain du soir.
La faim le presse, il cherche, il s'évertue ;
Presque toujours il finit par l'avoir.
Oh ! l'appétit est un bon chien de chasse !
Moi, je n'ai plus celui d'un sénateur ;
Pourtant je dîne et prends ma demi-tasse.
Conservez-moi ! je suis conservateur !

Mais quoi ! j'entends comme un flot qui se lève,
Comme un voix qui retentit dans l'air !
N'ai-je pas vu se mêler sur la grève
La pâle écume avec le pâle éclair ?
Suis-je un rêveur, un rimeur, un poète ?
Non, non ; c'est bien, terrible en sa lenteur,
De flots humains c'est bien une tempête !
Conservez-moi ! je suis conservateur.

Nos chefs, hélas ! nos chefs n'ont rien su faire
Que se voiler le front de leur manteau.
Contre l'orage et le flot populaire
Ils étaient seuls : rôle d'autant plus beau !

S'ils avaient su mourir pour notre gloire,
Ils auraient eu mon vote approbateur,
Et j'aurais, moi ! conservé leur mémoire.
Conservez-moi ! je suis conservateur.

Eh ! citoyens, écoutez-moi, de grâce !
Un petit mot, bien sage, par ma foi !
Mais, en riant, l'un après l'autre passe ;
Je crois, parbleu ! qu'ils se moquent de moi.
Bons citoyens, calmez votre furie ;
Rentre en ton lit, torrent dévastateur !
Je cours à vous pour sauver la patrie,
Conservez-moi ! je suis conservateur.

Juste Olivier. 18—

V

HISTORICAL SONGS, VAUDEVILLES, PARODIES, "COMPLAINTES"

I

COMPLAINTE DU JUIF ERRANT

Est-il rien sur la terre
Qui soit plus surprenant,
Que la grande misère
Du pauvre Juif-errant ?
Que son sort malheureux
Parait triste et fâcheux !

Un jour, près de la ville
De Bruxelles, en Brabant,
Des bourgeois fort dociles
L'accostèrent en passant ;
Jamais ils n'avaient vu
Un homme si barbu.

Son habit, tout difforme
Et très mal arrangé,
Leur fit croire que cet homme
Était fort étranger,
Portant, comme ouvrier,
Devant lui un tablier.

On lui dit : " Bonjour, maître,
De grâce accordez-nous
La satisfaction d'être
Un moment avec vous :
Ne nous refusez pas,
Tardez un peu vos pas."

" Messieurs, je vous proteste
Que j'ai bien du malheur ;
Jamais je ne m'arrête,
Ni ici, ni ailleurs :
Par beau ou mauvais temps,
Je marche incessamment."

" Entrez dans cette auberge,
Vénérable vieillard ;
D'un pot de bierre fraîche
Vous prendrez votre part,
Nous vous régalerons
Le mieux que nous pourrons."

" J'accepterais de boire
Deux coups avec vous ;
Mais je ne puis m'asseoir,
Je dois rester debout :
Je suis, en vérité,
Confus de vos bontés."

" De savoir votre âge
Nous serions curieux,
À voir votre visage
Vous paraissez fort vieux :
Vous avez bien cent ans,
Vous montrez bien autant."

" La vieillesse me gêne,
  J'ai bien dix-huit cents ans,
Chose sure et certaine,
  Je passe encore douze ans :
    J'avais douze ans passés
    Quand Jésus-Christ est né."

" N'êtes-vous point cet homme
  De qui l'on parle tant,
Que l'Écriture nomme
  Isaac, Juif-errant ?
    De grâce, dites-nous,
    Si c'est sûrement vous ? "

" Isaac Laquedem
  Pour nom me fut donné ;
Né à Jérusalem,
  Ville bien renommée :
    Oui c'est moi, mes enfants,
    Qui suis le Juif-errant.

" Juste ciel ! que ma ronde
  Est pénible pour moi !
Je fais le tour du monde
  Pour la cinquième fois ;
    Chacun meurt à son tour,
    Et moi je vis toujours.

" Je traverse les mers,
  Les rivières, les ruisseaux,
Les forêts, les déserts,
  Les montagnes, les côteaux,
    Les plaines et les vallons,
    Tous chemins me sont bons.

" J'ai vu dedans l'Europe,
　Ainsi que dans l'Asie,
　Des batailles et des chocs
　Qui coûtaient bien des vies ;
　Je les ai traversés
　Sans y être blessé.

" J'ai vu dans l'Amérique,
　C'est une vérité,
　Ainsi que dans l'Afrique,
　Grande mortalité :
　La mort ne me peut rien,
　Je m'en aperçois bien.

" Je n'ai point de ressource
　En maison ni en bien ;
　J'ai cinq sous dans ma bourse,
　Voilà tout mon moyen ;
　En tous lieux, en tous temps,
　J'en ai toujours autant."

" Nous pensions comme un songe
　Le récit de vos maux ;
　Nous traitions de mensonge
　Tous vos plus grands travaux :
　Aujourd'hui nous voyons
　Que nous nous méprenions.

" Vous étiez donc coupable
　De quelque grand péché,
　Pour que Dieu tout aimable
　Vous eut tant affligé ?
　Dites nous l'occasion
　De cette punition."

" C'est ma cruelle audace
 Qui cause mon malheur,
 Si mon crime s'efface,
 J'aurai bien du bonheur ;
 J'ai traité mon Sauveur
 Avec trop de rigueur.

" Sur le mont du Calvaire
 Jésus portait sa croix :
 Il me dit, débonnaire,
 Passant devant chez moi :
' Veux-tu bien, mon ami,
 Que je repose ici ? '

" Moi, brutal et rebelle ;
 Je lui dis sans raison :
' Otes-toi, criminel,
 De devant ma maison,
 Avance et marche donc,
 Car tu me fais affront.'

" Jésus, la bonté même,
 Me dit en soupirant :
' Tu marcheras toi-même
 Pendant plus de mille ans,
 Le dernier jugement
 Finira ton tourment.'

" De chez-moi, à l'heure même
 Je sortis bien chagrin,
 Avec douleur extrême,
 Je me mis en chemin.
 Dès ce jour là je suis
 En marche jour et nuit.

" Messieurs, le temps me presse,
  Adieu la compagnie ;
  Grâce à vos politesses,
  Je vous en remercie,
  Je suis trop tourmenté
  Quand je suis arrêté."

Anon. 1774

II

CANTIQUE DE L'ENFANT PRODIGUE

LE PRODIGUE DÉBAUCHÉ

Je suis enfin résolu
D'être en mes mœurs absolu ;
Donnez-moi vîte, mon père,
Ce qui revient à ma part.
Vous aurez mon autre frère ;
Consentez à mon départ.

LE PÈRE

Pourquoi veux-tu, mon enfant,
Faire ce que Dieu défend ?
Veux-tu désoler mon âme,
Nos parents et nos amis !
Je serais digne de blâme
Si je te l'avais permis.

LE PRODIGUE

Je veux en dépit de tous
M'éloigner d'auprès de vous ;
En vain vous faites la guerre
À ma propre volonté ;
Je ne crains ni ciel ni terre,
Je veux vivre en liberté.

LE PÈRE

Mais, hélas ! quelle raison
Te fait quitter la maison ?
Ne suis-je pas un bon père ?
De quoi te plains-tu de moi ?
Et qu'est-ce que je puis faire,
Que je ne fasse pour toi ?

LE PRODIGUE

Vous m'exhortez, il est vrai,
Mais je veux vivre en cadet :
Vous condamnez à toute heure
Le moindre dérèglement ;
Je vais changer de demeure
Sans retarder un moment.

LE PÈRE

Adieu donc, cœur obstiné !
Adieu, pauvre infortuné !
Ton égarement me tue ;
J'en suis accablé d'ennui ;
Je vois ton âme perdue,
Et ne sais plus où j'en suis.

LE PRODIGUE

Venez à moi, libertins ;
Prenez part à mes festins ;
Venez à moi, chers lubriques ;
Consumons nos courts moments
Dans les infâmes pratiques
Des plus noirs débordements.

Pensons à boire et manger
Dans ce pays étranger ;
Je n'ai plus la peur d'un père
Qui me suive pas à pas ;
Songeons à nous satisfaire
Dans l'ordure et les ébats.

Contentons tous nos désirs
En nageant dans les plaisirs,
Et vivons de cette sorte
Tant que l'argent durera ;
Nous irons de porte en porte
Sitôt qu'il nous manquera.

LE PRODIGUE PÉNITENT

Oh ! le triste changement
Après un train si charmant !
Je ne vois plus à ma suite
Ceux qui me faisaient la cour ;
Tout le monde a pris la fuite,
Pas un n'use de retour.

Je me trouve sans appui
Dans la honte et dans l'ennui ;
Ma conduite tout impure
M'a mis au rang des pourceaux :
Il est juste que j'endure
Autour de ces animaux.

Je rougis de mes forfaits
Et des crimes que j'ai faits ;
Je fonds en pleurs, je soupire ;
Je sens de cuisants remords :
Je sens un cruel martyre
De cœur, d'esprit et de corps.

Je meurs même ici de faim,
Faute d'un morceau de pain ;
Tandis que chez mon cher père,
Où jamais rien ne défaut,
Le plus chétif mercenaire
En a plus qu'il ne lui faut.

Je voudrais bien me nourrir
Des fruits qu'on laisse pourrir ;
Je voudrais bien sous ce chêne
Les restes de ces pourceaux ;
Mais j'ai mérité la peine
Qu'attirent les bons morceaux.

Je veux pourtant me lever
Pour penser à me sauver ;
Il est temps que je détourne
Mon cœur de l'iniquité
Et qu'enfin je m'en retourne
Vers celui que j'ai quitté.

LE PRODIGUE DE RETOUR À SON PÈRE

    Voici, cher père, à genoux,
    Un fils indigne de vous :
    Si vous daignez me permettre
    D'entrer dans votre palais,
    Ce me sera trop que d'être
    Comme l'un de vos valets.

    J'ai pêché contre les cieux ;
    Je n'ose lever les yeux :
    J'ai pêché contre vous même ;
    Je crains de vous regarder :
    Ma douleur en est extrême ;
    Je suis près de m'amender.

    Je me soumets de bon cœur
    A votre juste rigueur ;
    Je ne veux plus vous déplaire :
    Oubliez ce que je fis ;
    Vous êtes encore le père
    De ce misérable fils.

        LE PÈRE

    Cher enfant, embrasse-moi,
    Je brûle d'amour pour toi :
    Mes entrailles sont émues
    Et de joie et de pitié ;
    Par ton retour tu remues
    Tout ce que j'ai d'amitié.

Laquais, cherchez des souliers,
Et les mettez à ses pieds ;
Cherchez dans ma garderobe
Une bague pour son doigt ;
Avec sa première robe,
Puis qu'il revient comme il doit.

Qu'on prépare le veau gras ;
J'ai mon fils entre mes bras ;
Il avait perdu la vie,
Mais il est ressuscité :
Chers amis, je vous convie
À cette solemnité.

Réflexions

C'est ainsi que le Seigneur
Reçoit le pauvre pêcheur ;
Il l'embrasse, il le console,
Il l'aime plus que jamais,
Et d'une simple parole
Il remplit tous ses souhaits.

Fais donc, pêcheur, par amour,
Vers Dieu ce parfait retour ;
Tu recouvreras la grâce
Et les dons du Saint-Esprit,
L'ennemi rendra la place
De ton cœur à Jésus-Christ.

Tes mérites suspendus
Te seront soudain rendus ;
Ta paix en sera parfaite ;
La terre t'en bénira :
Tout le ciel en fera fête,
Et l'enfer en rougira.

Anon.

III

LA MORT DU DUC DE GUISE

Qui veut oïr chanson ?
C'est du grand duc de Guise,
  Et bon, bon, bon, bon,
  Di, dan, di, dan, don,
C'est du grand duc de Guise,

Qui est mort et enterré.
Aux quatre coins du poesle,
  Et bon, etc.
Aux quatre coins du poesle
Quatre gentilshomm's y avoit.

Quatre gentilshomm's y avoit,
Dont l'un portoit son casque,
  Et bon, etc.
Dont l'un portoit son casque,
Et l'autre ses pistolets.

Et l'autre ses pistolets,
Et l'autre son épée,
  Et bon, etc.
Qui tant d'Hug'nots a tués.

Qui tant d'Hug'nots a tués,
Venoit le quatrième,
   Et bon, etc.
Qui étoit le plus dolent.

Qui étoit le plus dolent.
Après venoient les pages,
   Et bon, etc.
Et les valets de pied.

Et les valets de pied,
Avecques de grands crêpes,
   Et bon, etc.
Et des souliers cirés.

Et des souliers cirés,
Et de beaux bas d'estame,
   Et bon, etc.
Et des culottes de piau.

Et des culottes de piau.
La cérémonie faite,
   Et bon, etc.
Chacun s'alla coucher.

Anon. 156–

IV

MORT ET CONVOI DE L'INVINCIBLE MALBROUGH

Malbrough s'en va-t-en guerre,
Mironton, mironton, mirontaine ;
Malbrough s'en va-t-en guerre,
Ne sait quand reviendra.

Il reviendra z-à Pâques,
Mironton, mironton, mirontaine ;
Il reviendra z-à Pâques,
Ou à la Trinité.

La Trinité se passe,
Mironton, mironton, mirontaine ;
La Trinité se passe,
Malbrough ne revient pas.

Madame à sa tour monte,
Mironton, mironton, mirontaine ;
Madame à sa tour monte,
Si haut qu'ell'peut monter.

Elle aperçoit son page,
Mironton, mironton, mirontaine ;
Elle aperçoit son page,
Tout de noir habillé.

Beau page, ah ! mon beau page,
Mironton, mironton, mirontaine ;
Beau page, ah ! mon beau page,
Quell'nouvelle apportez ?

Aux nouvell's que j'apporte,
Mironton, mironton, mirontaine ;
Aux nouvell's que j'apporte,
Vos beaux yeux vont pleurer.

Quittez vos habits roses,
Mironton, mironton, mirontaine ;
Quittez vos habits roses,
Et vos satins brochés.

Monsieur d'Malbrough est mort,
Mironton, mironton, mirontaine ;
Monsieur d'Malbrough est mort,
Est mort et enterré.

J'l'ai vu porter en terre,
Mironton, mironton, mirontaine ;
J'l'ai vu porter en terre,
Par quatre z-officiers.

L'un portait sa cuirasse,
Mironton, mironton, mirontaine ;
L'un portait sa cuirasse,
L'autre son bouclier.

L'un portait son grand sabre,
Mironton, mironton, mirontaine ;
L'un portait son grand sabre,
L'autre ne portait rien.

À l'entour de sa tombe,
Mironton, mironton, mirontaine ;
À l'entour de sa tombe,
Romarins l'on planta.

Sur la plus haute branche,
Mironton, mironton, mirontaine ;
Sur la plus haute branche,
Le rossignol chanta.

On vit voler son âme,
Mironton, mironton, mirontaine ;
On vit voler son âme,
Au travers des lauriers.

Chacun mit ventre à terre,
Mironton, mironton, mirontaine ;
Chacun mit ventre à terre,
Et puis se releva,

Pour chanter les victoires,
Mironton, mironton, mirontaine ;
Pour chanter les victoires,
Que Malbrough remporta.

La cérémonie faite,
Mironton, mironton, mirontaine ;
La cérémonie faite,
Chacun s'en fut coucher.

Anon. 1709

V

MONSIEUR DE LA PALISSE

Messieurs, vous plait-il d'ouïr
L'air du fameux la Palisse ?
Il pourra vous réjouir,
Pourvu qu'il vous divertisse.

La Palisse eut peu de bien
Pour soutenir sa naissance ;
Mais il ne manqua de rien,
Dès qu'il fut dans l'abondance.

Bien instruit, dès le berceau,
Jamais, tant il fut honnête,
Il ne mettait son chapeau,
Qu'il ne se couvrît la tête.

Il était affable et doux,
De l'humeur de feu son père,
Et n'entrait guères en courroux
Si ce n'est dans la colère.

Il buvait tous les matins,
Un doigt, tiré de la tonne;
Et mangeant chez ses voisins,
Il s'y trouvait en personne.

Il voulait dans ses repas
Des mets exquis et fort tendres,
Et faisait son mardi gras,
Toujours la veille des Cendres.

Ses valets étaient soigneux
De le servir d'andouillettes,
Et n'oubliaient pas les œufs,
Surtout dans les omelettes.

De l'inventeur du raisin,
Il révérait la mémoire;
Et pour bien goûter le vin
Jugeait qu'il en fallait boire.

Il disait que le nouveau
Avait pour lui plus d'amorce;
Et moins il y mettait d'eau
Plus il y trouvait de force.

Il consultait rarement
Hippocrate et sa doctrine,
Et se purgeait seulement
Lorsqu'il prenait médecine.

Il aimait à prendre l'air,
Quand la saison était bonne ;
Et n'attendait pas l'hiver,
Pour vendanger en automne.

Il épousa, ce dit-on,
Une vertueuse dame ;
S'il avait vécu garçon,
Il n'aurait pas eu de femme.

Il en fut toujours chéri ;
Elle n'était point jalouse ;
Sitôt qu'il fut son mari,
Elle devint son épouse.

D'un air galant et badin,
Il courtisait sa *Caliste*,
Sans jamais être chagrin,
Qu'au moment qu'il était triste.

Il passa près de huit ans
Avec elle, fort à l'aise ;
Il eut jusqu'à huit enfants :
C'était la moitié de seize.

On dit que dans ses amours
Il fut caressé des belles,
Qui le suivirent toujours,
Tant qu'il marcha devant elles.

Il brillait comme un soleil ;
Sa chevelure était blonde :
Il n'eût pas eu son pareil,
S'il eût été seul au monde.

Il eut des talents divers,
Même on assure une chose :
Quand il écrivait en vers,
Qu'il n'écrivait pas en prose.

En matière de Rébus,
Il n'avait pas son semblable :
S'il eût fait des impromptus,
Il en eût été capable.

Il savait un triolet,
Bien mieux que sa patenôtre ;
Quand il chantait un couplet,
Il n'en chantait pas un autre.

Il expliqua doctement
La physique et la morale :
Il soutint qu'une jument
Est toujours une cavale.

Par un discours sérieux,
Il prouva que la berlue,
Et les autres maux des yeux,
Sont contraires à la vue.

Chacun alors applaudit
À sa science inouie :
Tout homme qui l'entendit,
N'avait pas perdu l'ouie.

Il prétendit, en un mois,
Lire toute l'Écriture,
Et l'aurait lue une fois,
S'il en eut fait la lecture.

Par son esprit et son air,
Il s'acquit le don de plaire ;
Le Roi l'eut fait Duc et Pair,
S'il avait voulu le faire.

Mieux que tout autre il savait
À la cour jouer son rôle :
Et jamais lorsqu'il buvait,
Ne disait une parole.

Lorsqu'en sa maison des champs
Il vivait libre et tranquille,
On aurait perdu son temps,
De le chercher à la ville.

Un jour il fut assigné
Devant son juge ordinaire ;
S'il eût été condamné,
Il eût perdu son affaire.

Il voyageait volontiers,
Courant par tout le royaume :
Quand il était à Poitiers,
Il n'était pas à Vendôme.

Il se plaisait en bateau ;
Et soit en paix, soit en guerre,
Il allait toujours par eau,
À moins qu'il n'allât par terre.

Un beau jour, s'étant fourré
Dans un profond marécage,
Il y serait demeuré,
S'il n'eût pas trouvé passage.

Il fuyait assez l'excès ;
Mais dans les cas d'importance
Quand il se mettait en frais,
Il se mettait en dépense.

Dans un superbe tournoi,
Prêt à fournir sa carrière,
Il parut devant le Roi :
Il n'était donc pas derrière.

Monté sur un cheval noir,
Les dames le reconnurent ;
Et c'est là qu'il se fit voir
À tous ceux qui l'aperçurent.

Mais bien qu'il fût vigoureux,
Bien qu'il fît le diable à quatre,
Il ne renversa que ceux
Qu'il eut l'adresse d'abattre.

Il fut, par un triste sort,
Blessé d'une main cruelle ;
On croit, puisqu'il en est mort,
Que la plaie était mortelle.

Regretté de ses soldats,
Il mourut digne d'envie ;
Et le jour de son trépas
Fut le dernier de sa vie !

Il mourut le vendredi,
Le dernier jour de son âge :
S'il fût mort le samedi,
Il eût vécu davantage.

J'ai lu dans les vieux écrits
Qui contiennent son histoire,
Qu'il irait en paradis,
S'il était en purgatoire.

Anon. 16—

VI
LE MÉNAGE DE GARÇON

Je loge au quatrième étage,
C'est là que finit l'escalier ;
Je suis ma femme de ménage,
Mon domestique et mon portier :
Des créanciers quand la cohorte
Au logis sonne à tour de bras,
C'est toujours, en ouvrant ma porte,
Moi qui dis que je n'y suis pas.

Gourmands, vous voulez, j'imagine,
De moi, pour faire certain cas,
Avoir l'état de ma cuisine ;
Sachez que je fais trois repas :
Le déjeuner m'est très facile,
De tous côtés je le reçoi ;
Je ne dîne jamais qu'en ville,
Et ne soupe jamais chez moi.

Je suis riche et j'ai pour campagne
Tous les environs de Paris ;
J'ai mille châteaux en Espagne ;
J'ai pour fermiers tous mes amis.

J'ai, pour faire le petit maître,
Sur la place un cabriolet ;
J'ai mon jardin sur ma fenêtre,
Et mes rentes dans mon gilet.

Je vois plus d'un millionnaire
Sur moi s'égayer aujourd'hui :
Dans ma richesse imaginaire
Je suis aussi riche que lui ;
Je ne vis qu'au jour la journée,
Lui, vante ses deniers comptants ;
Et puis, à la fin de l'année
Nous arrivons en même temps.

Un grand homme a dit dans son livre
Que tout est bien, il m'en souvient.
Tranquillement laissons nous vivre,
Et prenons le temps comme il vient.
Si, pour récréer ce bas monde,
Dieu nous consultait aujourd'hui,
Convenons-en tous à la ronde,
Nous ne ferions pas mieux que lui.

Joseph Pain. 1802

VII

LE GASCON

Plus d'un gascon erre,
Exagère,
Ment
Constamment ;
Mais, cadédis !
On peut croiré cé qué jé dis.

Jé suis d'une illustré noblesse ;
Tout en moi lé fait pressentir :
Néveu d'un duc, d'uné duchesse,
Leurs biens doivent m'apparténir :
Un intrus vient mé les ravir.
Ma plainte en justice est formée,
Jé veux plaider titres en mains ;
Mais uné souris affamée
A dévoré mes parchémins.
  Plus d'un gascon, etc.

Cé révers né m'affligé guères,
Car jé possédé beaucoup d'or ;
À chacun dé vous, chers confrères,
J'offrirais un pétit trésor,
Qué jé sérais trop riche encor,
Lé croirez-vous ? j'ai la manie
Dé toujours sortir sans argent ;
Bien certain qu'uné bourse amie
S'ouvrira dans un cas urgent.
  Plus d'un gascon, etc.

En fait d'armes, mieux qu'un St. George
Jé manie épée, espadon :
Voulez-vous vous couper la gorge ?
Pour un *oui*, commé pour un *non*,
Moi, jé mé bats commé un démon.
Si j'avais eu l'amé moins belle,
Dieux ! qué d'imprudents séraient morts !
Mais avec eux, quand j'eus quérelle,
Noblément . . . . j'oubliai leurs torts.
  Plus d'un gascon, etc.

On a vu de l'académie
Les membres les plus érudits
Céder la palme à mon génie,
En lisant les doctes écrits,
Qu'un plat écrivassier m'a pris.
Leurs titres ! j'en fais un mystère,
Le sot, qui leur doit un rénom,
Parvint au fauteuil littéraire
En les publiant sous son nom.
  Plus d'un gascon, etc.

J'éclipse en grâce, en assurance,
Terpsichore et ses favoris,
Et jé fais pâlir, quand jé danse,
Les plus grands talens dé Paris,
Paul, Duport, Gardel et *Vestris.*
Vous le prouver dans la minute,
Né m'aurait point embarrassé,
Si je n'avais dans uné chute,
Eu lé génou droit fracassé.
  Plus d'un gascon, etc.

En bon français, dé ma patrie
Jé fus lé zélé défenseur ;
Millé fois j'exposai ma vie,
Et j'eus pour prix dé ma valeur,
Croix dé Saint-Louis, Croix d'Honneur.
Qu'importe ! on voit mes boutonnières
Veuves de ces *riens* élégants ;
Pour moi, pour les factionnaires,
Les saluts seraient fatigants.
  Plus d'un gascon, etc.

J'eus toujours pour la chansonnette
Un talent vraiment précieux,
Et, sans cessé, j'ai dans la tête
Des couplets malins, gracieux,
Et les réfrains les plus heureux.
Jugez, jugez dé mon mérite ;
Favart, qu'on n'a pas surpassé,
Et *Panard*, qué partout on cite,
Ont écrit ... cé qué j'ai pensé.
    Plus d'un gascon erre
        Exagère,
        Ment
      Constamment ;
      Mais, cadédis !
On peut croiré cé qué jé dis.
                  Charrin. 18—

VIII

CADET ROUSSELLE

Cadet Rousselle a trois maisons
Qui n'ont ni poutres ni chevrons ;
C'est pour loger les hirondelles ;
Que direz-vous d'Cadet Rousselle ?
    Ah ! ah ! ah ! mais vraiment,
    Cadet Rousselle est bon enfant !

Cadet Rousselle a trois habits ;
Deux jaunes, l'autre en papier gris ;
Il met celui là quand il gèle,
Ou quand il pleut et quand il grèle.
    Ah ! ah ! etc.

Cadet Rousselle a trois beaux yeux,
L'un r'garde à Caen, l'autre à Bayeux ;
Comme il n'a pas la vue bien nette,
Le troisième, c'est sa lorgnette :
    Ah ! ah ! etc.

Cadet Rousselle a une épée,
Très longue, mais toute rouillée ;
On dit qu'elle est encor pucelle ;
C'est pour fair'peur aux hirondelles.
    Ah ! ah ! etc.

Cadet Rousselle a trois souliers ;
Il en met deux dans ses deux pieds :
Le troisième n'a pas de semelle,
Il s'en sert pour chausser sa belle.
    Ah ! ah ! etc.

Cadet Rousselle a trois cheveux,
Deux pour les faces, un pour la queue ;
Et quand il va voir sa maîtresse,
Il les met tous les trois en tresse.
    Ah ! ah ! etc.

Cadet Rousselle a trois garçons ;
L'un est voleur, l'autre est fripon ;
Le troisième est un peu ficelle ;
Il ressemble à Cadet Rousselle.
    Ah ! ah ! etc.

Cadet Rousselle a trois gros chiens,
L'un court au lièvre, l'autre au lapin ;
L'troisièm' s'enfuit quand on l'appelle,
Comm' le chien de Jean de Nivelle.
    Ah ! ah ! etc.

Cadet Rousselle a trois beaux chats,
Qui n'attrappent jamais les rats,
Le troisièm' n'a pas de prunelle,
Et monte au grenier sans chandelle.
    Ah ! ah ! etc.

Cadet Rousselle a marié
Ses trois filles dans trois quartiers ;
Les deux premièr' ne sont pas belles,
La troisième n'a pas de cervelle.
    Ah ! ah ! etc.

Cadet Rousselle a trois deniers,
C'est pour payer ses créanciers ;
Quand il a montré ses ressources,
Il les remet dedans sa bourse.
    Ah ! ah ! etc.

Cadet Rousselle s'est fait acteur,
Comme Chénier s'est fait auteur ;
Au café quand il joue son rôle,
Les aveugles le trouvent drôle.
    Ah ! ah ! etc.

Cadet Rousselle ne mourra pas,
Car, avant de sauter le pas,
On dit qu'il apprend l'orthographe
Pour fair' lui-mêm' son épitaphe.
    Ah ! ah ! ah ! mais vraiment,
    Cadet Rousselle est bon enfant.
Anon. 1792

IX

LE ROSIER

Je l'ai planté, je l'ai vu naître
Ce beau Rosier où les oiseaux
Viennent chanter sous ma fenêtre,
Perchés sur ses jeunes rameaux.

Joyeux oiseaux, troupe amoureuse,
Ah! par pitié ne chantez pas;
L'amant qui me rendait heureuse,
Est parti pour d'autres climats.

Pour les trésors du nouveau monde
Il fuit l'amour, brave la mort.
Hélas! pourquoi chercher sur l'onde
Le bonheur qu'il trouvait au port.

Vous, passagères hirondelles,
Qui revenez chaque printemps,
Oiseaux voyageurs, mais fidelles,
Ramenez-le moi tous les ans.

De Leyre. 17—

X

PAUVRE JACQUES

Pauvre Jacques, quand j'étais près de toi,
Je ne sentais pas ma misère;
Mais à présent que tu vis loin de moi,
Je manque de tout sur la terre.

Quand tu venais partager mes travaux
Je trouvais ma tâche légère,
T'en souviens-t-il ? tous les jours étaient beaux
Qui me rendra ce temps prospère.

Quand le soleil brille sur nos guérets,
Je ne puis souffrir sa lumière ;
Et quand je suis à l'ombre des forêts,
J'accuse la nature entière.
   Pauvre Jacques, etc.
   La marquise de Travanet. 1780

XI

LOUIS XVI AUX FRANÇAIS

O mon peuple, que vous ai-je donc fait ?
 J'aimais la vertu, la justice.
Votre bonheur fut mon unique objet,
 Et vous me traînez au supplice.

Français, Français, n'est-ce pas parmi vous
 Que Louis reçut la naissance ?
Le même ciel nous a vus naître tous :
 J'étais enfant dans votre enfance.

O mon peuple ! ai-je donc mérité
 Tant de tourments et tant de peines ?
Quand je vous ai donné la liberté,
 Pourquoi me chargez-vous de chaines ?

Tout jeune encor, tous les Français en moi
 Voyaient leur appui tutélaire :
Je n'étais pas encore votre roi,
 Et déjà j'étais votre père.

Quand je montai sur ce trône éclatant
  Que me destina ma naissance,
Mon premier pas dans ce poste brillant
  Fut un édit de bienfaisance.

Le bon Henri, longtemps cher à vos cœurs,
  Eut cependant quelques faiblesses :
Mais Louis XVI, ami des bonnes mœurs,
  N'eut ni favoris, ni maîtresses.

Nommez-les donc, nommez-moi les sujets
  Dont ma main signa la sentence !
Un seul jour vit périr plus de Français
  Que les vingt ans de ma puissance.

Si ma mort peut faire votre bonheur,
  Prenez mes jours je vous les donne.
Votre bon roi, déplorant votre erreur,
  Meurt innocent et vous pardonne.

O mon peuple ! recevez mes adieux.
  Soyez heureux, je meurs sans peine,
Puisse mon sang, en coulant sous vos yeux,
  Dans vos cœurs éteindre la haine.

Id. 1793

XII

LA VEILLÉE

Heureux qui dans sa maisonnette,
Dont la neige a blanchi le toit,
Nargue le chagrin et le froid
Au refrain d'une chansonnette.

Que les soirs d'hiver sont charmants
Lorsqu'une famille assemblée
Sait, par divers amusements,
Égayer, égayer la veillée.

Assis près de sa bien aimée,
Voyez le paisible Lapon ;
Lorsque la neige à gros flocon
Tombe sur sa hutte enfumée,
Autour du feu dans son réduit
La famille entière assemblée
Semble trouver six mois de nuit
Trop courts, trop courts pour la veillée.

J'aime surtout une soirée
Où l'on parle de revenants,
Alors qu'on entend tous les vents
Souffler autour de la contrée.
À ces récits intéressants
Toute la troupe emerveillée,
Tremble, écoute et voudrait long-temps
Prolonger, prolonger la veillée.

C'est au hameau, dans une étable,
Qu'on se rassemble chaque soir,
Les vieilles ont le dévidoir,
Les vieux ont le broc sur la table ;
Les jeunes garçons amoureux
Des fillettes de l'assemblée,
Abrègent par des chants, des jeux,
De l'hiver, de l'hiver la veillée.

Villemontez. 1800

XIII

LES BOSSUS

Depuis longtemps je me suis aperçu
De l'agrément qu'on a d'être bossu.
Polichinelle en tous lieux si connu,
Toujours chéri, partout si bien venu,
Qu'en eût-on dit s'il n'eut été bossu ?

Loin qu'une bosse soit un embarras,
De ce paquet on fait un fort grand cas ;
Quand un bossu l'est derrière et devant,
Son estomac est à l'abri du vent,
Et ses épaules sont plus chaudement.

On trouve ici des gens assez mal nés
Pour s'aviser d'aller leur rire au nez :
Ils l'ont toujours aussi long que le bec
De cet oiseau que l'on trouve à Quebec ;
C'est pour cela qu'on leur doit du respect.

Tous les bossus ont ordinairement
Le ton comique et beaucoup d'agrément.
Quand un bossu se montre de côté,
Il règne en lui certaine majesté,
Qu'on ne peut voir sans en être enchanté.

Si j'avais eu les trésors de Crésus,
J'aurais rempli mon palais de bossus.
On aurait vu près de moi, nuit et jour,
Tous les bossus s'empresser tour à tour,
De montrer leur éminence à ma cour.

Dans mes jardins, sur un beau piédestal,
J'aurais fait mettre un Ésope en métal,
Et par mon ordre, un de mes substituts
Aurait gravé près de ses attributs :
Vive la bosse, et vivent les bossus !

Concluons donc, pour aller jusqu'au bout,
Qu'avec la bosse on peut passer par tout,
Qu'un homme soit ou fantasque ou bourru,
Qu'il soit chassieux, malpropre, malvêtu,
Il est charmant, pourvu qu'il soit bossu.

Santeul. 174—

XIV

LE BON TEMPS

Chacun vivait joyeusement
Selon son état, son ménage,
L'on pouvait partout sûrement,
Labourer dans son héritage,
Si hardiment que nul outrage,
Nul chagrin, n'eussent été faits
Sous peine d'encourir dommage.
Hélas ! le bon temps que j'avais !

De paix et de tranquillité,
Lors on était en sauvegarde !
Justice avait autorité.
De nul danger on n'avait garde.
Près du riche, l'âme gaillarde,
Fier, quoique pauvre, je marchais,
Sans redouter la hallebarde.
Hélas ! le bon temps que j'avais !

Il n'était en cette saison,
De loger par fourriers, nouvelles :
Ni chez nous mettre garnison ;
Mais faire chère des plus belles.
Prendre à deux mains grandes bouteilles,
Manger bien chaud, boire bien frais,
Et chanter sous les vertes treilles.
Hélas ! le bon temps que j'avais !

Hé ! croyez-vous qu'il faisait bon
En ces beaux près, à table ronde,
À voir le beau, le gras jambon,
La sauce en écuelle profonde,
Deviser de Margot la blonde ;
Et puis danser sous la saulsais,
Il n'était autre joie au monde.
Hélas ! le bon temps que j'avais !

Du temps du feu roi trépassé,
On ne volait point par la ville.
Je n'étais point éclaboussé
Par des gens d'humeur incivile.
Les sergents, trottant à la file,
Ne demandaient point où j'allais,
Je marchais, gai, libre et tranquille.
Hélas ! le bon temps que j'avais !

Martial d'Auvergne. 14—

XV

LA MÈRE BONTEMPS

La mère Bontemps
S'en allait disant aux fillettes :
Dansez mes enfants,
Tandis que vous êtes jeunettes ;
La fleur de gaité
Ne croit point l'été ;
Née au printemps comme la rose,
Cueillez-la dès qu'elle est éclose,
Dansez à quinze ans,
Plus tard il n'est plus temps.

À vingt ans, mon cœur
Crut l'amour un Dieu plein de charmes ;
Ce petit trompeur
M'a fait répandre bien des larmes ;
Il est exigeant,
Boudeur et changeant ;
Fille qu'il tient sous son empire
Fuit le monde, rêve et soupire ;
Dansez à quinze ans,
Plus tard il n'est plus temps.

Les jeux et les ris
Dansèrent à mon mariage ;
Mais bientôt j'appris
Qu'il est d'autres soins en ménage :
Mon mari grondait,
Mon enfant criait,

Moi ne sachant auquel entendre,
Sous l'ormeau pouvais-je me rendre?
Dansez à quinze ans,
Plus tard il n'est plus temps.

Le temps arriva
Où ma fille me fit grand mère;
Quand on en est là,
Danser m'intéresse guère;
On tousse en parlant,
On marche en tremblant;
Au lieu de danser la gavotte
Dans un grand fauteuil on radotte.
Dansez à quinze ans,
Plus tard il n'est plus temps.

Anon. 17—

XVI

J'AI DU BON TABAC DANS MA TABATIÈRE

J'ai du bon Tabac dans ma tabatière,
J'ai du bon Tabac, tu n'en auras
   pas.
 J'en ai du fin et du râpé,
  Ce n'est pas pour ton fichu nez.
J'ai du bon Tabac dans ma tabatière,
J'ai du bon Tabac, tu n'en auras
   pas.

Ce refrain connu que chantait mon père,
A ce seul couplet il était borné.
 Moi, je me suis déterminé
 À le grossir, comme mon nez.
J'ai du bon Tabac, etc.

Un noble héritier de gentilhommière,
Recueille, tout seul, un fief blasonné :
 Il dit à son frère puîné :
 Sois abbé, je suis ton aîné.
J'ai du bon Tabac, etc.

Un vieil usurier, expert en affaire,
Auquel, par besoin, l'on est amené,
 A l'emprunteur infortuné
 Dit, après l'avoir ruiné :
J'ai du bon Tabac, etc.

Juges, avocats, entr'ouvrant leur serre,
Au pauvre plaideur, par eux rançonné,
 Après avoir pateliné,
 Disent, le procès terminé :
J'ai du bon Tabac, etc.

D'un gros financier, la coquette flaire
Le beau bijou d'or, de diamants orné.
 Le grigou, d'un air renfrogné,
 Lui dit : Malgré ton joli nez…
J'ai du bon Tabac, etc.

Neuperg se croyant un foudre de guerre,
Est, par Frédéric, assez mal mené.
 Le vainqueur qui l'a talonné,
 Dit, à ce Hongrois étonné…
J'ai du bon Tabac, etc.

Tel qui veut nier l'esprit de Voltaire,
Est pour le sentir trop enchiffrené.
    Cet esprit est trop raffiné,
      Et lui passe devant le nez.
Voltaire a l'esprit dans sa tabatière,
Et du bon Tabac, tu n'en auras
        pas.

Par ce bon Monsieur De Clermont-Tonnerre,
Qui fut mécontent d'être chansonné ;
    Menacé d'être bâtonné,
      On lui dit, le coup détourné,
J'ai du bon Tabac, etc.

Voilà dix couplets, cela ne fait guère,
Pour un tel sujet bien assaisonné ;
    Mais, j'ai peur qu'un priseur mal né,
      Ne chante, en me riant au nez :
J'ai du bon Tabac dans ma tabatière,
J'ai du bon Tabac, tu n'en auras
        pas.   *L'Attaignant.* 177-

XVII

LE ROI DAGOBERT

Le bon Roi Dagobert
Avait sa culotte à l'envers ;
Le grand saint Éloi
Lui dit : O mon Roi !
    Votre majesté
    Est mal Culotté.
C'est vrai, lui dit le Roi,
Je vais la remettre à l'endroit.

Le bon Roi Dagobert
Fut mettre son bel habit vert ;
Le grand saint Éloi
Lui dit : O mon Roi !
    Votre habit paré
      Au coude est percé.
C'est vrai, lui dit le Roi,
Le tien est bon, prête-le moi.

Du bon Roi Dagobert
Les bas étaient rongés des vers ;
Le grand saint Éloi
Lui dit : O mon Roi !
    Vos deux bas cadets
      Font voir vos mollets.
C'est vrai, lui dit le Roi,
Les tiens sont neufs, donne-les moi.

Le bon Roi Dagobert
Faisait peu sa barbe en hiver ;
Le grand saint Éloi
Lui dit : O mon Roi !
    Il faut du savon
      Pour votre menton.
C'est vrai, lui dit le Roi,
As-tu deux sous ? prête-les moi.

Du bon Roi Dagobert
La perruque était de travers ;
Le grand saint Éloi
Lui dit : O mon Roi !
    Que le perruquier
      Vous a mal coiffé !
C'est vrai, lui dit le Roi,
Je prends ta tignasse pour moi.

Le bon Roi Dagobert
Portait manteau court en hiver ;
Le grand saint Éloi
Lui dit : O mon Roi !
  Votre Majesté
  Est bien écourtée.
C'est **vrai**, lui dit le Roi,
Fais le ralonger de deux doigts.

Le Roi faisait des vers,
Mais il les faisait de travers ;
Le grand saint Eloi
Lui dit : O mon Roi !
  Laissez au oisons
  Faire des chansons.
Eh bien, lui dit le Roi,
C'est toi qui les feras pour moi.

Le bon Roi Dagobert
Chassait dans la plaine d'Anvers ;
Le grand saint Éloi
Lui dit : O mon Roi !
  Votre Majesté
  Est bien essoufflée.
C'est vrai, lui dit le Roi,
Un lapin courait après moi.

Le bon Roi Dagobert
Allait à la chasse au pivert ;
Le grand saint Éloi
Lui dit : O mon Roi !
  La chasse aux coucous
  Vaudrait mieux pour vous.
Eh bien, lui dit le Roi,
Je vais tirer, prends garde à toi.

Le bon Roi Dagobert
Avait un grand sabre de fer ;
Le grand saint Éloi
Lui dit : O mon Roi !
  Votre Majesté
    Pourrait se blesser.
C'est vrai, lui dit le Roi,
Qu'on me donne un sabre de bois.

Le bon Roi Dagobert
Se battait à tort, à travers ;
Le grand saint Éloi
Lui dit : O mon Roi !
   Votre Majesté
    Se fera tuer.
C'est vrai, lui dit le Roi,
Mets toi bien vîte devant moi.

Le bon Roi Dagobert
Voulait conquérir l'univers ;
Le grand saint Éloi
Lui dit : O mon Roi !
   Voyager si loin
    Donne du tintoin.
C'est vrai, lui dit le Roi,
Il vaudrait mieux rester chez soi.

Le Roi faisait la guerre,
Mais il la faisait en hiver ;
Le grand saint Éloi
Lui dit : O mon Roi !
   Votre Majesté
    Se fera geler.
C'est vrai, lui dit le Roi,
Je m'en vais retourner chez moi.

Le bon Roi Dagobert
Voulait s'embarquer sur la mer ;
Le grand saint Éloi
Lui dit : O mon Roi !
  Votre Majesté
  Se fera noyer.
C'est vrai, lui dit le Roi,
On pourra crier : Le Roi boit.

Le bon Roi Dagobert
Avait un vieux fauteuil de fer ;
Le grand saint Éloi
Lui dit : O mon Roi !
  Votre vieux fauteuil
  M'a donné dans l'œil.
Eh bien, lui dit le Roi,
Fais le vîte emporter chez toi.

Le bon Roi Dagobert
Mangeait en glouton du dessert ;
Le grand saint Éloi
Lui dit : O mon Roi !
  Vous êtes gourmand,
  Ne mangez pas tant ;
Bah ! bah ! lui dit le Roi,
Je ne le suis pas tant que toi.

Le bon Roi Dagobert
Ayant bu, allait de travers ;
Le grand saint Éloi
Lui dit : O mon Roi !
  Votre Majesté
  Va tout de côté.
Eh bien, lui dit le Roi,
Quand t'es gris marches-tu plus droit ?
Anon.

XVIII

LE VIEUX CHÂTEAU DES ARDENNES, OU LE RÉVEIL D'ENGUERRAND

Tout au beau milieu des Ardennes,
Est un château sur le haut d'un rocher,
Où fantômes sont par centaines ;
Les voyageurs n'osent en approcher :
    Dessus ses tours
   Sont nichés les vautours,
   Les oiseaux de malheur.
Hélas ! ma bonne, hélas ! que j'ai grand' peur !

Tout à l'entour de ses murailles,
On y entend les loups-garoux hurler ;
On entend traîner des ferrailles,
On voit des feux, on voit du sang couler,
    Tout à la fois
   De très sinistres voix
   Qui vous glacent le cœur.
Hélas ! ma bonne, hélas ! etc.

Sire Enguerrand venait d'Espagne,
Passant par là, cuidait se délasser ;
Il monte au haut de la montagne :
" Faites mon lit ; je veux me reposer.
    Beau cavalier,
   Restez en étrier ;
   Vous mourriez de frayeur."
Hélas ! ma bonne, hélas ! etc.

" Par la sembleu, par la cent diable !
Me prenez-vous pour un jeune écolier ?
　　Faites du feu, dressez la table ;
Mettez des draps, venez me débotter.
　　　　Nous les verrons
　　　Tous ces esprits félons
　　　Qui font tant de frayeur."
Hélas ! ma bonne, hélas ! etc.

" Bonsoir vous dis, mon capitaine,
Tenez-vous bien ferme sur l'oreiller.—
　　De moi ne soyez point en peine,
Le diable y soit, j'ose le défier.—
　　　　Monsieur, tout doux !
　　　D'aussi fermes que vous
　　　Y ont manqué de cœur."—
Hélas ! ma bonne, hélas ! etc.

　　Vers minuit, voilà grand tapage,
Tout le château commence à s'ébranler ;
　　On entend des cris pleins de rage,
Tous les enfers semblent se rassembler.
　　　　Quels hurlements !
　　　Quels grincements de dents !
　　　Que de cris ! que d'horreur !
Hélas ! ma bonne, hélas ! etc.

　　Tout à coup, par la cheminée,
On voit et têtes et cornes tomber ;
　　Des pieds, des mains, une nuée
Sur les parois, partout semblent flamber.
　　　　En même temps,
　　　Des portes les battants
　　　S'ouvrent avec rumeur.
Hélas ! ma bonne, hélas ! etc.

Un démon de figure hideuse
Était traîné par cent diables affreux ;
Sa bouche était tout écumeuse,
Le plomb fondu lui découlait des yeux ;
　　Et ses cheveux,
　　Tout embrâsés de feux,
　　S'hérissaient de douleur.
Hélas ! ma bonne, hélas ! etc.

Sur ses épaules déchirées,
Les démons fouettaient à coups redoublés ;
Les fouets dont leurs mains sont armées
Sont des serpents des plus envenimés ;
　　Il veut crier ;
　　Un crapaud, du gosier
　　Lui sort avec clameur.
Hélas ! ma bonne, hélas ! etc.

Une ombre tout échevelée
Va, lui plongeant un poignard dans le cœur,
Avec une épaisse fumée
Le sang en sort, si noir qu'il fait horreur ;
　　Avec éclat
　　Criant : " Meurs, scélérat !
　　Expie ta fureur ! "
Hélas ! ma bonne, hélas ! que j'ai grand' peur !

Cazotte.

XIX

COMPLAINTE DE FUALDÈS

Écoutez, peuples de France,
Du royaume de Chili,
Peuples de Russie aussi,
Du cap de Bonne Espérance,
Le mémorable accident
D'un crime très-conséquent.

Capitale du Rouergue,
Vieille ville de Rhodez,
Tu vis de sanglants forfaits
À quatre pas de l'Ambergue,
Faits par des cœurs aussi durs
Comme tes antiques murs.

De très honnête lignée
Vinrent Bastide et Jausion,
Pour la malédiction
De cette ville indignée ;
Car de Rhodez les habitants
Ont presque tous des sentiments.

Bastide le gigantesse,
Moins deux pouces ayant six pieds,
Fut un scélérat fieffé
Et même sans politesse,
Et Jausion l'insidieux
Sanguinaire, avaricieux.

Ils méditent la ruine
D'un magistrat très prudent,
Leur ami, leur confident ;
Mais ne pensant pas le crime,
Il ne se méfiait pas
Qu'on complotait son trépas.

Hélas ! par un sort étrange,
Pouvant vivre honnêtement,
Ayant femmes et enfants,
Jausion, l'agent de change,
Pour acquitter ses effets,
Résolut ce grand forfait.

Bastide le formidable,
Le dix-neuf mars, à Rhodez,
Chez le vieillard Fualdès
Entre avec un air aimable,
Dit : " Je dois à mon ami,
Je fais son compte aujourd'hui."

Ces deux beaux frères perfides
Prennent des associés ;
Bach et le porteur Bousquier,
Et Missonnier l'imbécille,
Et Colard est, pour certain,
Un ancien soldat du train.

Alors le couple farouche
Saisit Fualdès au Terral ;
Avec un mouchoir fatal
On lui tamponne la bouche ;
On remplit son nez de son
Pour intercepter le son.

Dans cet infâme repaire
Ils le poussent malgré lui,
Lui déchirant son habit,
Jetant son chapeau par terre
Et des vielleurs insolents
Assourdissent les passants.

Sur la table de cuisine
Ils l'étendent aussitôt ;
Jausion prend son couteau
Pour égorger la victime ;
Mais Fualdès, d'un coup de temps,
S'y soustrait adroitement.

Sitôt Bastide l'Hercule
Le relève à bras tendus,
De Jausion éperdu,
Prenant le fer homicide,
" Est-ce là comme on s'y prend ?
Vas, tu n'es qu'un innocent."

" Puisque sans raison plausible,
Vous me tuez, mes amis,
De mourir en étourdi,
Cela ne m'est pas possible.
Ah ! laissez-moi dans ce lieu
Faire ma paix avec Dieu."

Ce géant épouvantable
Lui répond grossièrement :
" Tu pourras dans un instant
Faire paix avec le Diable,"
Ensuite d'un large coup
Il lui traverse le cou.

Voilà le sang qui s'épanche,
Mais la Bancale aux aguets,
Le reçoit dans un baquet,
Disant : " En place d'eau blanche,
Y mettant un peu de son,
Ça sera pour mon cochon."

Fualdès meurt, et Jausion fouille.
Prenant le passepartout,
Dit : " Bastide, *ramasse tout.*"
Il empoigne la grenouille,
Bague, clef, argent comptant,
Montant bien à dix-sept francs.

Alors chacun à la hâte,
Colard, Benoît, Missonnier,
Et Bach, le contrebandier,
Mettant la main à la pâte,
Le malheureux maltraité
Se trouve être empaqueté.

Certain bruit frappe l'ouie
De Bastide furieux,
Un homme s'offre à ses yeux,
Qui dit : " Sauvez-moi la vie,
Car, sous ce déguisement,
Je suis Clarisse Enjalran."

Lors d'une main téméraire,
Ce monstre licencieux
Veut s'assurer de son mieux
À quel homme il a affaire,
Et trouvant le fait constant,
Teint son pantalon de sang.

Sans égard et sans scrupule
Il a levé le couteau,
Jausion lui dit : "Nigaud,
Quelle action ridicule !
Un cadavre est onéreux,
Que feras-tu donc de deux ?"

On traîne l'infortunée
Sur le corps tout palpitant ;
On lui fait prêter serment.
Sitôt qu'elle est engagée,
Jausion officieux
La fait sortir de ces lieux.

Quand ils sont dedans la rue,
Jausion lui dit d'un air fier :
"Par le poison ou le fer,
Si tu causes, t'es perdue !"
Manson rend du fond du cœur
Grâce à son tendre sauveur.

Bousquier dit avec franchise,
En contemplant cette horreur :
"Je ne serai pas porteur
De pareille marchandise.
Comment, mon cher ami Bach,
Est-ce donc là ton tabac ?"

Mais Bousquier faisant la mine
De sortir de ce logis,
Bastide prend son fusil,
L'applique sur la poitrine
De Bousquier, disant : "Butor,
Si tu bouges, tu es mort."

Bastide, ivre de carnage,
Donne l'ordre du départ,
En avant voilà qu'il part,
Jausion doit fermer la marche,
Et les autres du brancard
Saisissent chacun un quart.

Alors de l'affreux repaire
Sort le cortége sanglant ;
Colard et Bancal devant,
Bousquier, Bach portaient derrière ;
Missonnier, ne portant rien,
S'en va la canne à la main.

En allant à la rivière,
Jausion tombe d'effroi.
Bastide lui dit : " Eh quoi !
Que crains-tu ?" Le cher beau-frère
Lui répond : " Je n'ai pas peur,"
Mais tremblait comme un voleur.

Enfin l'on arrive au terme.
Le corps désempaqueté
Dans l'Aveyron est jeté ;
Bastide alors, d'un air ferme,
S'éloigne avec Jausion :
Chacun tourne les talons.

Par les lois de la physique,
Le corps du pauvre innocent,
Se trouvant privé de sang,
Par un miracle authentique,
Surnage, aux regards surpris,
Pour la gloire de Thémis.

L'on s'enquiert et l'on s'informe.
Les assises d'Aveyron
Prennent condamnation
Par un arrêt bien en forme,
Qui, pour quelque omission,
A subi cassation.

En vertu d'une ordonnance
La cour d'assises d'Albi
De ce forfait inouï
En doit prendre connaissance ;
Les fers aux mains et aux pieds,
Ces monstres sont transférés.

Le chef de gendarmerie
Et le maire de Rhodez
Ont inventé, tout exprès,
Une cage bien garnie,
Qui les expose aux regards,
Comme tigres et léopards.

La procédure commence ;
Bastide le Rodomont,
Au témoin qui le confond,
Parle avec impertinence,
Quoique entouré de recors,
Il fait le drôle de corps.

Tous adoptent le système
De la dénégation ;
Mais cette œuvre du démon
Se renverse d'elle-même ;
Et leurs contradictions
Servent d'explications.

Pressé par leur conscience,
Bach et la Bancal, tous deux
Font des aveux précieux ;
Malgré cette circonstance,
Les beaux-frères accusés
N'en sont pas déconcertés.

" Qui vous a sauvé, Clarisse ? "
Dit l'aimable président ;
—" Il vous faut, en ce moment,
Le nommer à la justice :
Est-ce Veynac ou Jausion ? "
" Je ne dis ni oui ni non."

Clarisse voit l'air farouche
Que sur elle on a porté ;
" Non, *l'auguste vérité*
Ne peut sortir de ma bouche...
Je ne fus point chez Bancal...
Mais quoi ! je me trouve mal... "

On prodigue l'eau des Carmes ;
Clarisse aussitôt revient ;
À Bastide qui soutient
Ne connaître cette dame,
Elle dit : " Monstre enragé,
Tu as voulu m'égorger ! "

Si l'on en croit l'éloquence
De chacun des avocats,
De tous ces vils scélérats
Manifeste est l'innocence ;
Mais malgré tous leurs rébus,
Ce sont des propos perdus.

De Clarisse l'innocence
Paraît alors dans son jour ;
Elle prononce un discours
Qui commande le silence,
Et n'aurait pas plus d'éclat
Quand ce serait son état.

" Dans cet asile du crime,
Imprudente et voilà tout,
Pleurs, débats, *j'entendis tout*,
Derniers cris de la victime :
Me trouvant là par hasard,
Et pour un moment d'écart."

À la fin tout débat cesse
Par la condamnation
De Bastide et de Jausion ;
Colard, Bach et la tigresse,
Par un légitime sort,
Subissent l'arrêt de mort.

De la clémence royale,
Pour ses révélations,
Bach est l'objet. Pour raisons
On conserve la Bancale ;
Jausion, Bastide et Colard
Doivent périr sans retard.

À trois heures et demie,
Le troisième jour de juin,
Cette bande d'assassins
De la prison est sortie ;
Pour subir leur châtiment,
Aux termes du jugement.

Bastide vêtu de même,
Et Colard comme aux débats,
Jausion ne l'était pas,
À sa famille qu'il aime,
Envoie une paire de bas
En signe de son trépas.

Malgré la sainte assistance
De leurs dignes confesseurs,
Ces scélérats imposteurs
Restent dans l'impénitence,
Et montent sur l'échafaud
Sans avouer leurs défauts.

(*Dernières paroles de Jausion à sa femme.*)

" Épouse sensible et chère,
Qui, par mon ordre inhumain,
M'as si bien prêté la main
Pour forcer le secrétaire,
Élève nos chers enfants
Dans tes nobles sentiments.

Catalan. 1818

XX

UNE NUIT DE LA GARDE NATIONALE

Je pars,
Déjà de toutes parts,
La nuit sur nos remparts
Étend son ombre,
Sombre ;

Chez vous,
Dormez, époux jaloux,
Dormez, tuteurs, pour vous
La patrouille
Se mouille.
Au bal
Court un original,
Qui d'un faux pas fatal
Redoutant l'infortune,
Marche d'un air contraint,
S'éclabousse et se plaint
D'un réverbère éteint,
Qui comptait sur la lune.
Un luron
Que l'instinct gouverne,
À défaut de sa raison !
Va frappant à chaque taverne
Les prenant pour sa maison.
J'examine
Cette mine
Qu'enlumine
Un rouge bord ;
Quand au poste
Qui l'accoste,
Il riposte :
" Verse encor."
Je vois
Revenir un bourgeois
Qui, charmé de sa voix,
Sort gaîment du parterre ;
Il chante, et plus content qu'un dieu,
Il écorche avec feu
Un air de Boyeldieu.

Plus loin,
Près du discret cousin,
En modeste sapin,
Rentre la financière ;
Quand sa couturière
Sort de Tivoli
Dans le galant wiski
Que prêta son mari.
A mes yeux, s'ouvre une fenêtre
Que lorgnait un amateur ;
Mais je crois le reconnaître,
Et ce n'est pas un voleur.
Je m'efface
Pour qu'on fasse
Volte-face
À l'instant ;

(*A voix basse.*)

Car la belle,
Peu cruelle,
Était celle
Du sergent.
Jugeant
En chef intelligent,
Que rien n'était urgent
Quand la ville
Est tranquille,
Je rentre, et voici, général,
Le récit littéral
Qu'en fait le caporal.

Scribe. 1815

VI

MISCELLANEOUS POEMS.

I

CHANSON À BOIRE

Or hi parra,
La cerveyse nos chauntera;
Alleluia!

Qui que aukes* en beyt,
Si tel seyt com estre doit,
Res miranda!

Bevez quand l'avez en poin;
Ben est droit, car nuit est loing,
Sol de stella.

Bevez bien e bevez bel,
Il vos vendra del tonel
Semper clara.

Bevez bel e bevez bien,
Vo † le vostre e jo ‡ le mien
Pari forma.

* Quiconque.   † Vous.   ‡ Je.

De ço soit bien porveu ;
Qui que aukes le tient al fu
   Fit corrupta.

Riches genz funt lur bruit ;
Fesom * nus nostre deduit,
   Valle nostra.

Beneyt soit li bon veisin,
Qui nus dune payn e vin,
   Carne sumpta.

E la dame de la maison
Ki nus fait chère real,
Ja ne passe ele par mal †
   Esse cœca!

Mut nus dune volenters
Bon beiveres e bons mangers
Meuz waut que autres muliers
   Hæc prædicta.

Or bewom al dereyn ‡
Par meitez e par pleyn,
Que nus ne seum demayn
   Gens misera.

Ne nostre tonel wis § ne fut,
Kar plein ert de bon frut,
Et si ert tus anuit
   Puerpera.

               Anon.   12th *century*

---

* Fesons.   † Qu'elle ne passe jamais par aucun mal.
‡ Buvons le dernier.   § Vide.

II

INVITATION À FAIRE NOËL

Seignors, ort entendez a nus :
De loing sumes venuz à wous
  Por quere* Noël,
Car l'em nus dit qu'en cest hostel
Soleit † tenir sa feste anuel
  A hicest jur.
Deu doint a tus icels joie d'amurs
Qui a danz Noël ferunt honors !

Seignors, je vus dis pur veir
Ke danz Noël ne velt aveir
  Si joie non,
Et repleni sa maison
De payn, de char et de peison ‡
  Por faire honor.
Deu doint, etc.

Seignors, il est crié en l'ost
Que cil qui despent bien et tost
  Et largement,
Et fet les granz honors sovent,
Deu li duble quanque § il despent
  Por faire honor.
Deu doint, etc.

---

* Chercher. *Lat.* quæro. † Soleit. est accoutumé. *Lat.* Solet.
‡ Poisson. § Le double de quoi que.

Seignors, escriez * les malveis,
Car vus ne l' troverez jameis
    De bone part.
Botun, batun, ferun gruinard,†
Car tos dis a le quer cuuard
    Por feire honor.
Deu doint, etc.

Noël beyt bien le vin engleis,
E li Gascoin et li Franceys,
    E l'Angevin ;
Noël fait beivere son veisin,
Si qu'il se dort le chief enclin,
    Sovent ce jor.
Deu doint, etc.

Seignors, je vus di par Noël
E par li sires de cest hostel,
    Car bevez ben ;
E jo primes beverai le men,
Et pois après chescon le soen
    Par mon conseil ;
Si jo vus dis trestoz : Wesseyl,
Dehaiz eit ‡ qui ne dira : Drincheyl.

                              Id.

---

  * Ne croyez pas.
  † This is an appeal for the stick (*bâton*) to be administered to those who brawl (*gruinard*, from *gruir*, to make a noise like a crane, *grue*).
  ‡ Woe may he have who.

III

À BOIRE

Quant Thuangcastre* fu tut fermez †
De cels que Hengst et mandez
Vindrent dis niefs et oit ‡ chargez
De chevaliers e de mesnies ;
Sa fille li unt amené,
Ki n'ert pas uncore marié.
Ronwen ot nun,§ si est pucele,
A grant merveille ert gent e bele
A un jur k'il ot gardé,
Ad Hengst al rei ‖ enveié
A venir od lui ¶ herberger,
Dedure,** bevre e manger,
E ver sa nuvele gent
E sun nuvel herbergement.
Li reis i vint eschariement,
Ki volt estre privéement ;
Le chastel vit, l'ovre †† esgarda,
Mult fut bien faid, mult le loa ;
Les chivalers novelement venuz
Ad a soldeies ‡‡ retenuz.
Le jur mangerent e tant burent
Tut li plusur que ivere furent.
Dunc est fors de la chambre issue
Ronwen mult bele et bien vestue,

---

* Le château de Lancastre. † Achevé. ‡ Dix-huit nefs.
§ Nom. ‖ Le roi Vortigerne. ¶ Avec lui. ** Se divertir.
†† L'ouvrage. ‡‡ À sa solde.

Pleine cupe de or de vin porta,
Devant le rei s'agenuilla,
Mult umblement li enclina
E a sa lei* le salua,
Lauerd-king, weshail tant li dist :
E li reis demanda e enquist,
Ki le language ne saveit,
Que la meschine li diseit.
Cheredic † respundi tut primeres : ‡
Prez ert § si ert bons latiniers : ‖
"Ronwen, dist-il, t'ad salué
E seignur rei t'ad apellé ¶
Custume est, sire, en lur païs,
Quant amis beivent entre amis,
Que cil dist *waishail* que deit bevre,
E cil *drinkhail* que deit receire :
Dunc beit cil tut u la meité
E pur joie e pur amistié,
Al hanap rescevre e al baillier
Est custume d'entre-baisier."
Li reis, si cume cil li aprist,
Dist *drinkhail*, e si suzrist.
Ronwen but, e puis li bailla,
E en baillant li beisa.
Par cele gent primerement
Prist-hum ** le us e cumencement
De dire en ceo païs *weshail*,
E de respondre *drinkhail*,
E de beivre plein u demi
E d'entre-baisir ambedui.

Robert Wace. 12th century

* À sa mode.   † Un interprète.   ‡ Aussitôt.   § Il était Breton.
‖ Interprète.   ¶ *Lauerd-king*, seigneur-roi.   ** On.

IV

CHANSON À BOIRE

    Bone compaignie,
    Quant ele est privée,
    Maint jeu, maint drurie *
    Fait faire a celée.†
Mais quant chascun tient sa mie
    Cointe et bien parée,
Lors a par droit bone vie
    Chascun d'aus trovée.

    Li mengiers
    Est atornés,
    Et la table aprestée ;
    De bons vins y a assés
    Par qui joie est menée
    Après mengiers,
    Font les dés
    Venir en l'assemblée
    Sous la table lée.‡

Et si ai sovent trové
    Maint clerc, la chape ostée
Qui n'ont cure que là soit
    Logique disputée.
Li hostes est par de lès
    Qui dit : " Bévés,"
Et quant vins faut s'écriés :
" À nous faut un tour de vin,
    Diex, car le nos donés."

                  Anon. 14*th century*

* Gaillardise.   † Secrètement.   ‡ Large.

V

CHANSON À BOIRE

Chanter me fait bons vins et resjoïr ;
Quant plus le boi, et je plus le desir ;
Car li bons vins me fait soef dormir ;
Quant je nel boi, pour rien ne dormiroie,
Au resveillier volentiers beveroie.

Ne sai que a seignorie plus fort
Ou vins, ou Diex, ou d'amors le deport.
Sor toute riens au riche vin m'accort.
Rois, justice, tot le mont et aploie ;
Vins vainc amors et justice mestroie.

Tous jors doit on sievre bon vin de près,
D'ore en avant de boine amour me tès ;
Qu'amours tous jors est tournée as mauvès,
Communaus est à ceuls qui ont monnoie,
D'amours venaus por riens bien ne diroie.

Anon. 13*th century*

VI

BALLADE DES DAMES DU TEMPS JADIS

Dictes moy où, ne en quel pays,
Est Flora, la belle Romaine,
Archipiada,* ne Thaïs,
Qui fut sa cousine germaine ?

* Probably meant for Hipparchia.

Echo, parlant, quand bruyt on maine
Dessus rivière ou sus estan,
Qui beaulté eut trop pluz que humaine?
Mais où sont les neiges d'antan?*

Où est la très-sage Héloïs,
Pour qui fust blessé (et puis moyne)
Pierre Esbaillart à Sainct-Denys,
Pour son amour eut cest essoyne?†
Semblablement où est la Royne
Qui commanda que Buridan
Fust jetté en ung sac en Seine;
Mais où sont les neiges d'antan?

La Royne Blanche comme un lys,
Qui chantoit à voix de Sereine;
Berthe au grand pied, Bietris, Allys,
Harembouges qui tint le Mayne?
Et Jehanne, la bonne Lorraine
Que Angloys bruslèrent à Rouen?
Où sont-ilz, vierge Souveraine?...
Mais où sont les neiges d'antan?

Prince, n'enquirez de sepmaine
Où elles sont, ne de cest an,
Que ce refrain ne vous remaine:
Mais où sont les neiges d'antan?

François Villon.

* Of the previous year (*ante annum*). † Care, misfortune.

VII

BALLADE

Allez-vous-en, allez, allez,
Soucy, soin et mérencolie ;
Me cuidez-vous* toute ma vie
Gouverner, comme fait avez ?
Je vous promets que non ferez ;
Raison aura sur vous maistrie ;†
Allez-vous-en, allez, allez,
Soncy, soin et mérencolie.‡

Si jamais plus vous revenez
Avecque votre compagnie,
Je prie à Dieu qu'il vous maudie
Et le jour que vous reviendrez :
Allez-vous-en, allez, allez,
Soncy, soin et mérencolie.

Charles d'Orléans. 14—

VIII

LANTURLU

Le roy, notre sire,
Pour bonnes raisons
Que l'on n'ose dire,
Et que nous taisons,
Nous a fait défense
De plus chanter lanturlu,
Lanturlu, lanturlu, lanturlu, lanturlu.

---

* Croyez-vous.   † Aura sur vous le dessus.   ‡ For *mélancolie*.

La reine, sa mère,
Reviendra bientôt,
Et Monsieur, son frère,
Ne dira plus mot.
Tout sera paisible,
Pourvu qu'on ne chante plus
Lanturlu, etc.

De la Grand'Bretagne
Les ambassadeurs,
Ceux du roy d'Espagne
Et des électeurs,
Se sont venus plaindre
D'avoir partout entendu
Lanturlu, etc.

Ils ont fait leur plainte
Fort éloquemment,
Et parlé sans crainte
Du gouvernement ;
Pour les satisfaire,
Le roy leur a répondu :
Lanturlu, etc.

Dans cette querelle
Le bon cardinal,
Dont l'âme fidelle
Ne pense en nul mal,
A promis merveille
Et puis a dit à Beautru,
Lanturlu, etc.

Dessus cette affaire
Le nonce parla,
Et notre Saint-Père,
Entendant cela,
Au milieu de Rome
S'écria comme un perdu :
　　Lanturlu, etc.

Pour bannir de France
Ces troubles nouveaux,
Avec grand' prudence
Le garde des sceaux
A scellé ces lettres,
Dont voicy le contenu :
Lanturlu, lanturlu, lanturlu, lanturlu.

Voiture. 1630

IX

VILLANELLE

À vous troupe légère,
Qui d'aisle passagère
Par le monde volez,
Et d'un sifflant murmure
L'ombrageuse verdure
Doucement esbranlez,

J'offre ces violettes,
Ces lys et ces fleurettes,

Et ces roses ici,
Ces vermeillettes roses
Tout fraîchement escloses,
Et ces œillets aussi.

De vostre douce haleine
Esvantez cette plaine,
Esvantez ce séjour,
Cependant que j'ahane*
À mon blé que je vanne
À la chaleur du jour.

Du Bellay. 15—

X

SONNET

Heureux qui, comme Ulysse, a fait un beau voyage,
Ou, comme cestui-là, qui conquit la toison,†
Et puis est retourné, plein d'usage‡ et raison,
Vivre entre ses parents le reste de son âge !

Quand revoiray-je, hélas ! de mon petit village
Fumer la cheminée, et en quelle saison
Revoiray-je le clos de ma pauvre maison,
Qui m'est une province, et beaucoup davantage !

Plus me plaist le séjour qu'ont basti mes ayeux
Que des palais Romains le front audacieux ;
Plus que le marbre dur me plaist l'ardoise fine ;

---

* Je fatigue, je travaille.   † La toison d'or.
‡ Expérience.

Plus mon Loire Gaulois que le Tybre Latin,
Plus mon petit Lyré que le mont Palatin,
Et plus que l'air marin la douceur Angevine.

Id.

XI

STANCES SUR LA RETRAITE

Tircis, il faut penser à faire la retraite ;
La course de nos jours est plus qu'à demi faite ;
L'âge insensiblement nous conduit à la mort :
Nous avons assez vu sur la mer de ce monde
Errer au gré des vents notre nef vagabonde ;
Il est temps de jouir des délices du port.

Le bien de la fortune est un bien périssable ;
Quand on bâtit sur elle, on bâtit sur le sable.
Plus on est élevé, plus on court de dangers ;
Les grands pins sont en butte aux coups de la tempête,
Et la rage des vents brise plutôt le faîte
Des maisons de nos rois, que les toits des bergers.

Oh ! bienheureux celui qui peut de sa mémoire
Effacer pour jamais ce vain espoir de gloire,
Dont l'inutile soin traverse nos plaisirs,
Et qui, loin retiré de la foule importune,
Vivant dans sa maison, content de sa fortune,
A selon son pouvoir mesuré ses désirs !

Il laboure le champ que labourait son père,
Il ne s'informe point de ce qu'on délibère
Dans ces graves conseils d'affaires accablés ;
Il voit sans intérêt la mer grosse d'orages,
Et n'observe des vents les sinistres présages,
Que pour le soin qu'il a du salut de ses blés.

Roi de ses passions, il a ce qu'il désire ;
Son fertile domaine est son petit empire,
Sa cabane est son Louvre et son Fontainebleau,
Ses champs et ses jardins sont autant de provinces ;
Et, sans porter envie à la pompe des princes,
Se contente chez lui de les voir en tableau.

Racan 16—

XII

CIRCÉ

Sur un rocher désert, l'effroi de la nature,
Dont l'aride sommet semble toucher les cieux,
Circé, pâle, interdite, et la mort dans les yeux,
  Pleurait sa funeste aventure.
  Là ses yeux errant sur les flots
D'Ulysse fugitif semblaient suivre la trace :
Elle croit voir encor son volage héros ;
Et cette illusion soulageant sa disgrâce,
  Elle le rappelle en ces mots,
Qu'interrompent cent fois ses pleurs et ses sanglots :

“Cruel auteur des troubles de mon âme,
  Que la pitié retarde un peu tes pas :
  Tourne un moment les yeux sur ces climats ;
Et si ce n'est pour partager ma flamme,
  Reviens du moins pour hâter mon trépas.

  Ce triste cœur devenu ta victime,
    Chérit encor l'amour qui l'a surpris.
    Amour fatal ! ta haine en est le prix.
  Tant de tendresse, ô Dieu ! est-elle un crime
  Pour mériter de si cruels mépris ? ”

C'est ainsi qu'en regrets sa douleur se déclare ;
Mais bientôt de son art empruntant le secours,
Pour rappeler l'objet de ses tristes amours,
Elle invoque à grands cris tous les dieux du Ténare,
Les Parques, Némésis, Cerbère, Phlégéton,
Et l'inflexible Hécate, et l'horrible Alecton.
Sur un autel sanglant l'affreux bûcher s'allume ;
La foudre dévorante aussitôt le consume :
Mille noires vapeurs obscurcissent le jour ;
Les astres de la nuit interrompent leur course,
Les fleuves étonnés remontent vers leur source,
Et Pluton même tremble en son obscur séjour.

      Sa voix redoutable
      Trouble les enfers ;
      Un bruit formidable
      Gronde dans les airs ;
      Un voile effroyable
      Couvre l'univers ;

La terre tremblante
Frémit de terreur ;
L'onde turbulente
Mugit de fureur ;
La lune sanglante
Recule d'horreur.

Dans le sein de la mort ses noirs enchantements
    Vont troubler le repos des ombres ;
Les Mânes effrayés quittent leurs monuments ;
L'air retentit au loin de leurs longs hurlements ;
Et les vents échappés de leurs cavernes sombres
Mêlent à leurs clameurs d'horribles sifflements.
Inutiles efforts ! amante infortunée,
D'un dieu plus fort que toi dépend ta destinée.
Tu peux faire trembler la terre sous tes pas,
Des enfers déchaînés allumer la colère ;
    Mais tes fureurs ne feront pas
    Ce que tes attraits n'ont pu faire.

Ce n'est point par effort qu'on aime,
L'amour est jaloux de ses droits ;
Il ne dépend que de lui-même,
On ne l'obtient que par son choix.
Tout reconnaît sa loi suprême :
Lui seul ne connaît point de lois.

Dans les champs que l'hiver désole
Flore vient rétablir sa cour ;
L'Alcyon fuit devant Éole ;
Éole le fuit à son tour ;
Mais sitôt que l'Amour s'envole,
Il ne connaît plus de retour.

J. B. Rousseau. 17—

XIII

NOËL

D'où vient, chers cabalistes,
Messieurs du Parlement,
Que vous êtes si tristes ?
N'avez-vous point d'argent ?—
Nos charges sont taxées,
Nos procès abolis,
Nos survivances ôtées,
Hélas ! tout est détruit.

Ce qui nous désespère
C'est de voir nos enfants
S'en aller à la guerre,
Jusques à vingt-sept ans,
Couchés dessus la dure
Et souffrir bien du mal ;
Pour dernière aventure,
Mourir à l'hôpital.

Quoi ! la vigueur ancienne
Qui résistoit aux rois,
Est-elle donc en peine
De mourir sous les lois ?—
Si nous faisions cabale,
Le roi nous chasseroit,
Nous traitant de canaille
Et nous rembourseroit.

Mourant dedans nos charges,
Nos enfants sont exclus
D'espérer en partage
Des biens qu'ils n'auront plus ;
Notre roi se réserve
De les tous agréer,
Afin que l'on le serve
Pour le mieux mériter.

Ces ordonnances faites,
On nous dit en deux mots :
Qu'on ôte la Paulette
Qui nous met en repos ;
Et que par préférence
L'on voie Sa Majesté
De tous les biens de France
Le premier créancier.

Que feront donc vos femmes
Dans ce lieu de malheur ?
Resteront-elles dames ?
Perdront-elles le cœur ?
Iront-elles en carosse
Vous mener au palais
Traînés par une rosse
Ou bien par deux mulets ?—

Nos femmes et les coquettes
S'en iront tour à tour
Écouter les fleurettes
Des messieurs de la cour.

Anon. 1684

XIV

SUR LOUVOIS

Maurice disoit à Louvois :
" Mon frère, vous n'êtes pas sage ;
De quatre enfants que je vous vois,
Vous négligez bien l'avantage ;"
Louvois répond avec soupirs :
"Je sais modérer mes désirs."

" Barbezieux réglera l'État,
Souvré remplacera Turenne,
L'abbé vise au cardinalat ;
Pour Courtenvaux, j'en suis en peine ;
Il est sot et de mauvais air,
Nous n'en ferons qu'un duc et pair."

Louvois, garde-toi de mourir,
Quoique ton dessein soit modeste,
Car je crains pour leur avenir
Quelque catastrophe funeste,
Et sans être un fort grand devin,
Voici à peu près leur destin.

Ton fils, secrétaire d'État,
Sera traité comme Blainville ;
Souvré ne sera qu'un soldat,
Ton abbé curé de Châville,
Et l'on fera de Courtenvaux
Ce qu'on a fait de Phelippeaux.

Anon. 1690

XV

SUR VILLEROI

Écoutez, grands et petits,
    Les beaux dits,
Ils contiennent les merveilles
Qu'a fait notre Villeroi ;
    C'est pourquoi
Il faut ouvrir les oreilles.

Dès le douze de ce mois,
    Les François
Quittèrent toutes leurs lignes,
Croyant sur leurs ennemis
    Endormis
Prendre une victoire insigne.

Ils passèrent le Mandal
    Bien ou mal
Avec grande diligence ;
Mais après être passés,
    Harassés,
Leur chef usa de prudence.

Car étant par un parti
    Averti
Que l'ennemi se retire,
Il dit : " Messieurs, à demain
    Au matin ;
Cependant je vais écrire."

Il mande à notre grand roi
    Sur sa foi
Qu'il va marcher à la gloire,
Qu'il veut assurer la cour
    Dans ce jour
D'une complète victoire.

L'on passa toute la nuit
    Sans grand bruit,
Tous en ordre de bataille ;
Mais au jour ce général
    À cheval
Visita bois et broussailles.

Mais après avoir tout vu
    Et revu
Notre aile droite et la gauche
De celle des ennemis
    Ébahis,
La nuit se trouva tout proche.

Mais l'ennemi décampa
    Et marcha ;
À qui faut-il nous en prendre ?
Le prince de Vaudemont
    Eut raison ;
Pouvoit-il plus nous attendre ?

Dessous Oudenarde et Gand
    Sagement
Il fut chercher son refuge ;
Au trot il les traversa,
    Et passa
Même le canal de Bruge.

Voilà de notre guerrier
    Le laurier
Sec comme de la poussière ;
Si c'eût été le bossu,
    Il eût su
Mieux terminer sa carrière.

Lorsqu'on sut qu'en Villeroi
    Notre roi
Prenoit tant de confiance,
Chacun crut voir à coup sûr
    Dans Namur
Le défenseur de Mayence.

Si tu ne viens, Villeroi,
    Près du roi,
Tu ne feras rien qui vaille.
Ayant si mal débuté
    Cet été,
Fais du moins comme Noailles.

Quitte là ton baudrier
    Sans laurier,
Sans oublier ton épée.
Nous voyons ici fort clair :
    Ton grand air
N'est qu'une pure fumée.

Il faut contre les Anglois
    Des François
Qui suivent de meilleures traces ;
Ils sont tous dans leurs pays
    De l'avis
Qu'un bon chien chasse de race.

Anon. 1695

XVI

LA VIOLETTE

Aimable fille du printemps,
Timide amante des bocages,
Ton doux parfum flatte mes sens ;
Et tu sembles fuir mes hommages.

Comme le bienfaiteur discret
Dont la main secourt l'indigence,
Tu me présentes le bienfait
Et tu crains la reconnaissance.

Sans faste, sans admirateur,
Tu vis obscure, abandonnée,
Et l'œil encor cherche la fleur
Quand l'odorat l'a devinée.

Sous les pieds ingrats du passant
Souvent tu péris sans défense ;
Ainsi sous les coups du méchant,
Meurt quelquefois l'humble innocence.

Pourquoi tes modestes couleurs
Au jour n'osent-elles paraître ?
Auprès de la reine des fleurs
Tu crains de l'éclipser peut-être ?

Rassure-toi ; même à la cour
La bergère sait plaire encore ;
On aime l'éclat d'un beau jour
Et les doux rayons de l'aurore.

Viens prendre place en nos jardins,
Quitte ce séjour solitaire ;
Je te promets tous les matins
Une eau toujours limpide et claire.

Que dis-je ? non, dans ces bosquets
Reste, ô violette chérie !
Heureux qui répand des bienfaits,
Et, comme toi, cache sa vie !

Dubos. 17—

XVII

LA JEUNE CAPTIVE

L'épi naissant mûrit de la faux respecté ;
Sans crainte du pressoir, le pampre tout l'été
    Boit les doux présents de l'aurore ;
Et moi, comme lui belle, et jeune comme lui,
Quoi que l'heure présente ait de trouble et d'ennui,
    Je ne veux pas mourir encore.

Qu'un stoïque aux yeux secs vole embrasser la mort ;
Moi, je pleure et j'espère : au noir souffle du Nord
    Je plie et relève ma tête.
S'il est des jours amers, il en est de si doux !
Hélas ! quel miel jamais n'a laissé de dégoûts ?
    Quelle mer n'a point de tempête ?

L'illusion féconde habite dans mon sein,
D'une prison sur moi les murs pèsent en vain ;
    J'ai les ailes de l'espérance.
Échappée aux réseaux de l'oiseleur cruel,
Plus vive, plus heureuse, aux campagnes du ciel
    Philomèle chante et s'élance.

Est-ce à moi de mourir ? Tranquille je m'endors,
Et tranquille je veille ; et ma veille aux remords,
    Ni mon sommeil ne sont en proie.
Ma bienvenue au jour me rit dans tous les yeux :
Sur des fronts abattus mon aspect en ces lieux,
    Ranime presque de la joie.

Mon beau voyage encore est si loin de se fin !
Je pars, et des ormeaux qui bordent le chemin
    J'ai passé les premiers à peine.
Au banquet de la vie à peine commencé,
Un instant seulement mes lèvres ont pressé
    La coupe en mes mains encor pleine.

Je ne suis qu'au printemps, je veux voir la moisson ;
Et, comme le soleil, de saison en saison,
    Je veux achever mon année.
Brillante sur ma tige, et l'honneur du jardin,
Je n'ai vu luire encor que les feux du matin ;
    Je veux achever ma journée.

O Mort ! tu peux attendre : éloigne, éloigne-toi ;
Va consoler les cœurs que la honte, l'effroi,
    Le pâle désespoir dévore.
Pour moi Palès encore a des asiles verts ;
Le monde, des plaisirs ; les Muses, des concerts :
    Je ne veux pas mourir encore.

Ainsi, triste et captif, ma lyre toutefois
S'éveillait. Écoutant ces plaintes, cette voix,
 Ces veux d'une jeune captive ;
Et secouant le joug de mes jours languissants,
Aux douces lois des vers je pliais les accents
 De sa bouche aimable et naïve.

Ces chants, de ma prison témoins harmonieux,
Feront à quelque amant des loisirs studieux
 Chercher quelle fut cette belle :
La grâce décorait son front et ses discours ;
Et, comme elle, craindront de voir finir leurs jours
 Ceux qui les passeront près d'elle.
André Chénier. 1702

XVIII

LA FEUILLE

" De ta tige détachée
 Pauvre feuille desséchée,
 Où vas-tu ? "—Je n'en sais rien.
L'orage a frappé le chêne
Qui seul était mon soutien ;
De son inconstante haleine
Le zéphyr ou l'aquilon
Depuis ce jour me promène
De la forêt à la plaine,
De la montagne au vallon.
Je vais où le vent me mène,

Sans me plaindre ou m'effrayer ;
Je vais où va toute chose,
Où va la feuille de rose
Et la feuille de laurier !

Arnault. 1815

XIX

À MON RUISSEAU

Ruisseau peu connu dont l'eau coule
Dans un lit sauvage et couvert,
Oui, comme toi, je crains la foule ;
Comme toi, j'aime le désert.

Ruisseau, sur ma peine passée
Fais couler l'oubli des douleurs,
Et ne laisse dans ma pensée
Que ta paix, tes flots et tes fleurs.

Le lis frais, l'humble marguerite,
Le rossignol chérit tes bords ;
Déjà sous l'ombrage il médite
Son nid, sa flamme et ses accords.

Près de toi l'âme recueillie
Ne sait plus s'il est des pervers ;
Ton flot pour la mélancolie
Se plait à murmurer des vers.

Quand pourrai-je aux jours de l'automne,
En suivant le cours de ton eau,
Entendre et le bois qui frissonne
Et le cri plaintif du vanneau ?

Que j'aime cette église antique,
Ces murs que la flamme a couverts,
Et l'oraison mélancolique
Dont la cloche attendrit les airs !

Par une mère qui chemine
Les sons lointains sont écoutés ;
La petite Annette s'incline,
Et dit : Amen ! à ses côtés.

Jadis, chez des vierges austères,
J'ai vu quelques ruisseaux cloitrés
Rouler leurs eaux solitaires
Dans des clos à Dieu consacrés.

Leurs flots si purs avec mystère
Serpentent dans ces chastes lieux
Où ces beaux anges de la terre
Foulaient des prés bénis des cieux.

Mon humble ruisseau par ta fuite,
Nous vivons, hélas ! peu d'instants —
Fais souvent penser ton ermite,
Avec fruit, au fleuve du Temps.

Ducis. 18 —

XX

LA PAUVRE FILLE

J'ai fui ce pénible sommeil
Qu'aucun songe heureux n'accompagne ;
J'ai devancé sur la montagne
Les premiers rayons du soleil.
S'éveillant avec la nature,
Le jeune oiseau chantait sous l'aubépine en fleurs ;
Sa mère lui portait sa douce nourriture ;
Mes yeux se sont mouillés de pleurs.
Oh ! pourquoi n'ai-je pas de mère ?
Pourquoi ne suis-je pas semblable au jeune oiseau
Dont le nid se balance aux branches de l'ormeau ?
Rien ne m'appartient sur la terre,
Je n'eus pas même de berceau ;
Et je suis un enfant trouvé sur une pierre
Devant l'église du hameau.
Loin de mes parents exilée,
De leurs embrassements j'ignore la douceur ;
Et les enfants de la vallée
Ne m'appellent jamais leur sœur !
Je ne partage point les jeux de la veillée ;
Jamais, sous son toit de feuillée,
Le joyeux laboureur ne m'invite à m'asseoir ;
Et de loin, je vois sa famille,
Autour du sarment qui pétille,
Chercher sur ces genoux les caresses du soir.
Vers la chapelle hospitalière
En pleurant j'adresse mes pas,
La seule demeure ici-bas
Où je ne sois point étrangère,

La seule devant moi qui ne se ferme pas !
 Puis, à l'heure de la prière,
 Souvent aussi mes pas errants
Parcourent des tombeaux l'asile solitaire ;
Mais pour moi les tombeaux sont tous indifférents.
 La pauvre fille est sans parents,
Au milieu des cercueils ainsi que sur la terre !
 J'ai pleuré quatorze printemps
 Loin des bras qui m'ont repoussée ;
 Reviens ma mère, je t'attends
 Sur la pierre où tu m'as laissée.

Soumet. 18—

XXI

ESPOIR ET SOUVENIR

Le Temps, dont l'aile est si légère,
Jamais sur ses pas ne revient :
Lorsque l'on aime, l'on espère ;
Est-on heureux, on s'en souvient.
On embellit son existence
Par le passé, par l'avenir :
Pour la jeunesse est l'espérance,
Pour les vieillards le souvenir.

J'aime avec transport ma maîtresse,
Et mes amis avec ardeur.
Si mon amitié, ma tendresse
Semblent se partager mon cœur,

Je sens entre eux la différence,
Et je veux bien en convenir :
Lorsque l'Amour vit d'espérance,
L'Amitié vit de souvenir.

Près d'Henriette, vive et belle,
Je sens toujours nouveaux désirs ;
Sa gaîté franche me rappelle
Nos serments, nos jeux, nos plaisirs.
Pour s'assurer de ma constance,
Avec art elle sait unir
Au charme heureux de l'espérance
L'attrait puissant du souvenir.

Notre plus pure jouissance
Vient du bien que nous avons fait :
Suivons la loi de bienfaisance
Pour goûter un plaisir parfait.
Du malheureux dont la souffrance
Avec un peu d'or doit finir,
Qui réalise l'espérance
Achète un bien doux souvenir.

Amis, je ne pourrai sans cesse
Aimer, chanter, boire avec vous ;
Usons des moments que me laisse
Un dieu de mon bonheur jaloux :
Et quand, rompant notre alliance,
Le Temps viendra nous désunir,
Consolez-moi par l'espérance
De vous laisser mon souvenir.

Cadet de Gassicourt.

XXII

LE MONTAGNARD ÉMIGRÉ

Combien j'ai douce souvenance
Du joli lieu de ma naissance !
Ma sœur, qu'ils étaient beaux les jours
    De France !
O mon pays, sois mes amours
    Toujours !

Te souvient-il que notre mère
Au foyer de notre chaumière
Nous pressait sur son sein joyeux,
    Ma chère !
Et nous baisions ses blancs cheveux
    Tous deux.

Ma sœur, te souvient-il encore
Du château que baignait la Dore ?
Et de cette tant vieille tour
    Du Maure,
Où l'airain sonnait le retour
    Du jour ?

Te souvient-il du lac tranquille
Qu'effleurait l'hirondelle agile ;
Du vent qui courbait le roseau
    Mobile,
Et du soleil constant sur l'eau
    Si beau ?

Oh ! qui me rendra mon Hélène
Et ma montagne et le grand chêne !
Leur souvenir fait tous les jours
  Ma peine :
Mon pays sera mes amours
  Toujours !

      Châteaubriand. 18—

XXIII
LES PORTRAITS À LA MODE

Toujours suivre avec uniformité
Le naturel et la simplicité,
Ne point aimer la frivolité,
  C'était la vieille méthode ;
J'ai peuplé Paris de mes Calotins,
Je les fais courir après des pantins,
J'amuse aujourd'hui leurs goûts enfantins
  Avec les portraits à la mode.

Valet modeste au service d'un grand,
Marquis du bel air soutenant son rang,
Marchand qui ne s'élevait pas d'un cran,
  C'était, etc.
Laquais insolents portant des plumets,
Les plus grands seigneurs vêtus en valets,
Des fils d'artisans en cabriolets,
  Voilà, etc.

Graves magistrats s'occupant des lois,
Riches financiers vivant en bourgeois,
Commis sans orgueil dans de hauts emplois,
  C'était, etc.

Gentils conseillers courant les concerts,
Financiers qui tranchent des ducs et pairs,
Et petits commis prenant des grands airs,
  Voilà, etc.

Livrer la jeunesse à de doux loisirs,
En sachant toujours régler ses désirs,
Mais à soixante ans quitter les plaisirs,
  C'était, etc.
Des adolescents cassés et tremblants,
Des femmes coquettes en cheveux blancs,
Et de vieux barbons qui font les galants,
  Voilà, etc.

L'hermine marquait un savoir profond,
La vertu brillait sous un habit long,
Et la bourgeoisie était sans façon,
  C'était, etc.
Je peins l'ignorance en manteau fourré,
Je peins le plaisir en bonnet carré,
Je peins la roture en habit doré.
  Voilà, etc.

Le faste n'était que pour la grandeur,
Les gens à talent n'avaient point l'ardeur,
De vivre comme elle dans la splendeur.
  C'était, etc.
Dans ce joli siècle colifichet,
Un petit danseur, un tireur d'archet,
En phaëton va courir le cachet.
  Voilà, etc.

En habit lugubre le médecin
Traitait gravement son art assassin ;
Une mule composait tout son train,
    C'était, etc.
Chargés de bijoux plus que de latin,
De petits Docteurs ont le ton badin,
Et vont dans un char verni par Martin.
    Voilà, etc.

Avant de rimer, trouver un sujet,
Avoir le bon sens pour premier objet,
Avec intérêt remplir son projet,
    C'était, etc.
Sans ces règles là toujours nous brillons,
Héros des Corneille et des Crébillon,
En bel oripeau nous vous habillons,
    On vous met en vers à la mode.

Les fameux artistes dans leurs tableaux
Savaient exprimer les traits les plus beaux,
Le goût conduisait leurs savans pinceaux ;
    C'était la vieille méthode.
À présent tout est pièces et morceaux,
On fait la figure avec des ciseaux,
On nous rend aussi noirs que des Corbeaux,
    Voilà les portraits à la mode.
Panard. 17—

XXIV

TABLEAU DE PARIS À CINQ HEURES DU MATIN

L'ombre s'évapore,
Et déjà l'aurore
De ses rayons dore
Les toits d'alentour ;
Les lampes pâlissent,
Les maisons blanchissent,
Les marchés s'emplissent :
On a vu le jour.

De la Villette,
Dans sa charrette,
Suzon brouette
Ses fleurs sur le quai,
Et de Vincenne
Gros-Pierre amène
Ses fruits que traîne
Un âne efflanqué.

Déjà l'épicière,
Déjà la fruitière,
Déjà l'écaillère
Saute à bas du lit.
L'ouvrier travaille,
L'écrivain rimaille,
Le fainéant bâille,
Et le savant lit.

J'entends Javotte,
Portant sa hotte,
Crier : " Carotte,
Panais et chou-fleur !"
Perçant et grêle,
Son cri se mêle
À la voix frêle
Du noir ramoneur.

Gentille, accorte,
Devant ma porte
Perrette apporte
Son lait encor chaud ;
Et la portière,
Sous la gouttière,
Pend la volière
De dame Margot.

Le joueur avide,
La mine livide
Et la bourse vide,
Rentre en fulminant ;
Et, sur son passage,
L'ivrogne, plus sage,
Rêvant son breuvage,
Ronfle en fredonnant.

Tout, chez Hortense,
Est en cadence ;
On chante, danse,
Joue, *et cætera* ...

Et sur la pierre
Un pauvre hère,
La nuit entière,
Souffrit et pleura.

Quand vers Cythère
La solitaire,
Avec mystère,
Dirige ses pas,
La diligence
Part pour Mayence,
Bordeaux, Florence,
Ou les Pays-Bas.

"Adieu donc, mon père ;
Adieu donc, mon frère ;
Adieu donc, ma mère.
—Adieu, mes petits."
Les chevaux hennissent,
Les fouets retentissent,
Les vitres frémissent ;
Les voilà partis.

Dans chaque rue
Plus parcourue,
La foule accrue
Grossit tout à coup :
Grands, valetaille,
Vieillards, marmaille,
Bourgeois, canaille,
Abondent partout.

Ah ! quelle cohue !
Ma tête est perdue,
Moulue et fendue ;
Où donc me cacher ?
Jamais mon oreille
N'eut frayeur pareille...
Tout Paris s'éveille...
Allons nous coucher.

Désaugiers. 18—

XXV

TABLEAU DE PARIS À CINQ HEURES DU SOIR

En tous lieux la foule
Par torrents s'écoule ;
L'un court, l'autre roule ;
Le jour baisse et fuit ;
Les affaires cessent,
Les diners se pressent,
Les tables se dressent ;
Il est bientôt nuit.

   Là, je devine
   Poularde fine,
   Et bécassine,
Et dindon truffé ;
   Plus loin je hume
   Salé, légume,
   Cuits dans l'écume
D'un bœuf réchauffé.

Le sec parasite
Flaire... et trotte vîte
Partout où l'invite
L'odeur d'un repas ;
Le surnuméraire
Pour vingt sous va faire
Une maigre chère
Qu'il ne païra pas.

Plus loin, qu'entends-je ?
Quel bruit étrange
Et quel mélange
De tons et de voix !
Chants de tendresse,
Cris d'allégresse,
Chorus d'ivresse
Partent à la fois.

Les repas finissent ;
Les teints refleurissent ;
Les cafés s'emplissent
Et trop aviné,
Un lourd gastronome
De sa chûte assomme
Le corps d'un pauvre homme
Qui n'a pas diné.

Le moka fume,
Le punch s'allume,
L'air se parfume ;
Et de crier tous :

" Garçons, ma glace !
Ma demi-tasse !
Monsieur, de grâce,
L'*Empire* après vous."

Les journaux se lisent ;
Les liqueurs s'épuisent ;
Les jeux s'organisent ;
Et l'habitué,
Le nez sur sa canne,
Approuve ou chicane,
Défend ou condamne
Chaque coup joué.

La Tragédie,
La Comédie,
La Parodie,
Les escamoteurs ;
Tout, jusqu'au drame
Et mélodrame,
Attend, réclame
L'or des amateurs.

Les quinquets fourmillent ;
Les lustres scintillent ;
Les magasins brillent :
Et, l'air agaçant,
La jeune marchande
Provoque, affriande,
Et de l'œil commande
L'emplette aux passants.

Des gens sans nombre
D'un lieu plus sombre
Vont chercher l'ombre
Chère à leurs desseins.
L'époux convole,
Le fripon vole,
Et l'amant vole
A d'autres larcins.

Jeannot, Claude, Blaise,
Nicolas, Nicaise,
Tous cinq de Falaise
Récemment sortis,
Elevant la face,
Et cloués sur place,
Devant un Paillasse
S'amusent *gratis*.

La jeune fille,
Quittant l'aiguille,
Rejoint son drille
Au bal de *Lucquet* ;
Et sa grand'mère,
Chez la commère
Va coudre, et faire
Son cent de piquet.

Dix heures sonnées,
Des pièces données
Trois sont condamnées
Et se laissent choir.

Les spectateurs sortent,
Se poussent, se portent...
Heureux s'ils rapportent
Et montre et mouchoir !

" Saint-Jean, la Flêche,
Qu'on se dépêche...
Notre calèche !
—Mon cabriolet !"
Et la livrée,
Quoiqu'enivrée,
Plus altérée
Sort du cabaret.

Les carrosses viennent,
S'ouvrent et reprennent
Leurs maîtres qu'ils mènent
En se succédant ;
Et d'une voix âcre,
Le cocher de fiacre
Peste, jure et sacre
En rétrogradant.

Quel tintamarre !
Quelle bagarre !
Aux cris de *gare*
Cent fois répétés,
Vite on traverse,
On se renverse,
On se disperse
De tous les côtés.

Faute de pratique,
On ferme boutique,
Quel contraste unique
Bientôt m'est offert !
Ces places courues,
Ces bruyantes rues,
Muettes et nues,
Sont un noir désert.

Une figure
De triste augure
M'approche et jure
En me regardant...
Un long *qui vive ?*
De loin m'arrive,
Et je m'esquive
De peur d'accident.

Par longs intervalles,
Quelques lampes pâles,
Faibles, inégales,
M'éclairent encor...
Leur feu m'abandonne,
L'ombre m'environne ;
Le vent seul résonne,
Silence !... tout dort.

Id.

XXVI

COUPLETS DE VAUDEVILLE

I

Ici je deviens philosophe....
Nous logeons des solliciteurs
Dont j'ai vu mainte catastrophe
Emporter toutes les grandeurs.
  Je veux souvent
  Suivre en avant
Les gens heureux que protège un bon vent ;
  Ils sont montés....
  À leurs côtés
Je rêve aussi des rangs, des dignités ;
 Mais qu'une tempête survienne,
 Je les vois revenir confus,
 Pleurant des places qu'ils n'ont plus,
 Et je reste à la mienne !

———

Partout il admet tour à tour
La justice et l'économie ;
Même on m'a dit que, l'autre jour,
Dans un beau moment de folie....
Trouvant le budget trop pesant,
Il s'est ôté son ministère....
Et pour être moins exigeant,
Pour mieux sentir la valeur de l'argent,
Il s'est nommé surnuméraire.

———

Don Quichotte moderne,
Il prendrait en chemin
Tel orateur qu'on berne
Pour l'enchanteur Merlin ;
Un ministre en disgrâce
Pour quelque mécréant,
Et bien des gens en place
Pour des moulins à vent.

Je le permets ;
Ayez tous de l'indépendance :
Avocats, députés, préfets,
Ayez ensemble désormais
De l'appétit, de l'éloquence,
Et même un grain de conscience ;
Je le permets.

Je le permets ;
Qu'un journal soit incorruptible,
Qu'un orateur parle français,
Que nos auteurs, dans leurs couplets,
Aient de l'esprit,—si c'est possible,
Qu'un censeur même soit sensible ;
Je le permets.

Scribe et Bayard, " *La Manie des Places.*" 18—

2

Au bal on s'observe, on s'ennuie ;
On croirait dans chaque salon
Que la jeunesse et la folie
Ont donné leur démission
Avec vos avis de patriarche
Réformant de nombreux abus,
J'ignore si le siècle marche ;
Mais, pour sûr, il ne danse plus.

Ma tendre et respectable épouse
Joint à tous les charmes qu'elle a,
Une âme revêche, jalouse,
Acariâtre, *et catera*....
O chère, trop chère Amanda !
Depuis qu'à moi vous fûtes mariée,
Votre fortune, ah ! je l'ai bien payée....
   Bien payée !... Trop payée !
Et j'eusse été trop heureux, bien souvent,
   De la céder au prix coûtant.

Id.

XXVII

UNE VISITE AU COLLÉGE

Eh ! Sainte-Barbe, ouvre-moi
Tes vieux verrous et ta grille ;
Je viens visiter chez toi
Les petits de la famille.

Bonjour, mes amis, donnez-moi la main !...
Mais des cris confus m'entourent soudain !...
   —Impatients de notre coquille,
Nous voulons filer, prendre nos ébats !...
—Ne vous pressez pas, ne vous pressez pas !
Vous avez le temps... Ne vous pressez pas !...

   L'un qui détrôna Tarquin,
    Petit Brutus de sa classe,
   Au soleil républicain,
    Veut essayer son audace :
—Au diable devoirs, maîtres et valets !
Aiglons échappés, rompons nos filets !
   Et volons loin de notre cage,
Vers la liberté qui marche à grands pas !
—Ne vous pressez pas, ne vous pressez pas !
Elle va *piano*... ne vous pressez pas !

   —À moi l'or et la grandeur !
    Dit l'autre ; voilà mon rêve ;
   Au gâteau de la faveur
    À mon tour j'aurai la fève ;
Oui, dans les honneurs je veux me lancer !...
—Prends garde, petit, ton pied va glisser !
   Ah ! pour un Bertrand qui s'élève,
Combien de Ratons qui restent en bas !
Ne vous pressez pas, ne vous pressez pas !
On tombe en courant... Ne vous pressez pas !

   —Moi, j'entends que l'Institut
    Me proclame son poëte !...
   —Moi, sans travail et sans but,
    Il me faut ma cigarette !

—Moi, la coupe en main, chantant la beauté,
Je veux le plaisir qu'Horace a chanté !...
　　—Moi, la glorieuse épaulette
D'Eynard, de Charon, Cavaignac, Dumas !
—Ne vous pressez pas, ne vous pressez pas !
Laissez-vous mûrir, ne vous pressez pas !

　　Restez, mes jeunes amis,
　　Dans ces lieux où l'on espère,
　　Où les rivaux sont unis,
　　Où votre maître est un père !
Fiers de Sainte-Barbe, heureux écoliers,
Pour notre drapeau gagnez des lauriers !
　　Et si Loyola, ce bon frère,
Ressort de son trou comme nos vieux rats,
Pressez-vous alors, volez aux combats !
Nous l'avons battu, ne l'épargnez pas !

Bayard. 18—

XXVIII

LE FLÂNEUR

　　Moi, je flâne ;
Qu'on m'approuve ou me condamne !
　　Moi, je flâne,
　　　Je vois tout,
　　　Je suis partout.
Dès sept heures du matin
Je demande à la laitière
Des nouvelles de Nanterre,
Ou bien du marché voisin ;

Ensuite au café je flûte
Un verre d'eau pectoral ;
Puis, tout en mangeant ma flûte,
Je dévore le journal.
   Moi, je flâne, etc.

J'ai des soins très assidus
Pour les *Petites Affiches ;*
J'y cherche les chiens caniches
Que l'on peut avoir perdus.
Des gazettes qu'on renomme
Je suis le premier lecteur ;
Après je fais un bon somme
Sur l'éternel *Moniteur.*
   Moi, je flâne, etc.

Pressant ma digestion,
Je cours à la promenade,
Sans moi jamais de parade,
Jamais de procession.
Joignant aux mœurs les plus sages
La gaîté, les sentiments,
Je m'invite aux mariages,
Je suis les enterrements.
   Moi, je flâne, etc.

J'inspecte le quai nouveau
Qu'on a bâti sur la Seine,
J'aime à voir d'une fontaine
Tranquillement couler l'eau ;
Quelquefois, une heure entière,
Appuyé sur l'un des ponts,

Je crache dans la rivière
Pour faire de petits ronds.
      Moi, je flâne, etc.

Il faut me voir au Palais,
Debout à la cour d'assises ;
Près des caillettes assises
Je suis tous les grands procès.
De l'antre des procédures
Je vole chez *Martinet*,
Et dans les caricatures
Je vois souvent mon portrait.
      Moi, je flâne, etc.

Almanach royal vivant,
Je connais chaque livrée,
Chaque personne titrée,
Et tout l'Institut savant.
Chaque généalogie
Se logeant dans mon cerveau,
Je pourrais, par mon génie,
Siéger au conseil du *sceau*.
      Moi, je flâne, etc.

Sur les quais, comme un savant,
Et prudent bibliomane,
Je fais devant une manne
Une lecture en plein vent ;
Si je trouve un bon ouvrage,
Je sais, en flâneur malin,
Faire une corne à la page
Pour lire le lendemain.
      Moi, je flâne, etc.

Quand le soleil est ardent,
Pour ne point payer de chaise,
Et me reposer à l'aise
Je m'étale sur un banc ;
A Coblentz, aux Tuileries,
Observateur fortuné,
Combien de femmes jolies
Me passent... devant le nez !
    Moi, je flâne, etc.

Las de m'être promené,
Je vais, en gai parasite,
Rendre à mes amis visite
Quand vient l'heure du dîné.
Par une mode incivile,
S'il arrive, par malheur,
Qu' hélas ! ils dînent en ville,
Alors, je dîne par cœur.
    Moi, je flâne, etc.

Le soir, près des étourneaux
À mon café je babille
Sur les effets d'une bille,
Sur un coup de dominos :
Je fais la paix ou la guerre
Avec quelque vieux nigaud,
Qui sable un cruchon de bière,
En raisonnant comme un *pot*.
    Moi, je flâne, etc.

Enfin soyez avertis
Que je ne vais au spectacle
Que quand, par un grand miracle,
Les *Français* donnent *gratis*.

Sans maîtresse et sans envie,
Buvant de l'eau pour soutien,
Ainsi je mêne la vie
D'un joyeux *Épicurien.*
   Moi, je flâne,
Qu'on m'approuve ou me condamne
   Moi, je flâne,
    Je vois tout,
    Je suis partout.
              Anon. 18—

XXIX

LE PETIT-MAÎTRE

Ainsi doit être
Un petit-Maître :
Léger, amusant,
Vif, complaisant,
  Plaisant,
Railleur aimable,
Traître adorable ;
C'est l'homme du jour,
Fait pour l'Amour.

D'un fade langage,
D'un froid persifflage,
Il fait un vain étalage ;
Il veut tout savoir,
Il veut tout voir :
Sur tout il chicane
  Et ricane,
Jugeant de tout
  Sans goût.

Ainsi doit être
Un petit-Maître :
Léger, amusant,
Et sur le ton plaisant ;
Railleur aimable,
De tout capable.
C'est l'homme du jour,
Fait pour l'Amour.

De la femme qu'il aura
Bientôt il se lassera,
On s'attend bien à cela ;
Mais chacun a de son côté
Même liberté,
Et rien ne sera gâté.
À peine on se voit,
Sous le même toit ;
Chacun, comme étranger,
Pour vivre à sa guise,
Et s'arranger,
Sans qu'on s'en formalise.

Ainsi doit être
Un petit-Maître :
Libre en ses desirs,
De plaisirs en plaisirs
Sans cesse il vole,
Toujours frivole ;
C'est l'homme du jour,
Fait pour l'Amour.

L'esprit dégagé
De tout préjugé,
Un goût de caprice
Le prendra pour quelque Actrice ;

Il la meublera,
Et l'étalera ;
Et dans la coulisse,
D'un souper lui parlera....
"Viens, c'est à l'écart,
Sur le Rempart...."
Sa Désobligeante
Y conduit l'Infante,
Là, parlant d'abord,
Soupant après,
On donne essor
Aux malins traits :
L'absent a tort,
Et les bons mots
Sont les plus sots propos.
On parle Vers,
Concerts,
Bijoux,
Ragoûts,
Chevaux,
Romans nouveaux,
Pagodes,
Modes ;
On médit,
On s'attendrit,
On rit ;
Grand bruit
Au fruit :
Ensuite, au Bal, on acheve la nuit,
Le matin, mis comme un Valet,
Pâle et défait,
Monsieur, dans un Cabriolet,
Part comme un trait,

Et pousse deux
Chevaux fougueux,
Qui secouant leurs crins poudreux,
Renversent ceux
Qui sont près d'eux ;
Et s'échappant,
En galoppant,
Dans ce fracas,
Doublent le pas.
Notre moderne Phaëton,
Prenant un ton,
Va chez plusieurs femmes de nom,
Leur fait la cour, pour les trahir ;
Les aime, comme on doit haïr ;
Ensuite il envoye un Coureur
Chez le Maignan, chez Lempereur,
Demander des assortiments,
Des rivières de diamants,
Pour sa Déesse d'Opéra,
Qui bientôt s'en rira.
Ainsi doit être, etc.

Anon. 18—

XXX

LES GRANDES VÉRITÉS

Oh ! le bon siècle, mes frères,
Que le siècle où nous vivons !
On ne craint plus les carrières
Pour quelques opinions ;

Plus libre que Philoxène,
Je déchire le rideau :
Coulez, mes vers, de ma veine ;
Peuples, voici du nouveau.

La chandelle nous éclaire,
Le grand froid nous engourdit,
L'eau fraîche nous désaltère,
On dort bien dans un bon lit.
On fait vendange en Septembre,
En Juin viennent les chaleurs,
Et quand je suis dans ma chambre,
Je ne suis jamais ailleurs.

Rien n'est plus froid que la glace ;
Pour saler il faut du sel.
Tout fuit, tout s'use et tout passe ;
Dieu lui seul est éternel.
Le Danube n'est pas l'Oise,
Le soir n'est pas le matin,
Et le chemin de Pontoise
N'est pas celui de Pantin.

Le plus sot n'est qu'une bête ;
Le plus sage est le moins fou,
Les pieds sont loin de la tête,
La tête est bien près du cou.
Quand on boit trop on s'enivre ;
La sauce fait le poisson ;
Un pain d'une demi livre
Pèse plus d'un quarteron.

Romulus a fondé Rome,
On se mouille quand il pleut.
Caton fut un honnête homme,
Ne s'enrichit pas qui veut.
Je n'aime point la moutarde
Que l'on sert après diné.
Parlez-moi d'une camarde
Pour avoir un petit nez.

Quand un malade a la fièvre
Il ne se porte pas bien,
Qui veut courir plus d'un lièvre
A coup sûr n'attrappe rien.
Soufflez sur votre potage
Bientôt il refroidira ;
Enfermez votre fromage,
Ou le chat le mangera.

Les chemises ont des manches,
Tout coquin n'est pas pendu,
Tout le monde court aux branches
Lorsque l'arbre est abattu.
Qui croit tout est trop crédule,
En mesure il faut danser,
Une écrevisse recule
Toujours au lieu d'avancer.

Point de mets que l'on ne mange,
Mais il faut du pain avec,
Et des perdrix sans orange
Valent mieux qu'un hareng sec.

Une tonne de vinaigre
Ne prend pas un moucheron,
À vouloir blanchir un nègre
Le barbier perd son savon.

On ne se fait pas la barbe
Avec un manche à balais.
Plantez-moi de la rhubarbe,
Vous n'aurez pas des navets.
C'était le cheval de Troie
Qui ne buvait pas de vin ;
Et les ânes qu'on emploie
Ne sont pas tous au moulin.

J'ai vu des cailloux de pierre,
Des arbres dans les forêts,
Des poissons dans la rivière,
Des grenouilles au marais ;
J'ai vu le lièvre imbécille
Craignant le vent qui soufflait,
Et la girouette mobile
Tournant au vent qui tournait.

Le bon sens vaut tous les livres,
La sagesse est un trésor,
Trente francs font trente livres,
Du papier n'est pas de l'or.
Par maint babillard qui beugle
Le sourd n'est point étourdi,
Il n'est rien tel qu'un aveugle
Pour n'y voir goutte à midi.

Ne nous faites pas un crime
De ces couplets sans façon :
On y trouve de la rime
Au défaut de la raison.
Dans ce siècle de lumières,
De talents et de vertus,
Heureux qui ne parle guères
Et qui n'en pense pas plus.

Anon. 18—

XXXI

ROMANCE DE NINA

Quand le bien aimé reviendra
Près de sa languissante amie,
Le printemps alors renaîtra,
L'herbe sera toujours fleurie.
Mais je regarde ; hélas ! hélas !
Le bien aimé ne revient pas.

Oiseaux, vous chanterez bien mieux,
Quand du bien aimé la voix tendre,
Vous peindra ses transports, ses feux ;
Car c'est à lui de vous l'apprendre.
Mais, mais j'écoute, hélas ! hélas !
Le bien aimé ne revient pas.

Échos, que j'ai lassés cent fois
De mes regrets, de ma tristesse,
Il revient : peut-être sa voix
Redemande aussi sa maîtresse.
Paix ! il appelle : hélas ! hélas !
Le bien aimé n'appelle pas.

Etienne. 18—

XXXII

L'ÉMIGRATION DU PLAISIR

Effrayé des maux que la guerre
Sur la France allait attirer,
Le Plaisir cherchait une terre
Sur laquelle il put émigrer.
La Prusse, l'Autriche, l'Espagne,
Présentent en vain leurs états,
L'Espagnol ne plaisante pas,
On ne rit point en Allemagne.

Il s'en va tout droit en Russie ;
Mais le climat, par ses rigueurs,
Rend d'abord sa suite engourdie,
Et lui-même y perd ses couleurs.
Catherine en vain lui propose
De son palais le brillant toit ;
Pense-t-on qu'à mourir de froid,
Le plaisir près d'elle s'expose ?

Le plaisir ne calcule guère,
Il fait en peu bien du chemin.
Sans y songer, en Angleterre,
Il se trouve le lendemain.
Le Lord-Maire vers lui s'avance
Et le présente au parlement.
" Sortons," dit-il, " très promptement
On y baille plus qu'on n'y pense."

Il dirige ses pas vers Rome ;
Cette ville, où régnaient les arts,
Ne lui montre qu'un petit homme
Sur le grand trône des Césars.
Il demande des vers d'Horace ;
On lui donne des *Oremus*,
Et dans le pays des *Agnus*
Que veut-on que le plaisir fasse ?

Hélas ! comment rentrer en France ?
Je suis sans papier et sans or.
Jadis on m'a fait quelqu'avance ;
On m'en ferait peu-têtre encor.
Aussitôt qu'il met pied à terre,
Il aperçoit la Liberté.
Que peut craindre un enfant gâté,
Qui tombe aux genoux de sa mère !

Madame Viot. 18—

XXXIII

TE SOUVIENS-TU, MARIE

Te souviens-tu, Marie,
De notre enfance aux champs,
Des jeux dans la prairie ?
J'avais alors quinze ans.
La danse sur l'herbette
Égayait nos loisirs :
Le temps que je regrette
C'est celui des plaisirs.

Te souviens-tu de même
De mes transports brûlants
Quand tu me dis : Je t'aime !
J'avais alors vingt ans.
J'étais vif, toi coquette,
C'étaient là de beaux jours :
Le temps que je regrette
C'est le temps des amours.

Te souviens-tu des guerres
Qui suivirent ce temps ?
Je courus aux bannières ;
J'avais alors trente ans.
Le son de la trompette
Nous faisait tous soldats :
Le temps que je regrette
C'est le temps des combats.

Te souviens-tu, ma chère,
De ces nœuds si charmants
Formés par une mère ?
J'avais passé trente ans.
Le bruit de cette fête
Retentit dans mon cœur :
Le temps que je regrette
C'est le temps du bonheur.

Tandis que je soupire
Tes yeux se sont baissés ;
Ils ont craint de me dire :
Les beaux jours sont passés.

Ma bouche en vain répète
Des regrets superflus....
Le temps que je regrette
C'est le temps qui n'est plus!
Philippe Dumanoir. 18---

XXXIV

LES TROIS ÂGES

Mes enfants, quand j'avais votre âge,
Je vous parle de bien longtemps,
Comme vous j'étais douce et sage,
Comme vous j'aimais le printemps.
Tout comme vous j'étais gentille,
Courant dans les prés et les fleurs,
Et je savais charmer les cœurs
Quand je dansais dans un quadrille.
C'est ainsi, mes petits enfants,
Que j'étais quand j'avais quinze ans.

Plus tard, moins folle et moins rieuse,
Je sus me choisir un époux;
J'avais son cœur, j'étais heureuse,
Aimer est un bonheur si doux!
Parfois rêveuse et solitaire,
Je demandais à l'Eternel
Qu'un ange descendît du ciel
Pour l'aimer comme aime une mère!
C'est ainsi, mes petits enfants,
Que j'étais quand j'avais trente ans.

Plus tard encor ... mais le temps passe,
Comme l'onde qui toujours fuit !
Quand l'hiver au manteau de glace
Est arrivé, l'été s'enfuit !
Mais si notre front se couronne
De blancs cheveux près du trépas,
Du moins le cœur ne vieillit pas
Lorsqu'à ses enfants on le donne.
C'est ainsi, mes petits enfants,
Que je suis à quatre-vingts ans.

Marc Constantin. 18—

NOTES

BOOK I.

POEM

I. JEAN BERTAUT (1552?—1611) began by being private secretary to King Henry III. During the civil war of the *Ligue*, he prudently retired from active life, and reappeared only when Henry IV. was firmly established on the throne. The share which Bertaut took in the conversion of that prince to the Roman Catholic faith was rewarded—first, by the gift of the abbey of Aulnay (1594), and afterwards by his appointment to the bishopric of Séez. Respecting the last stanza of this poem, M. Sainte-Beuve remarks: "De ces couplets le dernier surtout (fortune singulière!) a survécu durant deux siècles ; nos mères le savent encore et l'ont chanté, Léonard et La Harpe l'avaient rajeuni en romance. Fontenelle a remarqué que les solitaires de Port Royal le trouvèrent si beau, qu'ils le voulurent consacrer en le citant." (Histoire de la Poésie Française au xvi. Siècle, edit. 1848, p. 381.)

II. The author of this delightful little sonnet is not known. It was published originally in a collection of Protestant hymns, entitled *Chansons Spirituelles à l'honneur et louange de Dieu, et à l'édification du prochain* (16mo. 1619, part i. p. 121).—*Line 5. Déduit*, from *de* and *ducere*.

III. FRANÇOIS DE MALHERBE, born at Caen in 1555, of an illustrious family, the elder branch of which had followed the dukes of Normandy into England. After highly distinguishing himself in several engagements, young Malherbe quitted the army, and devoted himself to literature. On his arrival in Paris, in 1585, Henry IV., to whom he was known by fame, desired that he should be presented to him, and ordered him to compose some verses on a journey which he was on the point of undertaking. The result was one of his best odes, "Prière pour le Roi," with which the king was so delighted that he settled a pension upon him for life. Malherbe was known, not only as a poet, but as a critic. In this capacity he mercilessly attacked Ronsard, a better poet than himself, and did so with such success that, as a French writer expresses it, "Malherbe le detrôna." So far did he carry the severity of his taste that he obtained

POEM the name of "Le tyran des mots et des syllabes." He died in Paris in 1628, aged 73 years.

FRANÇOIS DU PÉRIER, barrister at the Parliament of Aix, was a great friend of Malherbe, who often alludes to him in his letters. His daughter's real name was Margaret. —*Lines* 23, 24. See Horace:

> Pallida mors æquo pulsat pede pauperum tabernas,
> Regumque turres.

IV. This has been sometimes erroneously ascribed to Mathurin Régnier.

V. PIERRE PATRIX (1585—1672) was a great favourite of Gaston, Duke of Orleans. The objectionable character of his early poetry struck his conscience in after years, and, as a kind of atonement, he devoted to sacred subjects the last efforts of his genius.

VI. PIERRE CORNEILLE, "Créateur du Théâtre Français," was born at Rouen, 6th June, 1606. Educated by the Jesuits, for whom through life he entertained a deep attachment, he was early intended for the bar. Want of success caused him to give that up in disgust, and an accident awakened in him the talent which has made him famous. His first comedy, "Mélite," was eminently successful: it met with immense applause, and made its author known at Court and to Cardinal Richelieu. "Mélite" was followed by a vast number of plays and other poems, among others by "Les Horaces," and by "Cinna," pronounced by many to be his *chef-d'œuvre*. Corneille died 1st October, 1684, at the age of 78 years.

This version of the Forty-sixth Psalm is taken from Corneille's devotional work, entitled *L'Office de la Sainte Vierge, les Sept Psaumes, et les Hymnes de l'Église traduits en vers français*, 1670.

VII. One of the numerous poems suggested by the Revocation of the Edict of Nantes. It was found a few years ago on the fly-leaf of an old family Bible, and published in the *Bulletin de la Société du Protestantisme Français*, 1853.

VIII. JEAN RACINE (1639—1699) was born at La Ferté Milon, a small town in what is now the department of Aisne. He received his education at Port Royal, and was destined by his family, first for the church, and then for the bar. Racine, however, adopted neither of these professions, but, to the great horror of Jansenist friends, began writing tragedies and epigrams. This circumstance, added to his natural *penchant* for satire, led him into a controversy with Nicole, controversy which did not redound much to his credit. Besides his well-known dramatic works, Racine has also left a short history of Port Royal, an interesting correspondence, and a few fragments. He had been appointed, together with Boileau, historiographer to the king. The *morceau* we quote is taken, as well as the next, from the choruses of Racine's tragedy, *Esther*.

X. *Line* 56. *Départ*, distributes, assigns. The French verb, *partir*, and its compound, *départir*, are often used in that sense. Thus again:

> C'est toi qui règles les états,
> C'est toi qui *dépars* les couronnes.
> CORNEILLE, *La Toison d'Or*, v. 7.

JEAN BAPTISTE ROUSSEAU was born in Paris, in 1671. A poet of the school of Malherbe, he surpassed his master in several respects. Notwithstanding his brilliant talents, he damaged his literary, no less than his moral reputation, by an absurd attempt to please religious men by his canticles, and libertines by obscene epigrams, which he profanely called "les Gloria Patri" of his Psalms. For some libellous publications he was, in 1712, sentenced to perpetual banishment from France, and he ended his days near Brussels, in 1731.

XI. LEFRANC DE POMPIGNAN (1709—1784) cultivated poetry with success; his sacred pieces especially are truly remarkable. He had always been known by his sincere attachment to the principles of religion, and by his dislike of the doctrines inculcated in the writings of the *Encyclopédistes*. On the occasion of his reception at the *Académie Française*, he attacked in his *discours de réception* the fashionable ideas of the day, and drew upon himself the sarcasms of Voltaire.

XII *Line* 1. Orpheus. — *Line* 42. Allusion to the satirical poems, the publication of which brought about Rousseau's exile. — *Line* 70. Comp. Victor Hugo's couplet:

> Les grands hommes, mépris du temps qui les voit naître,
> Religion de l'avenir.

Stanza 8. Voltaire himself was obliged to acknowledge the beauty of these last ten lines. The following epitaph was composed for Rousseau by Piron:

> Ci-gît l'illustre et malheureux Rousseau.
> Le Brabant fut sa tombe et Paris son berceau.
> Voici l'abrégé de sa vie,
> Qui fut trop longue de moitié :
> Il fut trente ans digne d'envie,
> Et trente ans digne de pitié.

XIII. JEAN BAPTISTE LOUIS GRESSET was born in 1709, at Amiens, where he died in 1779. At the age of sixteen he entered a college of the Jesuits; but, after a short time, the disapproval his superior expressed of some of his publications caused him to quit the society. In 1755 he arrived in Paris, married, and devoted himself to literary occupations. He was admitted into the French Academy. Having ultimately returned to Amiens, his former religious feelings revived, and with his own hand he destroyed a mass of his compositions. Of those that have come down to us, his *Ver-Vert, La Chartreuse,* and *le Méchant* are the best known.

XIV. Line 22. The late eminent critic, M. Vinet, objected to the idea embodied in this line, and which he considered as unchristian. "No one," said he, "can have innocence *restored* to him; and, besides, *innocence* is incompatible with *pride*." He suggested, by way of correction:—

La joie et la paix sans orgueil.

NICOLAS JOSEPH LAURENT GILBERT, born in Lorraine, 1751; arrived in Paris, when his education was completed, without anything to depend on but his own abilities. He began by writing odes; but not being successful, he tried his hand as a satirist, and vehemently attacked several classes of society. Here, again, he was far from being as fortunate as he hoped; and while still struggling on, a fall from his horse so injured him as to deprive him of reason: in a fit of insanity he swallowed a key, and died in the year 1780.

XV. ARNAUD BERQUIN, surnamed *l'ami de l'enfance*, born in 1749, near Bordeaux; died at Paris in 1791. His works, both in prose and in verse, still enjoy much reputation, and are uniformly characterised by great simplicity of style, purity of sentiment, and a high moral tone.

XVI. CHARLES LOUIS MALFILÂTRE (1732—1767) had to struggle with poverty; but his improvidence and the irregularity of his conduct were the real cause of his premature death. Gilbert exaggerated when he said:—

La faim mit au tombeau Malfilâtre ignoré.

The poem we have quoted is universally considered as the best production of the unfortunate author.

XVII. JACQUES DELILLE (1758–1813), well known as an elegant descriptive poet. He rose to considerable reputation during the last century, and is, perhaps, too much underrated now. His translation of Virgil's Georgics (1769) possesses unquestionable merit.

XVIII. CHARLES LIONET DE CHÊNEDOLLÉ, born at Vire in 1769. He passed the period of the Revolution in Holland and Germany, and retired to France under the Empire. In 1807 he published a didactic poem, "Le Génie de l'Homme," which at once attracted public attention. In 1812 he was named Inspecteur de l'Académie de Caen, and in 1830 Inspecteur-général de l'Université. He died in 1833.

XIX. PIERRE JEAN BÉRANGER (1780–1857), the *Robert Burns* of France, knocked down the pillars of the old Bourbon

POEM

monarchy as it were in sport, and the echo of his strains caused the worm-eaten institutions to fall to pieces. His strong common sense served him more than his very genius; and our only regret is, that the patriot who celebrated in his strains the ennobling love of the fatherland, should so often have condescended to disgrace his pen by appealing to the grossest passions and the most degrading appetites.

XX. We have been unable to find any biographical details on the author of this beautiful little piece.

XXI. VICTOR MARIE HUGO, born at Besançon in 1802. Posterity has yet to pronounce its verdict on the varied powers, the boldness of the genius, the vigorous imagination, the political and religious theories of this distinguished writer. We may say, however, that in our opinion it is as a lyric poet that he will chiefly be remembered; and his "Feuilles d'Automne," especially (1831), contain many lines of exquisite and touching beauty.

XXII. LOUIS BELMONTET, born in 1799, occupies a distinguished position amongst contemporary French poets; but he has lately given himself up entirely to politics.

XXIII. CHARLES DOVALLE (1807–1829) was killed in a duel, by a man whom he had offended in a newspaper article. Dovalle has written some poems full of grace and freshness.

XXIV. *Stanza* 4. *J'ai baisé maint symbole*, etc.—allusion to the curious symbolic figures which are so often to be found on the tombs of the early Christians. See Bosio's *Roma Sotterranea*.

OLYMPE PHILIPPE GERBET, born in 1798, died in 1864, Bishop of Perpignan. The Abbé Gerbet is chiefly known as a metaphysician and a controversialist. He took a prominent part in the efforts made by Lamennais, thirty years ago, to bring about the separation of the Church from the State, and the revival of Catholicism from the liberal point of view.

XXVI. ADOLPHE MONOD (1802–1856) was, with M. Vinet, the greatest representative of French Evangelical Protestantism. See M. Guizot's remarkable appreciation of him in the *Meditations on the actual State of Christianity*, recently published (1867).

XXVII. MADAME CAROLINE OLIVIER possesses all the qualities of a true poet. The two pieces which we quote are only choice specimens from a collection where almost every stanza is a gem.

XXIX. This hymn and the two following are taken from a volume of sacred poems, entitled *Chants Chrétiens*, which is generally used amongst the French Protestants.—*Line* 4. *Chef* is used here in its original meaning as the synonym of *tête*, head: hence, *couvre-chef*, a kerchief, or covering for the head; *chevet*, bolster, part of the bed on which

POEM
the head rests.—*Line* 16. *Gravis* is not commonly used with the preposition *sur*.

XXXII. SABINE-AMABLE-CASIMIR VOÏART TASTU (1795–   ), one of the best contemporary French muses, has also endeared herself to the young by several excellent educational works. Her *éloge* of Madame de Sévigné was crowned by the *Académie Française* twenty years ago.

XXXIII. *Line* 36. *Timbre*, part of the clock which gives the sound. *Timbre* means also, a stamp, stamp-office, postage mark.

XXXIV. This celebrated hymn was composed on the occasion of the *Fête de l'Être Suprême*, proposed by Robespierre at the National Convention, on the 18th Floréal, year II of the Republic (May 7th, 1794). DESORGUES, the author of the words, one of the most eccentric of men, was as deformed as Æsop and Tyrtæus are reported to have been, and a thorough Republican. One day, during the reign of Napoleon, he went into a *café*, and asked for an ice. The *garçon* brought him one, flavoured with orange and lemon peel. "Emportez-moi cela," said Desorgues. "Je n'aime pas *l'écorce (les Corses)*." He was forty-five years old when he died, in 1808. The hymn we quote was set to music by FRANÇOIS JOSEPH GOSSEC (1733–1834).

XXXV. ALPHONSE DE PRAT DE LAMARTINE was born at Mâcon (Saône et Loire), October 21, 1790. A distinguished French writer says of M. Lamartine, that it must rest with those who survive him to decide whether during life he was most eminent as a politician or an author.—*Line* 24. Comp. M. Victor Hugo's simile:—

> La lune à l'horizon montait, hostie énorme ;
> Tout avait le frisson, le pin, le cèdre et l'orme,
> Le loup, et l'aigle, et l'alcyon ;
> Lui montrant l'astre d'or sur la terre obscurcie,
> Je lui dis :—Courbe-toi, Dieu lui-même officie,
> Et voici l'élévation.
> *Les Contemplations.*

Line 51. "Nous avons grand besoin d'entendre cette *parole*, qui est l'Évangile de Jésus-Christ, et nous ne pouvons lire au front des cieux notre symbole tout entier."—*Vinet*.

XXXVI. CHARLES HUBERT MILLEVOYE (1782–1816). This young poet excelled principally in elegiac composition. Great sensibility, grace, and elegance are the principal characteristics of his writings. His *Œuvres complètes*, preceded by a notice of his life, by M. J. Dumas, appeared in 1822, 4 vols. 8vo; and in 1833, 2 vols. 8vo.

BOOK II

POEM

I. EUSTACHE DESCHAMPS (1325 ?–1421) was at the same time a magistrate, a soldier, and a poet. In the last capacity he denounced most vigorously the calamities under which his country was suffering, and he deserves to be called the truly French national poet, the Béranger of the fourteenth century.—*Line* 1. *Lée.* The masculine form is still used as an adjective. We say : *le lé d'une étoffe.*—*Line* 2. *Guères* is an old French word, which signified *beaucoup.*

II. This curious song, which we transcribe from M. Leroux de Lincy's *Chants historiques et populaires*, published by Aubry (*Trésor des Pièces rares et inédites*), refers to the death of the celebrated *king-maker*, Nevil, Earl of Warwick.—*Line* 5. King Edward IV.—*Line* 21. *Engien*, Lat. *ingenium.*—*Line* 24. Louis XI.—*Line* 26. Henry of Lancaster.—*Line* 40. Charles, Duke of Burgundy, brother-in-law of the king of England.—*Line* 44. Comp. the famous motto : "Touch not the cat bot a glove."

III. The ode from which these remarkable stanzas are taken will be found in the fifth volume of M. Anatole de Montaiglon's *Recueil de Poésies Françaises* (Jannet's *Biblioth. Elzévirienne*).—*Line* 16. *Jà* for *déjà.*—*Line* 30. England.

IV. The original *complainte*, including twenty sonnets, is printed in the same volume of M. de Montaiglon's *Recueil.* It is very remarkable both from a literary and an historical point of view.—*Line* 5. Charles IX.—*Line* 9. Catherine de Medici.—*Line* 19. *Ars*, Lat. *ardeo.*—*Line* 44. *Duit*, Lat. *ductus.*—*Line* 45. We cannot identify either the *Héspagna* or the *moyne* alluded to here.

V. This amusing *Mazarinade* has been ascribed, sometimes, to an obscure ecclesiastic named Jean Duval, sometimes to the well-known Marigny. It is published in the fifth volume of M. Fournier's *Variétés historiques et littéraires.*—*Line* 32. During the wars of the *Fronde*, each house in Paris had to maintain a soldier. The mansions having a *porte-cochère*, that is to say, a large gate through which carriages could pass, defrayed the expenses of a horseman each.—*Line* 41. The Cardinal de Retz, coadjutor of Paris.—*Line* 45. Paul was the Christian name of De Retz.

VI. MICHEL JEAN SEDAINE (1719–1797). This poet was son of an architect, and, having lost his parents early in life, became a stone-carver. The theatre, however, soon attracted his attention, and he composed a great number of comic operas. He was elected a member of the French

POEM

Academy in 1786. His *Œuvres choisies* are published in three 8vo volumes. The triumph which the famous opera *Richard Cœur de Lion* obtained, was shared by Sedaine with the admirable composer of the music, ANDRÉ ERNEST MODESTE GRÉTRY (1741–1813). "En trente quatre ans," says a critic, "Grétry a composé plus de cinquante opéras, et il a eu cinquante succès."

VII. CHARLES SIMON FAVART (1710–1792), one of the best writers of comic operas. The *Soirée des Boulevards*, from which this *vaudeville* is taken, may be considered as an excellent delineation of the Paris middle classes during the latter half of the last century.—*Line* 5. *Que des belles.*—*Line* 6. *Les imitant.*—*Line* 11. Regiment of Royal Orleans.—*Line* 12. *Coronel*, vulgar for *Colonel*.—*Line* 40. *J' sons*, vulgar for *je suis*.

VIII. MARIE ANDRÉ DE CHÉNIER, born in 1762, at Constantinople, was educated in Paris; and after residing for some time in London as attaché to the embassy of his country, he returned to France. A Liberal in politics, he was, nevertheless, disgusted by the horrors of the Revolution, which he attacked in the boldest manner. He was guillotined in 1794, the day before the fall of Robespierre. He was a writer of considerable genius, and a devoted admirer of classical literature. The three short poems we quote may be said to have been almost extemporized under the fatal knife.

IX. CASIMIR DELAVIGNE (1803—1843) combined in his writings all the purity of the classical school with the boldness and the vigour of M. Victor Hugo's followers. His principal *recueil* of lyrics, *Les Messéniennes*, contains some of the most perfect models of French poetry; amongst his dramas we shall name *Les Vêpres Siciliennes, La Paria, Les Enfants d'Édouard, Louis XI.* M. Casimir Delavigne was a member of the *Académie Française.*

Line 48. *Vaucouleurs*, Joan of Arc's native place.—*Line* 63. AGNÈS SOREL (1410—1450). Some historians maintain that Charles VII., far from forgetting the interests of France *aux pieds d'une maîtresse*, was really roused to energy by Agnès Sorel.

X. See above, Book I. poem xix.

XI. Nothing need be said here about the history of the famous Republican song *La Marseillaise*. ROUGET DE L'ISLE, who wrote both the poetry and the music (see an article on this controverted subject in the *Notes and Queries* for Jan. 26, 1866), born in 1760, was an officer of engineers. He died in 1836. He has left several works, but of very inferior merit compared with *La Marseillaise.*—*Line* 44. FRANÇOIS CLAUDE AMOUR, MARQUIS DE BOUILLÉ (1739—1800), one of the best generals of his time. Was selected by Louis XVI. to carry out and protect the plan of escape which terminated so fatally at Varennes.

POEM

XII. MARIE JOSEPH DE CHÉNIER (1764—1811) had less genius than his brother, but deserves to be mentioned as an elegant writer. The *Chant du Départ* is, next to Rouget de l'Isle's inspired poem, the finest patriotic song that France can boast of. Composed in 1794, for the anniversary of July 14th (the taking of the Bastille), it was set to music by Méhul.—*Line* 32. BARRA and VIALA were two common soldiers, who distinguished themselves during the Revolutionary wars.

The style in which the *Chant du Départ* is written reminds us of the following :—

Τρίων χορῶν κατὰ τὰς τρεῖς ἡλικίας συνισταμένων ἐν ταῖς ἑορταῖς, ὁ μὲν
τῶν γερόντων ἀρχόμενος, ᾖδεν,
"Ἄμμες ποτ' ἦμες ἄλκιμοι νεανίαι.
Ὁ δὲ τῶν ἀκμαζόντων ἀμειβόμενος ἔλεγεν,
"Ἄμμες δέ γ' εἰμέν, αἰ δὲ λῇς, πεῖραν λαβέ.
Ὁδὲ τρίτος, ὁ τῶν παίδων,
"Ἄμμες δέ γ' ἐσσόμεσθα πολλῶν κάρρονες.

PLUTARCH in *Vit. Lycurgi*, quoted by Julius Pollux, *Onomasticon*, vol. i. p. 413, edit. 1706.

XIII. PONCE DENIS ÉCOUCHARD LE BRUN (1729—1807), who styled himself very modestly *Le Brun-Pindare*, was a kind of political *Vicar of Bray*. He began life as secretary to the Prince de Conti. Voltaire, Louis XVI., the Republic, the Consulate, and the Empire were in turn celebrated by him with equal enthusiam, and no doubt also with equal sincerity. His poetry is generally brilliant and harmonious. The naval engagement alluded to in the poem took place in 1794.

XIV. The name *complainte* has been given in French literature to certain songs written with the view of preserving among the people the memory of extraordinary crimes or great political catastrophes. Colporteurs, pedlars, and hawkers deal largely in those mournful ditties, which should be *moaned* out in a minor key, with, if possible, a nasal twang. The *complainte* we quote here, and that on *Fualdès*, transcribed a little farther on, are the best specimens of that singular kind of song-literature. *Naïveté* bordering upon silliness, moral precepts amusing by their triviality, and sometimes wretched attempts at puns, must be considered as the main characteristics of a good *complainte*.—*Line* 4. The rue St. Nicaise, like so many others, has long since disappeared. *Carrouzelle* for *carrousel*, a poetical licence which should not be imitated.—*Line* 15. The oratorio of the "Creation" was performed for the first time.—*Line* 25. MARIE JOSÉPHINE ROSE TASCHER DE LA PAGERIE (1763—1814), married first to Viscount de Beauharnais.—*Line* 55. The minister of the police was the famous Joseph Fouché, created afterwards Duke of Otranto (1754—1820). The

POEM

terrible attempt against Bonaparte's life, here commemorated, took place on the 24th December, 1800 (Nivôse 3rd, year ix of the Republic).

XV. The *Réveil du Peuple*, set to music by Gaveaux, and sung at the opera, may be called the Marseillaise of the Thermidor reaction. It was directed against the Jacobins, whom it stung to the quick, and who thoroughly understood the allusions it contains. SOURIGUÈRE DE SAINT-MARC, author of the words (1770?—1825?), composed several plays, which were unfavourably received, and his tragedy "Octavie," brought out at the Théâtre Français in 1806, could not even get through the first performance. Lebrun-Pindare turned into ridicule the author of the *Réveil du Peuple* in the following epigram :—

> À tes tristes écrits,
> Tu souris, *Souriguère;*
> Mais si tu leur souris,
> On ne leur *sourit guère.*

Line 45. The peace with Holland was signed on the 27th Floréal, year iii. (May 16th, 1795).

XVI. The Jacobins answered to the *Réveil du Peuple* by the *Vrai Réveil*, which is more remarkable as an historical document than for its poetical merits.—*Line* 11. Allusion to the collision between the *Jeunesse dorée* and the Jacobins.—*Line* 17. *Merveilleux*, epithet given to the dandies of the time.—*Line* 18. *Cadenettes.* This name was given to the hair which was allowed to grow very long on both sides of the head, so as nearly to cover the cheeks. It used then to be plaited, and sometimes tied under the chin. Honoré d'Albert, Marshal of France, lord of Cadenet, and brother of the famous Constable de Luynes, favourite of Louis XIII., set that fashion of wearing the hair: hence the substantive *Cadenettes.* Notice the bad rhyme *retroussées—trépassés.*—*Line* 58. The French crossed the Wahal on the ice (25th Dec. 1794) and invaded Holland.

XVII. This song owes its origin to the attempt made by the French republicans to introduce in Paris the public dinners of the old Spartans. But if open-air banquets were quite possible, and even pleasant, under the clear blue sky of Greece, they could scarcely be deemed compatible with the muddy streets of the *Quartier Latin.* The most enthusiastic admirer of liberty, equality, fraternity, must have shrunk at the idea of eating fraternal sausages and drinking sympathetic eau-de-vie under an umbrella.

JEAN ÉTIENNE DESPRÉAUX, author of this song, and known as one of our best *chansonniers*, was born in 1748, and died in 1820.—*Line* 5. *Gamelle*, a large pot or pan, out of which several soldiers eat together.—*Line* 46. *Capons*, cowards, chicken-hearted.

POEM
XVIII. HORTENSE EUGÉNIE DE BEAUHARNAIS (1783—1837), one of the most distinguished ornaments of the Imperial Court, composed both the music and the words of this well-known *romance*. She was the daughter of the Empress Josephine, and mother of the present Emperor of the French.

XIX. PAUL ÉMILE DEBRAUX (1798—1831) was for some time librarian at the Paris Medical School. His patriotic songs, the two best of which are introduced here, are second only to those of Béranger, who has said of him:

> Le pauvre Émile a passé comme une ombre,
> Ombre joyeuse et chère aux bons vivants;
> Ses gais refrains vous égalent en nombre,
> Fleurs d'acacia qu'éparpillent les vents.

Line 23. Allusion to the campaign of Prussia in 1806.

XX. *Fanfan la Tulipe*, a thoroughly *French* song, composed without much regard to metre, and set to an old tune, has always been extremely popular. The numerous signs of apostrophe introduced, for instance, in the sixth line—

> *M'dit ces mots qui m'mir'nt tout sans d'ssus d'ssous,*

for

> *Me dit ces mots qui me mirent tout sans dessus dessous,*

are meant to give a *little* appearance of regularity to the poetry. Many instances of this system of *contraction* will be found in this volume.—*Line* 8. *Qu'il gniu* for *qu'il n'y a.*—*Line* 26. I don't care a straw for it.—*Line* 60. *P't'et* for *Peut-être.*—*Line* 88. *Qui touche mouille.* He who attacks me must take the consequences.

XXI. The original *Chanson de Roland*, composed in the fifth century by THEROUD or THEROULDE, is too antiquated for general readers. M. Duval's modern *romance*, full of spirit and elegantly written, replaces it advantageously. ALEXANDRE DUVAL PINEU (1767—1842) is more particularly known for his dramatic works, the best of which, *La Fille d'Honneur*, a comedy in five acts, was brought out in 1819.

XXII. This song is taken from *Les Deux Reines*, a comic opera, set to music by the late HIPPOLYTE MONPOU. Of the two *collaborateurs* of the libretto FRÉDÉRIC SOULIÉ alone has left any literary reputation. He composed a number of novels, written in a very questionable spirit, and several tragedies, amongst which we would name a clever imitation of Shakespeare's "Romeo and Juliet."

XXIII. *Line* 7. Allusion to the siege of Toulon, where Bonaparte made his *début* as an artillery officer, in 1793.—*Line* 8. Insurrection of Vendemiaire 13 (October 5th, 1795).—*Line* 9. Coup d'état of Brumaire 18 (November 9, 1800).—*Line* 14. The star of the Legion of Honour.

BOOK III

POEM
- I. THIBAULT VI., COMTE DE CHAMPAGNE (1201—1253). His talent for poetry procured him the surname of *le faiseur de chansons*. Was the first to intermingle masculine and feminine rhymes.—*Line 9. Quidai* for *cuidai. Cuider* is the synonym of *penser*. (Provenc. *cuidar*, from the Latin *cogitare*.)
- II. JEHAN FROISSART (1335—1410), better known as *the* chronicler of mediæval society.—*Line 5. Fors* (Latin *Foris*). Old for *hors*. "Tout est perdu, *fors* l'honneur."
- IV. *Vaux-de-vire*. Songs or ballads composed in the valley (*val, vau*) of the river *Vire* in Normandy.—OLIVIER BASSELIN (——1418?). An edition of his pretty songs was published by M. Lacroix (1859).
- V. CHARLES D'ORLÉANS, COMTE D'ANGOULÊME, was eldest son of Louis of France, Duke of Orleans, and of Valentine of Milan. He was born in 1391, and died in 1465. Twenty-five years of his life were spent in captivity in England, and it was during that time that he wrote most of his poetry. His works were published for the first time in 1803.
- VII. LOUISE CHARLY LABÉ, surnamed *la belle Cordière*, celebrated alike for her beauty, her courage, and her talents, was born at Lyons in 1526. In her husband, Perrin, she found a congenial spirit. A rich *fabricant* of Lyons, he was a highly accomplished man, well versed in the Greek, Latin, Italian, and Spanish languages. Louise Labé excelled in horsemanship and in the science of war. At the age of sixteen she served in the French army before Perpignan, under the name of "Captain Loys." Some satirical publications accused her of doing so with the view of attracting the notice of the young Dauphin, who commanded. Notwithstanding this and other equally unjustifiable accusations, her husband, at his death, bequeathed to her all his fortune. She died within the same year (1566). Her published poems are brief and few, though striking. The allegory "*Le débat de Folie et d'Amour*" is supposed to have suggested to La Fontaine the fable which Voltaire has pronounced his best.
- VIII. PIERRE DE RONSARD, born at Vendôme, in 1524, began by being page to the Duke of Orléans, and then to James V. King of Scotland, but in after life became a priest, and died in a monastery near Tours, in 1585. Ronsard once enjoyed a very great reputation as a poet, and received the highest encomiums from Charles IX. and from Mary, Queen of Scots. His popularity, how-

POEM

ever, did not last. It was very much damaged by the attacks of Malherbe, and, notwithstanding the efforts of some of his admirers, has never since been to any great degree revived.

X. PHILIPPE DESPORTES (1546—1606), a poet of considerable talent, and a great admirer and imitator of Italian literature. His works are not always unobjectionable on the score of morality. Agrippa d'Aubigné attacked him very severely for the looseness of his principles, and we must confess that a clergyman, as Desportes was, might have found better employment than the composition of erotic sonnets. The specimen we give of his poetry is one of his best pieces. The Duke de Guise, if we may believe contemporary memoirs, sang it a very few hours before he was murdered by the "Forty-five guardsmen."
—*Line* 14. *Girouette*, weathercock.—*Line* 15. *Vira*, changed, turned.

XIII. *Charmante Gabrielle.* GABRIELLE D'ESTRÉES (1570?—1599), the well-known mistress of Henry IV., King of France. Her son César became the head of the house of Vendôme.
—*Line* 5. *Départie*, lot, fate, destiny.

XV. Henry IV. is considered as the author both of this song and of the two previous ones. The music of *Charmante Gabrielle* was composed by DU CAURROY, who filled the post of *maître de chapelle* to the three kings Charles IX., Henry III., and Henry IV.

XVI. GILLES DURANT, author of this song, and one of the most agreeable poets of the sixteenth century, is still often regarded as having had a share in the composition of the famous *Satire Ménippée.*—*Line* 8. *Déliettes*, old for *déliées.*

XVII. HONORAT DE BUEIL, MARQUIS DE RACAN, born in 1589, at Roche-Racan in Touraine. In early life he was page to Henry IV.; and while in that capacity he became acquainted with Malherbe, to whom he was devoted all through life. He afterwards entered the army, which, however, he quitted in a few years in order to devote himself to literature under the guidance of his friend Malherbe. Though wholly ignorant of Latin, Racan was named member of the *Académie Française* at its foundation, in 1635. His best piece is "Les Bergeries." He died in 1670.

XVIII. JEAN DESMARETS was a poet of much talent, as the piece we quote sufficiently proves; but we know little about his life.—*Line* 5. *La marine*, for *la mer.*—*Line* 9. *Ores* (Lat. *Horis*), sometimes, occasionally.—*Lines* 31, 32. cf. Ovid, Amor. iii. 11:—

> Sic ego nec sine te, nec tecum vivere possum;
> Et videor voti nescius esse mei.

XIX. CLAUDE MERMET, another representative of French literature during the sixteenth century, respecting whose biography we cannot find any trustworthy details.

POEM
- XX. The artificial style of poetry known by the name of *blason*, and which consisted in absurd interpretations of every kind of created beings, became extremely fashionable during the Middle Ages. The two pieces we have transcribed are of a later date, and excellent in their kind. It would not do to take them as average specimens of *blason*-lyrics.
- XXII. The origin of this spirited little poem has been variously explained. Some critics consider it as the expression of Corneille's own anger against a lady who had reproached him on account of his age ; others pretend that Corneille composed it for Madame de Motteville. " Un soir," says M. Sainte-Beuve, " Mme. de Motteville, le célèbre auteur de mémoires, était dans le salon de la Duchesse de Bouillon et s'oubliait à rêver, tandis qu'on jouait autour d'elle aux propos interrompus. Une jeune marquise se mit à railler sa coiffure ; car Mme. de Motteville aurait eu, ce soir là, des fleurs ou des feuilles dans les cheveux. ' Quelle est la plante qui sert de parure aux ruines?' aurait demandé malignement la marquise dans le jeu qui se jouait, et chacun de répondre 'le lierre.' Tous les regards se seraient portés alors sur Mme. de Motteville, qui avait du lierre dans ses cheveux. C'est à ce moment que Corneille, présent à la scène, aurait improvisé, pour venger la femme d'esprit qui était de ses amies, et comme parlant en son nom, les vers précédemment cités." (*Nouv. Lundis*, vii. 211.) M. Sainte-Beuve has shown that this anecdote is scarcely probable.
- XXIV. ADAM BILLAUT (— 1662) has left great reputation as a composer of drinking songs. He was honoured with a pension both from Cardinal Richelieu and the Duke d'Orléans. The titles of his three collections of poems (*Les Chevilles, Le Villebrequin, Le Rabot*) remind us of Maître Adam's original profession. He used to be nicknamed *Virgil with the plane* (*Le Virgile au rabot*).—Line 14. *Boi* for *bois*, on account of the rhyme with *moi*.
- XXV. NICOLAS BOILEAU DESPRÉAUX (1636-1711). The biography of this poet is so well known, his works are so generally appreciated in England as well as in France, that we need not say anything about him here. But who would have supposed the *législateur du Parnasse*, the author of *l'Art Poétique*, guilty of writing bacchanalian songs !
- XXVI. Line 1. *Bâville*, or *Basville*, a lordship near Chartres, belonging to the Lamoignon family.—Line 2. *Des magistrats le plus grand*, GUILLAUME DE LAMOIGNON (1617-1677), chief president of the Parliament of Paris. It was at his request that Boileau composed his *Lutrin*.—Line 7. D'ARBOUVILLE, another well-known magistrate of the day.—Line 9. LOUIS BOURDALOUE (1632-1704), the illustrious Jesuit preacher.—Line 11. ANTONIO ESCOBAR-Y-MENDOZA (1589-1669), distinguished as a casuist, belonged also to the Society of Jesus.—Line 16. *Janséniste*,

POEM

qui pis est. This reminds us of the amusing anecdote in Saint Simon's Memoirs (see Cheruel's edit. vi. 181, 182), about Fontpertuis: "Comment, mon neveu, Fontpertuis, le fils de cette Janséniste, de cette folle qui a couru M. Arnauld partout! Je ne veux point de cet homme là avec vous." "Ma foi, sire, je ne sais pas ce qu'a fait la mère, mais pour le fils, il n'a garde d'être Janséniste, et je vous en réponds, car il ne croit pas en Dieu."..."*Puisque cela est,* dit le Roi, *il n'y a point de mal,* vous pouvez le mener."

XXVII. ANTOINE COMTE D'HAMILTON, born in Ireland about the year 1646, was the son of George Hamilton, fourth son of the Earl of Abercorn, by Mary, daughter of Thomas, Earl of Ormond. His parents had followed the Royal family to the Continent on the death of Charles I., and returned with Charles II. in 1660. At the court of that monarch, young Hamilton distinguished himself by his wit and talents. Under James II. he obtained lucrative employments in Ireland; but in 1688, faithful to his master, he once more passed over to the Continent, where he ended his days. His leisure hours at Saint-Germain he devoted to letters, and with such distinction as to be pronounced one of the most brilliant of French writers. His *Mémoires du Chevalier de Grammont* is perhaps the most remarkable of his works, and has called forth the warmest eulogiums from Voltaire, Grimm, La Harpe, and others.

XXVIII. CHARLES RIVIÈRE DUFRESNY (1648–1724), celebrated both as a landscape gardener and as a poet. In the latter capacity, he began by being the *collaborateur* of Regnard, but having quarrelled with him, he entered upon no other literary partnership. His comedies are full of wit and humour.

XXIX. STANISLAS CHEVALIER DE BOUFFLERS (1737–1815). He entered the French army, and from high military posts passed to high civil appointments. On his return from Senegal, whither he went as Governor, he was named member of the Academy. He was also made a deputy to the "états généraux," but emigrated when affairs took a serious turn. Boufflers is known by his light poetry and tales.

XXX. This excellent song was composed during the campaign of 1745, when Marshal de Saxe gained such glory at Raucoux and Fontenoy. It obtained the greatest success, and was even ascribed to Voltaire. The real author, however, appears to be MANGENOT, who occupied the post of *commissaire des guerres* in the French army.—*Line* 3. *Faisons ripaille,* let us make ourselves merry.—*Line* 4. *Catin,* short for *Catherine.*—*Line* 9. *La hallebarde,* the distinguishing weapon of a non-commissioned officer.— *Line* 23. *Rogome,* slang for *eau-de-vie.*—*Line* 31. *Brûle-gueule,* slang for a short clay pipe.

POEM
XXXI. JEAN PIERRE CLARIS DE FLORIAN, born in 1755, at the Château de Florian, Basses-Cevennes. He retired to Sceaux during the Revolution, but was torn from his quiet life and thrown into prison, where he felt the first symptoms of the illness which brought him shortly after to his end (1794). Florian is chiefly known for his charming fables, which rank next to those of La Fontaine.

XXXIII. CLÉMENCE ISAURE, whose existence is by some considered as a myth, passes, amongst the less sceptically inclined, for having revived about the year 1490 at Toulouse, under the name of *Jeux Floraux*, the *collège de la gaie science*, which existed two centuries before. Of course the anecdote related by *Florianet* in his *romance* has no authenticity whatever, but it is interesting, and poetically described.—*Line 3. Lautrec.* The only celebrated person of that name was ODET DE FOIX, VICOMTE DE LAUTREC (1485—1528), who distinguished himself in the Italian wars as one of Francis the First's best generals.

XXXIV. SOPHIE DE LA LIVE DE BELLEGARDE, COMTESSE D'HOUDETOT (1730—1813), one of the most amiable and accomplished ladies of the last century, has left some fugitive poetry.

XXXV. EVARISTE DESFORGES DE PARNY was born at the Isle of Bourbon. He entered the army, and in one of his excursions fell in love with a young Creole, whom he celebrated in his earliest poems under the name of Éléonore. He took no part in the French Revolution, except by attacking religion, but lost all his fortune during that period. Napoleon granted him a small pension in 1813, but he lived but one year to enjoy it. Parny succeeded principally in the elegiac and erotic style, and his admirers surnamed him the *Tibulle Français*.

XXXVI. VICTOR JOSEPH ÉTIENNE, surnamed DE JOUY, from the village where he was born, near Paris (1764—1846), owes all his reputation to a series of periodical papers published by him during the Restoration, in imitation of the English *Spectator*, and entitled *L'Ermite de la Chaussée d'Antin*. He has also composed some vaudevilles, (*La Fille en Loterie*, 1798), operas (*La Vestale*, 1807, the music by Spontini), tragedies (*Sylla*, 1822), and lyrics.

XXXVII. FRANÇOIS BENOIT HOFFMANN (1760—1828), best known as one of the contributors to the *Journal des Débats*, though he has left also several good *libretti* of comic operas. The *romance* we quote created quite a *furore* in 1799, when Hoffmann, aided by the celebrated Maestro Méhul, brought out his lyric drama "Ariodant." Ladies are always considered to be extremely feeling (*sensible*) in France; and yet, when any one wants to express his firm determination not to grant a request which is asked of him, he says proverbially, "*C'est comme si tu chantais Femme sensible.*"

POEM
XXXVIII. ARMAND GOUFFÉ (1775—1845), one of the most distinguished French *chansonniers*, and the founder of a gastronomical society called *Le Caveau Moderne*. In the particular style of poetry which he has so successfully cultivated, he deserves to be placed between Désaugiers and Béranger.

XXXIX. Lines 33—36. What would Armand Gouffé have said if he could have seen such wretched plays as *La Dame aux Camélias* and *La Famille Benoiton*, brought out on a stage where only fun and humour reigned in days of yore?— Line 41. CHARLES COLLÉ (1709—1783), reader and secretary to the Duke of Orléans (the Regent), composed not only some excellent songs, but also a number of farces and two good comedies: *Dupuis et Desronais* (1763), *La Partie de Chasse de Henri IV*. (1774). His memoirs, or *journal historique*, are very interesting.

XL. Lines 23, 24. It is a fact that, under the *ancien régime*, there were in several provinces some *gentilshommes-verriers* or gentlemen who could, without losing caste, exercise the profession of glass-blowers. The brittle nature of that dignity formed the topic of several songs and vaudevilles. Maynard said of Saint-Amand, who was the son of a *gentilhomme-verrier*—

> *Gentilhomme de verre,*
> Si vous tombez à verre,
> Adieu vos qualités.

XLI. JEAN NICOLAS MOREAU (1717—1804), historiographer to the King of France, has left a number of works which are remarkable for the amount of erudition they display.

XLII. BENOIT JOSEPH MARSOLLIER DE VIVETIÈRES. This author has written many works, both in prose and poetry. Some of his comic operas are charming, and obtained great success. The principal of these are *Nina, Les Deux Petit Savoyards, Camille ou Le Souterrain, La Pauvre Femme*, &c. &c.

XLIII. CHARLES GUILLAUME ÉTIENNE (1778—1845) was first in the army, where he attracted the attention of Napoleon and of the minister, Maret, who took him under his protection. During this time Étienne cultivated poetry with success. In 1814 he was deprived of his employment by the Bourbons, and was excluded from the *Académie Française*, which he only re-entered in 1829. He spent the last years of his life in political occupations. Étienne composed a great number of vaudevilles, operas, and comedies. The *romance* we transcribe is from the comic opera *Joconde*, which was brought out in 1814, and obtained a considerable run. The music was written by NICOLO ISOUARD.

XLIV. JOSEPH ALEXANDRE, VICOMTE DE SÉGUR, son of the *Maréchal* of the same name, and brother to Philippe Comte de Ségur, who is as remarkable for his literary as

POEM	
	for his military talents. Joseph de Ségur was made *maréchal de camp* in 1790, and from that time till his death, in 1805, occupied himself exclusively in writing. He has left several novels and operas. The most important of his works is "Les Femmes," which he published in 1802. Some of his songs abound in wit.
XLIX.	MARC ANTOINE DÉSAUGIERS (1772—1827) forms, with Collé and Béranger, the triad of French *chansonniers*. Besides his witty and really sparkling songs, he has left some vaudevilles, which obtained the greatest success when first performed. Let us name *Les Petites Danaïdes, M. Vautour*, and *Je fais mes farces*, as the best specimens.
L.	Line 7. *M'amour*, for *mon amour*.—Line 26. *Saint-Germain l'Auxerrois*, a church in Paris, situated behind the Louvre.—Line 33. *Bouracan*, a kind of cloth.—Line 45. *La (fête de) Saint-Jean*.
LI.	CHARLES NODIER, born at Besançon in 1783, died 1844. This writer has exercised his talents in many different ways, and has left behind him works on history, philology, bibliography, besides novels and poetry. His *œuvres complètes*, published by himself, have appeared in twelve 8vo volumes. His "Souvenirs" contain very interesting details on his life.
LII.	AUGUSTIN EUGÈNE SCRIBE, born in Paris, December 24, 1791, was left an orphan at the age of fifteen years, with very slender means. The efforts of M. Bonnet, an *avocat*, to whose care he was entrusted, to inspire him with a love of the study of the law, were all in vain. To compose pieces for the stage was his great ambition, and became his sole occupation. At first he was not successful, but soon became eminently so; and in every quarter of the globe his comic operas and genteel comedies are known and admired. In 1827 M. Scribe received the decoration of the Légion d'Honneur, and in 1837 succeeded M. Arnault in the French Academy. He died in 1861.
LIII.	ALFRED DE MUSSET (1810—1857) may be called the Byron of France; but his poetry, amidst much that is objectionable, contains ennobling thoughts and religious aspirations which Childe-Harold never knew. Better than any other writer we are acquainted with, he embodies that strange mixture of materialism, scepticism, and yearning after higher things, which is so characteristic of modern French literature.
LVII.	AMÉDÉE DE BEAUPLAN has composed many delightful *romances*, but none equal to the one we quote here.
LIX.	The name MOREL appears in a collection of French songs at the end of the piece we have transcribed for our *Lyre Française;* we know nothing, however, about his life.
LX.	EUGÈNE DE PLANARD (1783—1853), like many other writers, devoted to literature the spare time which more

D D

POEM

important duties left him, and composed several dramatic works in the style of Sédaine. The comic opera *Marie* has supplied us with this *barcarolle*. It was set to music by FERDINAND HEROLD (1792—1833), the well-known author of *Zampa, Le Pré aux Clercs*, &c., and brought out for the first time in 1826.

LXIII. FRÉDÉRIC BÉRAT (1800—1855), one of the most agreeable of modern *Romance*-writers. The song we give here from his voluminous *répertoire* has deservedly enjoyed an immense success.

BOOK IV

I. *Line* 24. Louis XII., King of France, was the son of the Duke of Orleans.
II. CLÉMENT MAROT (1495—1544). In the ode, the madrigal, the tale, the epigram, Marot has never yet been surpassed. He there combines the true *Esprit Gaulois* with an elegance, a brilliancy, and a flow of expression which are quite astonishing, and the phrase *Style Marotique* has even been created by critics to designate that kind of style which united Villon's warm colouring, Froissart's simplicity, Alain Chartier's common sense, with the delicacy of Charles d'Orléans, and the keen satire of Jean de Meung.—JACQUES DE BEAUNE, BARON DE SAMBLANÇAY (1445—1527), *surintendant des finances* under Charles VIII., Louis XII., and Francis I., fell a victim to the rapacity of the Queen Louise de Savoie. See, on him, M. Pierre Clément's *Trois Drames Historiques*. Paris, Didier; 1 vol. 8vo. 1857. M. Clément calls this epigram of Marot's "l'une des plus énergiques et des plus belles de la langue française."
IV. MATHURIN RÉGNIER (1573—1613), one of the best French poets, but, as his own epitaph sufficiently shows, rather careless in his way of living. Boileau describes Régnier's style very correctly when he says—

>Heureux si ses écrits, craints du chaste lecteur,
>Ne se sentaient des lieux où fréquentait l'auteur.
>—*Art Poétique, Chant* 11.

V. ISAAC DE BENSERADE (1612—1691), a true court-poet, who owed all his fame to some absurd jokes, and to the vivacity of his repartees. His sonnet on *Job* disputed with that of Voiture on *Uranie* the suffrages of the Hôtel de Rambouillet, and nearly created a civil war.

POEM
- VI. PAUL SCARRON (1610—1660), the Homer of grotesque literature. His *Roman Comique* is really an excellent work, and in his *Virgile travesti* there are some capital parodies of the Æneid. Thus the famous *Quos ego* . . . . becomes

  > Par la mort . . . il n'acheva pas,
  > Car il avait l'âme trop bonne.

  Scarron, whose infirmities authorized him to call himself *un raccourci des misères humaines*, was, as everybody knows, the first husband of Madame de Maintenon.

- VIII. ÉTIENNE PAVILLON (1632—1705), nephew of a Jansenist prelate, who incurred the displeasure of Louis XIV. for his religious opinions. Has composed some poetry in the style of Voiture.

- IX. *Line* 4. *Clopiner*, to walk lame. The continuator of the "Roman de la Rose," Jean de Meung, was surnamed *Clopinel* on account of his having that defect.

- X. FATHER BOUHOURS (1628—1702) is still known as a good critic, though he too often fell into a pretentious style of writing.

- XII. ANTOINE BAUDERON DE SÉNECÉ (1643—1737), little read except by professed *littérateurs:* his works are, however, excellent models of style and imagination. He composed tales, songs, epigrams, &c. He has also left a critique of the memoirs of De Retz.

- XIII. This ode was severely handled by Vauvenargues, in his *Réflexions Critiques sur quelques Poètes*. (See Gilbert's edit. vol. i. p. 255.)

- XV. JEAN CÉSAR ROUSSEAU DE LA PARISIÈRE was Bishop of Nîmes between 1711 and 1733. A note in the *Journal de l'Avocat Barbier* (vol. ii. p. 131, Charpentier's edition) describes him as "de mœurs fort suspectes, d'une conduite équivoque, et criblé de dettes."

- XVII. Baugé (Balgium), a small town in the department of Maine-et-Loire. The English were defeated there by the French in 1421. We can find no biographical particulars about BARRATON.

- XVIII. CHARLES FRANÇOIS PANARD (1694-1765) has been surnamed "Le La Fontaine de la chanson." He composed with extreme facility, and left nearly one hundred comic operas. Favart only expressed the truth, when he said of him:—

  > Il *chansonna* le vice et *chanta* la vertu.

  Line 88. The wood of Vincennes near Paris was celebrated then for picnics and other pleasure-parties.

- XIX. These stanzas, intended as a satire against the opera, form part of a one-act piece, entitled *Le Départ de l'Opéra-Comique*, which was brought out for the first time in 1733.

POEM
XX. *Line* 35. Comp. Boileau's lines:

> ... L'honneur est une île escarpée et sans bords ;
> On n'y peut plus rentrer dès qu'on en est dehors.

Line 71. VAN ROBÈS, or ROBAIS, a well-known cloth manufacturer This well-known *chanson* is taken from Panard's *La Répétition interrompue*.

XXI. ANTOINE HOUDARD DE LA MOTTE (1672–1731) said once:

> L'ennui naquit un jour de l'uniformité ;

and certainly he did his best to justify his motto. There is scarcely a style of writing which he left unattempted. The song we quote is "*his only comic song*," and an excellent one it is.—*Line* 47. The abbey of Longchamps, situated in the Bois de Boulogne, near Paris, was founded in 1252 or 1260, by Isabel, sister of Saint-Louis. The sacred concerts given there on the Wednesday, Thursday, and Friday in Passion Week, always attracted a large crowd.—*Line* 52. Comp. Molière: "Toute l'excellence de l'art des médecins consiste en un pompeux galimatias, en un spécieux babil, qui vous donne des mots pour des choses, et des promesses pour des effets."—(*Le Malade imag.* iii. 3.)

XXII. GABRIEL CHARLES DE LATTAIGNANT (1697–1779), to oblige his family, and utterly against his own will, entered the ecclesiastical state, and became canon of the cathedral at Rheims. His life was spent in the pursuit of literature and pleasure. Some time before his death he retired into a convent, where he spent his few remaining days in exercises of piety.

Line 13. "Au bois," *i.e.* the Bois de Boulogne.—*Line* 22. The substantive *œuvre* is generally masculine, only when applied to engravings, or other productions of art. Thus we say, *l'œuvre complet de Flaxman*, but *les œuvres complètes de Voltaire*.—*Line* 31.

> Que vouliez-vous qu'il fît contre trois ?—Qu'il mourût !
> —CORNEILLE.

JEAN DE LA BRUYÈRE (1639–1696), the celebrated author of the *Caractères*.

ALEXIS PIRON (1689–1773). Although in a moment of humour he wrote the famous couplet—

> Ci-gît Piron, qui ne fut rien,
> Pas même Académicien !

we may assuredly class him amongst the good writers of the eighteenth century.—CLAUDE NIVELLE DE LA CHAUSSÉE (1692–1754), author of a great many melodramas, or *Comédies larmoyantes*. Voltaire said of him: "Il est un des premiers après ceux qui ont du génie."

POEM

XXVI. We have not given the whole of this curious piece, but the greater part of it is inserted here as a kind of satirical account of Voltaire's literary life.—*Line* 17. Allusion to *La Henriade*, published in 1723.—*Line* 29. *Histoire de Charles* XII. (1731).—*Line* 28 *Le Temple du Goût* (1733). —*Line* 35. *Le pauvre Diable* (1760).—*Line* 42. *Eléments de la Philosophie de Newton* (1738).—*Line* 93. The *charnier*, or *Cimetière des Innocents*, was situated in Paris, rue Saint Honoré, near the Pont-Neuf.—*Line* 99. Montfaucon, a hill near Paris, where the public gallows used formerly to stand.

XXVII. FRANÇOIS MARIE AROUET DE VOLTAIRE (1694–1778). What can we say of that celebrated man? All our readers are no doubt perfectly well acquainted with the character of his works, and the smallest biographical account we could give here would be necessarily incomplete.

XXVIII. *Line* 18. The *Chaussée d'Antin* was a hundred years ago the favourite place of residence for bankers, rich speculators, &c.—*Line* 30. *Panier*, a hoop.

XXIX. *Line* 20. Voltaire was sent to the Bastille in the year 1716, on the accusation of having composed against Louis XIV. a violent satire, the last line of which was:—

J'ai vu ces maux, et je n'ai pas vingt ans.

Line 55. *Né* instead of *nez*, on account of the rhyme.— *Line* 62. PRADON (1632–1698), one of Boileau's *victims*, and the rival of Racine, lives in history as the embodiment of mediocrity, brought into notice by intrigue and cabal.

XXXI. This vaudeville, which we have borrowed from the *Journal de l'Avocat Barbier*, refers to one of the numerous episodes connected with the Bull *Unigenitus*. The Council of Embrun was held in 1727.

XXXII. PHILIPPE NÉRICAULT DESTOUCHES (1680–1754), author of several agreeable comedies.

XXXIII. DENIS DIDEROT (1713–1784), one of the *collaborateurs* of the Encyclopédie, and a writer gifted with remarkable brilliancy of imagination.

XXXIV. All that we know of M. FESTEAU, who has composed both the words and the music of *Asmodée*, is that he is one of the best modern French *chansonniers*. Asmodée, name of the *diable boiteux* in Le Sage's novel.—*Line* 32. CLAIRE LEYRIS DE LA TUDE, better known as *Mademoiselle* CLAIRON (1723–1803), a celebrated tragic actress. Dorat has said of her:—

Tout, jusqu'à l'art, chez elle a de la vérité.

Lines 47, 48. AUGUSTE RICARD and CHARLES PAUL DE KOCK are responsible for a number of novels written in the *grivois* style, and of which we must say:—

La mère en *défendra* la lecture à sa fille.

POEM
XXXV. Whatever hopes certain enthusiasts might conceive about the French Revolution, they were not shared by the *spirituel* author of the *Prophétie Turgotine*, and it is curious enough that his song was a real prophecy, for it appeared in 1779. The CHEVALIER DE LISLE, captain of dragoons, and one of the gentlemen of the household of the Comte d'Artois (Charles X.), died in 1784, too soon to see the Revolution which he had foretold —*Line* 2. "Selon les Encyclopédistes," said Frederick the Great, "la France doit devenir un état républicain."—*Line* 4. The principal *économistes* or philosophers who studied political economy, were, at that time, Malesherbes, Raynal, Mirabeau, Quesnay, Condorcet, Dupont de Nemours.—*Line* 13. We may surely take it for granted that all our readers are acquainted with the life of the two great ministers MAXIMILIEN DE BÉTHUNE, Duke de SULLY (1560–1641), and JEAN BAPTISTE COLBERT (1619–1683).—*Line* 38. See the famous Republican calendar. The third day of the month of Messidor was specially consecrated to *onions.—Line* 54. *Chaconne* (Spanish, *chacona*), kind of dance which formerly served as the finale to a ballet or an opera.—*Line* 61. ANNE ROBERT JACQUES TURGOT(1727-1781) rendered the greatest services as a statesman, notwithstanding all that has been said against him; but he found himself powerless to struggle against the abuses which were hurrying the French monarchy to its destruction.—*Line* 67. M. de Malesherbes, having given in his resignation to Louis XVI., the king said to him :—

Que vous êtes heureux ! Que ne puis-je m'en aller aussi !

In a play performed at the time, and entitled *La Constitution en Vaudeville*, we find also the following :—

Le roi sera le roi de France,
Et pourtant *il ne sera rien*
Mais comme une ombre de puissance
Au moindre prince sied très bien,
On pourra lui laisser, par grâce,
Ou, pour mieux dire, *par abus,*
Le doux plaisir de voir sa face
Empreinte sur tous les écus.

The reader can compare with the *Prophétie Turgotine* M. Alfred de Musset's amusing satire *Dupuis et Cotonnet*, directed against the political reformers of our own day.

XXXVI. This excellent squib is taken from a Royalist newspaper, entitled *Les Actes des Apôtres*, the principal contributors to which were Peltier, Rivarol, Champcenetz, and Montlosier. The *Actes des Apôtres* began in 1789, and the last number appeared in October 1791.

POEM
XXXVII. *Line* 3. Comp. La Fontaine:

> Son voisin, au contraire, étant tout cousu d'or,
> Chantait peu, dormait moins encor :
> C'était un homme de finance.
> —*Le Savetier et le Financier.*

XLVIII. This masterpiece of satirical songs, composed in 1813, was evidently directed against the insatiable ambition of the Emperor Napoleon.—The lords of Yvetot, a town in Normandy, assumed the title of king about the middle of the fourteenth century, but in virtue of what right does not appear. Charters exist, however, granted by Louis X., Francis I., and Henry II., recognising the dignity of *le roi d'Yvetot*.

XLIX. FABIEN PILLET, who is responsible for this epigram and the next, has left some reputation as a *littérateur*.

LIII. M. JUSTE OLIVIER (1807—) will live amongst the best French writers of the present century. His political songs are full of genuine wit, and his volume entitled *Les Chansons Lointaines* is a *recueil* where almost every style of poetry has been treated in a masterly manner.

BOOK V

I. The legend of the wandering Jew has suggested several French *complaintes*, the most celebrated of which is the one we quote here. In 1608 appeared a *Discours véritable d'un Juif errant* and a *Complainte en forme de Chanson*. The tune universally adopted by ballad-singers who vociferate *coram publico* the dismal adventures of Isaac Laquedem is a mediæval chant of a plaintive and original character. The reader cannot fail to remark that the versification is extremely imperfect, as also the rhymes, e.g. *proteste . . . arrête; maigre . . . fraîche*. We are strongly reminded of the famous poet of whom it is said—

> C'est lui qui, se servant d'une heureuse licence,
> Fit rimer *cassonnade* avec *indifférence*.

II. The history of the Prodigal Son is too touching not to have attracted the notice of our old poets. Thus at the beginning of the sixteenth century we find a black-letter quarto, entitled "*L'Enfant prodigue par personnages nouvellement translaté du Latin en François, selon le texte de l'Évangile, et lui bailla son père sa part laquelle il despendist meschamment avec folles femmes.*" The text we quote is modern, no doubt, but it seems to be closely imitated from some mediæval composition.

POEM

III. This curious song, which we transcribe from M. Charles Nisard's *Chansons populaires* (vol. i. pp. 303, 304), was originally published in the *Recueil des Pièces intéressantes* of La Place (ii. 247). It is remarkably like the famous dirge on Marlborough.

Line 7. *Poesle*. Eng. *pall.*—*Line* 33. *Bas d'estame,* stockings made of knitted wool. (Lat. *stamen.*)

> Et deux paires de *bas d'estame*
> De la main d'Hécuba sa femme.
>
> SCARRON, *Virgile travesti.*

IV. Not being able to vanquish the Duke of Marlborough, the French avenged themselves by composing upon him the present song, which soon became as popular in England as it was under the latitude of Paris. The tune to which the words are sung is the rather Bacchanalian one of "We won't go home till morning!"

V. JACQUES II. DE CHABANNES, LORD OF LA PALICE, was one of the greatest captains in the army of King Francis I.; he fell at the Battle of Pavia, in 1525. After the defeat of the French troops a great number of popular songs were composed, the one we give here being the best known. In another we find the following stanza:—

> Monsieur de La Palice est mort,
> Mort devant Pavie,
> Un quart d'heure avant sa mort,
> Il étoit encore en vie.

The naïve remarks made by the *chansonnier* bring to our recollection Goldsmith's lines in the "Elegy on the Death of a mad Dog:"—

> The naked every day he clad,
> When he put on his clothes.

VI. JOSEPH PAIN, who flourished as a *vaudevilliste* and a song-writer about the beginning of this century, has never composed anything superior to his *Ménage de Garçon*. The music was supplied by Garaudé.—*Line* 19. *Châteaux en Espagne*, castles in the air.

VII. The inhabitants of Gascony have always enjoyed much reputation for their boasting and pretentious turn of mind. Agrippa d'Aubigné's *Baron de Fœneste*, and Collin d'Harleville's *M. de Crac*, are well-known attempts to illustrate this fact; and there exists, under the title *Gasconiana*, a *recueil* of anecdotes, which go far to prove that on the banks of the Garonne strict truth was never very fashionable.—CHARRIN, author of *Le Gascon*, belonged to a singing club called the *Société de Momus*, and has contributed to the *répertoire* of that fraternity many an agreeable *chanson*.—*Line* 5. *Cadédis!* euphemism for *cap de Dieu*, or, in good French, *tête de Dieu* (*Caput Dei*).—*Line* 27. The CHEVALIER DE SAINT GEORGE (1745—1801), captain of the guards of the Duke de Chartres, celebrated for his skill in fencing.—*Line 51.* GABRIEL GARDEL (1758—1840), director of ballets at the French opera, and GAETANO APOLLINO BALTHAZAR VESTRIS (1729—1808), are the most distinguished of the dancers named here. The conceit of Vestris was even greater than his talent. He used to say, for instance, " Il n'y a que trois grands hommes en Europe : *moi*, Voltaire, et le roi de Prusse."

VIII. *Cadet Rousselle*, from being the hero of a popular song, has become the type of pretentious stupidity. The dandies of the Directory period,—poor, conceited, and morally worthless,—could easily, if they had not been blinded by their vanity, discover their own features under those of Cadet Rousselle.—Notice the cabalistic number three uniformly recurring in each stanza : *Cadet Rousselle a trois cheveux—trois maisons—trois habits*, &c. Herein is mystery.—*Line 28. Les faces*, the part of the hair which, according to the fashion prevailing A.D. 1792, was kept long, plaited, and covered the cheek.—*La queue*, the pig-tail or cue hanging behind.—*Line 34. Ficelle*, metaphor, a rogue.—*Line 40.* Jean, Lord de Nivelle, lived during the fifteenth century, and espoused the cause of Charles the Bold, Duke of Burgundy, whilst his father joined himself to Louis XI. Being three times summoned to return to his duty, Jean de Nivelle was secretly informed that severe measures were contemplated against him. He accordingly took to flight, instead of obeying the paternal mandate, and his father indignantly exclaimed : *Ce chien de Jean de Nivelle s'enfuit quand on l'appelle!* (That dog Jean de Nivelle runs away when I call him !) Popular tradition soon seized upon this fact, misinterpreted it, and ascribed to Jean de Nivelle an obstinate dog who would not obey when he was called for. *Le chien de Jean de Nivelle s'enfuit quand on l'appelle!* (Jean de Nivelle's dog runs away when he is called !)—*Line 58.* A hit at Marie Joseph Chénier.—*Line 60.* The *Café des Aveugles*, in Paris, was at that time a popular place of entertainment. The musicians composing the band were all blind.

IX. This song, which is a masterpiece of taste and feeling, was set to music by Jean Jacques Rousseau.

X. When the Queen Marie Antoinette had established her toy farm-house at Trianon, in 1780, she sent to Switzerland for some cows, and a pretty milkmaid to take care of them. Very soon, however, the Swiss girl became home-sick, fell ill, and it was discovered that she was pining away on account of her separation from her affianced lover, Jacques. Immediately a messenger is despatched, Jacques is brought to Paris, and the marriage of the faithful couple takes place. Hence the song composed by the Marchioness de Travanet.

POEM
- XI. This song is on the same tune as the foregoing one.—*Line* 20. Allusion to the edict proposed by Turgot and abolishing the *corvée*.
- XII. The stanzas entitled *La Veillée* are taken from "Ovinska," a vaudeville brought out in Paris on December 21st, 1800. The music was composed by Gaveaux.
- XIII. SANTEUL, nephew of the famous hymnologist, was a hunchback, and he composed the song *Les Bossus* on the occasion of a dinner which he gave to all the hunchbacks of his acquaintance.—*Line* 34. *Chassieux*, bleareyed.
- XIV. MARTIAL D'AUVERGNE (?1440—1504) has left a large collection of poems, the best of which are his *Arrêts d'Amour*. The king whom he regretted so much was Charles VII., and it was rather bold of him to express thus freely his political opinions, for, as a critic remarks: "L'apologie du règne précédent était la critique de celui où il vivait."
- XV. The anonymous author of *La Mère Bontemps* has expressed in the language of the eighteenth century the same ideas as Martial d'Auvergne, but not quite so successfully, we think.
- XVI.
    Quoiqu'en dise Aristote et sa dorte cabale,
    Le tabac est divin, il n'est rien qui l'égale.

    Thus said Thomas Corneille, and thus thought also the Abbé de Lattaignant, to whom the present song is generally ascribed. It is a kind of refutation of King James the First's *Counterblaste to Tobaccoe.*—*Line* 26. *Pateliner*, to behave like a hypocrite, to deceive by soft words: from the famous old play *L'Avocat Patelin.*—*Line* 31. *Grigou*, slang expression, meaning an avaricious man.—*Line* 37. Allusion to the campaigns of Frederick the Great against the Empress Maria Theresa, in 1741.—*Line* 46. The Marquis de Clermont Tonnerre had felt annoyed at the remarks made by some witty *chansonnier* on his behaviour in time of war.
- XVII. Why King Dagobert should have been turned into ridicule history does not say. Perhaps it was on account of his good nature. At all events, his name will live for ever in a song which has enjoyed a greater share of popularity than almost any other, except perhaps the dirge on the death of Marlborough. The tune is a very spirited one.—*Line* 40. *Tignasse*, very vulgar for *chevelure.*—*Line* 94. *Tintoin*, vulgar for *souci, embarras.*—*Line* 112. Allusion to the merry-makings usual on Twelfth Day.—*Line* 118. *M'a donné dans l'œil*, has caught my notice.—*Line* 136. *Quand t'es* (for *tu es*) *gris*, when you are tipsy.
- XVIII. JACQUES CAZOTTE (1720—1792), the author of *Le Vieux Château des Ardennes*, has left some very original productions, amongst which we may name his novelette *Le*

POEM

Diable Amoureux. The heroic devotedness of his daughter saved his life during the terrible September massacre. He was, however, again arrested on a trifling charge by order of the Revolutionary tribunal, and sent to the guillotine.

XIX. The tragical death of M. Fualdès, who was murdered in the month of March 1817, suggested the *complainte* we quote here, on account, not of its literary merits, but of its extraordinary popularity. Never has *naïveté* been carried so far, never have the most serious and solemn facts been expressed in such ludicrous language.—*Line* 7. Rouergue, province in the south of France.—*Line* 19. *Gigantesse* (!) instead of *gigantesque*.

XX. One of the most amusing vaudevilles of M. Scribe.—*Line* 17. *Réverbère*, an oil-lamp, like those which not long ago were hung from one side of the street to the other.—*Line* 19. *Luron*, a jolly fellow.—*Line* 27. *Un rouge bord*, a bumper.

BOOK VI

I. This curious piece, which is entitled "Chanson sur l'Air du *Lætabundus*," was once very popular, both in France and in England. It is well remembered in Germany.

II. We have here an invitation to celebrate Christmas by carousing and hard-drinking.

III. This is one of the most beautiful episodes of the *Roman de Brut*. It is also interesting, because it explains and illustrates the origin of the expressions *wes heyl* and *drinc heyl*, which were so commonly used by our Anglo-Saxon ancestors.—ROBERT WACE (?1090—1180) was a well-known Norman *Trouvère*.

IV. We have taken this song, as well as the two preceding ones, from M. Nisard's *Chansons populaires*, where it appears for the first time.

V. Another drinking song, quite a gem in point both of ideas and of style. It is decidedly equal, if not superior, to Olivier Basselin's best compositions.

VI. FRANÇOIS CORBUEIL, otherwise called VILLON (1431—1500). As a poet, Villon deserves high commendation for simplicity and vigour. He opened a new road, far from the conventionalisms of mediæval bards, and he claims the honour of having first pointed out the study of the human heart as the source of real inspiration.—*Line* 11. The celebrated philosopher Abélard.—*Line* 13. Marguerite of Burgundy, wife of Louis X.—*Line* 14. Jean Buridan, the famous Nominalist philosopher.—*Line* 17. Blanche of Castille.—*Line* 18. Syren.—*Line* 19. Berthe,

POEM

or Bertrade, daughter of Caribert, Earl of Laon; was married to Pépin-le-bref. Beatrice of Provence; married (1245) to Charles of France, son of Louis VIII. Alice of Champagne, wife of Louis the Young, King of France.—*Line* 20. Eremburge, daughter of Elie, Earl of Maine.—*Line* 21. Jeanne d'Arc.

VIII. The meaningless word *lanturlu* having been for some time applied as a refrain to songs in which the highest personages were turned into ridicule, King Louis XIII. issued an order, in the year 1629, prohibiting the singing of *lanturlu*.—*Line* 8. Mary de Medici.—*Line* 10. Gaston, Duke of Orleans.—*Line* 30. Richelieu.—*Line* 34. Guillaume Bautru (1588—1655) got into favour at court by his jokes and his talent in relating coarse anecdotes.— VINCENT VOITURE (1598—1648), the author of this *lanturlu*, wrote merely for the sake of writing and of showing his wit. His great merit consists in the inexhaustible variety of forms which he applies to the monotonous sterility of his ideas.

IX. JOACHIM DU BELLAY (1524—1560) went to Rome as secretary, or rather factotum, of his cousin, the Cardinal du Bellay, and appears to have been disappointed in his expectations of preferment and worldly fortune. His celebrated *Illustration de la Langue Française* was, so to say, the programme of the new school of poetry; and Du Bellay, after giving the precepts, added the example, in a collection of small pieces called *Les Regrets*, which have obtained for him the surname of the French Ovid. The *villanelle* given here is an imitation of the following elegiacs, which are to be found in the elegiacs of the Venetian poet Naugerius:

VOTA AD AURAS.

Auræ quæ levibus percurritis aera pennis,
Et strepitis blando per nemora alta sono,
Serta dat hæc vobis, vobis hæc rusticus Idmon
Spargit odorato plena canistra croco.
Vos lenite æstum, et paleas sejungite inanes,
Dum medio fruges ventilat ille die.

X. *Line* 13. *Liré*, a small town in the department of Maine et Loire, birthplace of Du Bellay.

XI. A celebrated modern critic has remarked of this piece: "Racan est noble et touchant, il est tout à fait poète, en célébrant les douceurs de la vie des champs comparée aux agitations des courtisans de la fortune."

XII. The cantata or ode on Circé is still considered as one of the best works of J. B. Rousseau, and the reader cannot fail to notice the extreme beauty of the style in which it is written.

XIII. This satirical song refers to the measures taken by Louis XIV. with the view of destroying the influence of the Parliament.—*Line* 35. The *paulette* was a tax raised by government upon the offices in the magistracy. The

POEM

tax had been established in 1604 by Sully, and the financier Paulet being the first person who farmed it, it was called after his name.—*Line 47. Rosse*, a bad, used-up horse.

XIV. Another amusing squib, taken, as the preceding and the following ones, from the *Nouveau Siècle de Louis XIV*. (Paris: Garnier. 1 vol. 12mo.)—*Line 1.* CHARLES MAURICE LE TELLIER (1642—1710), Archbishop of Rheims, and brother of Louvois, led a worldly, not to say a scandalous, life. Madame de Sévigné's correspondence contains a number of amusing anecdotes about him. See also Madame de la Fayette's *Mémoires de la Cour de France*.— FRANÇOIS MICHEL LE TELLIER, MARQUIS DE LOUVOIS (1641—1691): on him see M. Camille Rousset's excellent *Histoire de Louvois*. (Paris: Didier. 4 vols. 8vo.)—*Line 7.* LOUIS FRANÇOIS MARIE LE TELLIER, MARQUIS DE BARBÉZIEUX (1668—1701), succeeded his father as minister of war.—*Line 8.* FRANÇOIS MICHEL LE TELLIER, MARQUIS DE LOUVOIS, certainly *did not* replace Turenne. —*Line 9.* CAMILLE LE TELLIER, ABBÉ DE LOUVOIS (1675—1718), distinguished by his learning, his zeal, and his piety.—*Line 10.* Nothing need be said respecting Courtanvaux, who is described in La Bruyère's *Caractères* under the name of *Xanthus;* he was a thoroughly worthless and incapable man. Saint Simon has a hit at him in his memoirs.—*Line 21.* The name *Souvré* was that of Courtanvaux's wife, Anne, daughter of CHARLES, COMMANDANT DE SOUVRÉ.—*Line 22. Châville*, a small village near Paris.

XV. FRANÇOIS DE NEUFVILLE, DUKE DE VILLEROI (1643–1730), one of the most inefficient officers of the armies of Louis XIV. Never has any courtier been so much and so justly turned into ridicule, and the song we transcribe here is only one amongst a few hundreds we might quote. The events alluded to occurred during the campaign against the Dutch.—*Line 58.* Marshal Catinat is meant here.—*Line 72.* It was from ill-health that the Duke de Noailles was obliged to give up his command in Catalonia to the Duke de Vendôme.

XVII. The heroine of this well-known and beautiful little poem was Aimée de Coigny, Duchess de Fleury, who had been sent to the Conciergerie by the Revolutionary government.

XVIII. The *oak* alluded to in the fourth line of this elegy is the Emperor Napoleon Bonaparte, to whom our author remained always faithful, even after the catastrophe of 1815.—ANTOINE VINCENT ARNAULT (1766–1838), distinguished as a poet, has left a volume of fables, some memoirs, and a few tragedies, the most celebrated of which is *Marius à Minturnes* (1791).

XIX. JEAN FRANÇOIS DUCIS (1733–1816) is best known for his imitations of some of Shakespeare's plays—King

Lear, Macbeth, Othello, Hamlet. Under the despotism of Napoleon, he was one of the few men who preserved to the last their independence, and who never would sacrifice to the idol of the day.

XX. The poetry of ALEXANDRE SOUMET (1788–1845) is distinguished by great brilliancy of imagination and purity of ideas. The elegy we quote in the *Lyre Française* has universally been considered one of his most touching productions.

XXI. CHARLES LOUIS CADET DE GASSICOURT (1769–1821) combined the facile talent of an Epicurean *chansonnier* with the graver merits of a physician and a *savant*. His songs and fugitive poems are unfortunately too frequently spoiled by indelicacy and coarseness.

XXII. The biography of FRANÇOIS AUGUSTE, VISCOUNT DE CHÂTEAUBIAND (1769–1848), is well known, and we shall say nothing of it here. The romance he has contributed to our volume, taken from the beautiful tale *Le dernier des Abencerrages*, was long regarded as *the* song of the French *émigrés*, and to that circumstance it owed much of its popularity.—*Line* 14. The river Dore is a small stream in the south of France.

XXIII. A very clever satire.—*Line* 5. *Calotins*, priests.—*Line* 6. *Pantins*, puppets.—*Line* 47. *Courir le cachet*, to run about and give lessons at so much the ticket (*cachet*).

XXIV. This amusing and spirited song is, as well as the following one, quite a picture in its way.—*Lines* 9 *and* 13. La Villette and Vincennes are two villages in the environs of Paris: there market-gardens abound, and acres of land planted with vegetables of every description.—*Line* 19. *Écaillère*, oyster-woman.—*Line* 40. *Margot*, a magpie.

XXVI. The vaudeville *La Manie des Places* contains, and the extracts we give show it sufficiently, a number of satirical remarks directed against political mountebanks. The *censeur* alluded to in line 44, is the famous "black man" who has under his control the fate of newspaper editors.—*Line* 53. Comp. the Prince de Ligne's witty observation about the Congress of Vienna: "Le congrès danse, mais il ne marche pas."

XXVII. M. Bayard composed this song on the occasion of the annual dinner given by the pupils of the College Sainte-Barbe, at Paris. The reader will notice the judicious advice given to the young students, and the concluding hit against the Jesuits—those *bêtes noires* of French journalism.—*Lines* 27 *and* 28. Allusion to M. Scribe's comedy *Bertrand et Raton*.

XXVIII. The *flâneur* is essentially of Parisian growth; and *flânerie*, although described in this vaudeville as a defect, is quite compatible with the highest intellectual gifts. La Fontaine, Molière, Boileau, were *flâneurs.*—*Line* 8. Nanterre, a village, the birthplace of Saint Geneviéve, who, if we

POEM

may believe tradition, saved Paris from the fury of Attila.—*Line* 40. Compare in Molière's *Misanthrope* the marquis who also cultivated that elegant pastime.—*Line* 47. A well-known print-seller in Paris.—*Line* 74. The name *Coblentz* was given, many years ago, to a favourite part of the *Jardin des Tuileries*.

XXIX. The "Beaux Brummels" of every age, country, and clime, will find themselves accurately photographed in this portrait of the *petit-maître*.

XXX. "Toutes les vérités ne sont pas bonnes à dire" is an axiom which seems particularly applicable in times of revolution, or when the system of *avertissements* prevents the free expression of thought. People are then reduced to the statement of truisms, and they may consider themselves happy if they are allowed to assert boldly that two and two make four. Such is the purport of the stanzas entitled *Les grandes Vérités*.

XXXI.–XXXIV. In the sentimental style, French romance-literature has produced few pieces which have enjoyed more reputation than the four short extracts placed together at the end of our volume. We have already given a brief notice of M Étienne; respecting Madame Viot, Mons. Dumanoir, and Marc Constantin, we cannot find any biographical details.

CHRONOLOGICAL INDEX

In order to make this table more useful, I have added when possible, the dates of the birth (*b.*) and death (*d.*) of all the persons named either in the songs or the notes, together with the principal synchronisms.

SYNCHRONISMS.

604. Dagobert I., King of France, *b.*
638. Dagobert I. *d.*—Council of Constantinople.
783. Berthe *au grand pied*, wife of Pepin le Bref, *d.*—The Saxons defeated.
1079. Abélard *b.*
1090. Robert Wace *b.*(?)—Philip I., King of France, declares against William Rufus.—Théroulde, or Téroulde, is supposed to have composed the *Chanson de Roland*.

CHRONOLOGICAL INDEX.

TWELFTH CENTURY.

1142. Abélard *d.*—Louis VII. burns the town of Vitry.
1180. Robert Wace *d.*—Louis VII. *d.*
1187. Blanche de Castille *b.*—Saladin defeats Guy de Lussignan.

Chanson à boire, p. 318.—Invitation à faire Noël, 320.—A boire, 322.

THIRTEENTH CENTURY.

SYNCHRONISMS.

1201. Thibaut VI., comte de Champagne, *b.*—Foundation of the city of Riga.
1206. Alice de Champagne *d.*—John Lackland arrives at La Rochelle.
1252. Blanche de Castille *d.*
1260. Jean de Meung *b.*(?)—The code *las Siete Partidas* is finished.
1290. Marguerite de Bourgogne *b.*
1295. Jean Buridan *b.*(?)—Brunetto Latini *d.*

CHRONOLOGICAL INDEX.

Thibaut, comte de Champagne, Chanson à boire, p. 120.—Chanson à boire, 325.

FOURTEENTH CENTURY.

1315. Marguerite de Bourgogne *d.*—Enguerrard de Marigny *d.*
1318. Jean de Meung *d.*—Matteo Visconti wages war against the Genoese.
1325. Eustache Deschamps *b.*
1335. Jean Froissart *b.*—Edward III. attacks Scotland.
1360. Jean Buridan *d.*—Peace of Brétigny.
1370. Valentine de Milan *b.*—The Prince of Wales takes Limoges.
1371. Louis I., duc d'Orléans, *b.*
1386. Alain Chartier *b.*
1391. Charles d'Orléans *b.*
1399. Henry of Lancaster ascends the throne of England.

Chanson à boire, p. 324.—*Eustache Deschamps,* Ballade, 63.—*Froissart,* Plaisirs de Froissart, 121 ; *id.* Rondeau, *ibid.*

FIFTEENTH CENTURY.

1407. Louis I., duc d'Orléans, *d.*
1408. Valentine de Milan *d.*—Council summoned at Pisa.
1409. Joan of Arc *b.*—John Huss begins to preach.

SYNCHRONISMS.

1411. Froissart *d.*—Agnès Sorel *b.*
1418. Olivier Basselin *d.*—Siege of Orléans by the English.
1421. Coquillart *b.*—The Duke of Clarence defeated at Beaugé.
1423. Louis XI. *b.*—Jean de Nivelle *b.*—Battle of Crevent.
1431. Joan of Arc *d.*—Villon *b.*—Henry VI. of England crowned King of France.
1433. Charles the Bold *b.*
1440. Martial d'Auvergne *b.*(?)—The *Praguerie.*
1442. Edward IV., King of England, *b.*
1445. Samblançay *b.*
1450. Agnès Sorel *d.*—Battle of Formigny lost by the English.
1458. Alain Chartier *d.*—Mahomet II. takes Corinth and Athens.
1462. Louis XII., King of France, *b.*
1465. Charles d'Orléans *d.*—Edward IV., King of England, marries Elizabeth Woodville.
1471. Battle of Barnet; death of Warwick.
1472. Jeanne Hachette defends Beauvais.
1476. Louise de Savoie *b.*—Battle of Granson.
1477. Charles the Bold *d.*
1483. Edward IV. *d.*—Louis XI. *d.*—Luther *b.*
1485. Odet de Foix, vicomte de Lautrec, *b.*—Battle of Bosworth.
1490. Clémence Isaure organizes the *Jeux Floraux.*
1492. Jean du Bellay (cardinal) *b.*—Ferdinand the Catholic takes Granada.
1494. François I., King of France, *b.*—The Florentines expel Medici.

CHRONOLOGICAL INDEX.

Chanson, p. 65.

Chronological Index

SYNCHRONISMS.

CHRONOLOGICAL INDEX.

1495. Clément Marot *b.*—Diet of Worms.

Olivier Basselin, Vau-de-vire, p. 122.—*Charles d'Orléans*, Triolets, 123; *id.* Triolets, *ibid.*; *id.* Ballade, 327.— *Villon*, Ballade des Dames du Temps jadis, 325.

SIXTEENTH CENTURY.

1500. Villon *d.*—Diet of Augsburg.
1504. Martial d'Auvergne *d.*—Treaty of Blois.
Coquillart *d.* — Albuquerque takes Goa.
1515. Louis XII. *d.*—Leonardo da Vinci comes to France.
1519. Catherine de Medici *b.*—François de Lorraine, duc de Guise, *b.*
1524. Joachim du Bellay *b.*—Ronsard *b.*
1525. Battle of Pavia. — La Palice *d.*
1526. Louise Labé *b.*—Treaty of Madrid.
1527. Samblançay *d.*—Siege of Rome by the Constable de Bourbon.
1528. Lautrec *d.*
1531. Louise de Savoie *d.*—Death of Zuinglius at the battle of Cappel.
1542. Mary, Queen of Scots, *b.*
1544. Clément Marot *d.*—The Imperial troops defeated at Cérisoles.
1546. Desportes *b.*
1547. François I., King of France, *d.*
1549. Eustache du Caurroy *b.*
1550. Charles IX., King of France, *b.*—Henry I. de Lorraine, duc de Guise, *b.*
1551. Henry III., King of France, *b.*—Edict of Châteaubriand against the Protestants.
1552. Bertaut *b.* (?)—Agrippa d'Aubigné *b.*

Clément Marot, Épigramme, p. 196.

420 *Chronological Index*

SYNCHRONISMS.

1553. Henry IV., King of France, b. — Michel Servet d.
1555. Malherbe b.—Cranmer d. —Palissy makes his discoveries.
1560. Jean du Bellay d.—Sully b.
1563. François, duc de Guise, d. —End of the Council of Trent.
1566. Louise Labé d.
1568. . . . .
1569. Battle of Jarnac.—Camoens publishes his poem.
1570. Gabrielle d'Estrées b.— Queen Elizabeth excommunicated.
1573. Mathurin Régnier b.— Mary de Medici b.
1574. Charles IX. d.
1582. Maynard b.—The academy Della Crusca founded.
1585. Patrix b.—Ronsard d.— Richelieu b.
1586. Conspiracy of Babington against Queen Elizabeth.
1587. Mary, Queen of Scots, d.
1588. Henry, duc de Guise, d. —Henry III., King of France, d.—Bautru b.
1589. Racan b.—Catherine de Medici d.—Escobar b.
1598. Voiture b.
1599. Gabrielle d'Estrées d.

CHRONOLOGICAL INDEX.

Complainte, p. 69.
Chanson spirituelle, p. 2.

Bertaut, Élégie, p. 1.

Ode Sacrée, p. 67.

Du Bellay, Villanelle, p. 329; *id.* Sonnet, 330.—*Louis Labé*, Sonnet, 124.—*Ronsard*, Sonnet, 125; *id.* Ode, *ib.*—*Desportes*, Villanelle, 126.— *Desmarets*, Stances, 136.— *Mermet*, L'Avis de Mariage, 137.—*Jean de la Taille*, Le Blason de la Marguerite, 139; *id.* Le Blason de la Rose, 140.

SEVENTEENTH CENTURY.

1600. . . . .
1601. Louis XIII., King of France, b.—Conspiracy of the Earl of Essex.

Malherbe, À M. du Périer, sur la Mort de sa Fille, p.

SYNCHRONISMS.
1602. Mazarin b.
1604. The tax called la Paulette established.
1606. Desportes d.—P. Corneille b.
1609. Du Caurroy d.—Galileo makes his discoveries.
1610. Henry IV. d.—Scarron b.
1611. Bertaut d.
1612. Benserade b.
1613. Régnier d.—Concini made Marshal d'Ancre.
1614. De Retz (Cardinal) b.— The States-General assemble in Paris.
1615. Marriage of Louis XIII. and Mary de Medici.
1617. Guillaume de Lamoignon b.—Bacon made Lord Chancellor.
1618. Bussy-Rabutin b.
1619. Colbert b.—Barnwelt d.
1621. Madame de Motteville b. —La Fontaine b.
1622. Molière b.
1625. Th. Corneille b.—Nicole b. —James I. d.
1627. The city of Boston founded in America.
1628. Malherbe d.— Bouhours b.—Buckingham d.
1632. Bourdaloue b.—Pavillon b.—Pradon b.
1636. Boileau b.—The French Jansenists meet at Port Royal.
1637. Catinat b.
1638. Louis XIV., King of France, b.
1639. Racine b.—La Bruyère b. —Chaulieu b.
1641. Louvois b.—Sully d.— Condemnation and death of Strafford.
1642. Mary de Medici d.— Richelieu d. — Charles Maurice Letellier b.
1643. Villeroy b.—Louis XIII. d.—Sénecé b.
1644. La Fare b.—Battle of Marston Moor.

CHRONOLOGICAL INDEX.

Malherbe, Chanson, p. 126.

Régnier, Épitaphe de Régnier, p. 107.

Malherbe, Chanson, p. 129.

Malherbe, Paraphrase du Psaume cxlvi., p. 4.

SYNCHRONISMS.
1646. Antoine, comte d'Hamilton, *b*.(?)
1648. Voiture *d*.—Dufresny *b*. —Beginning of *La Fronde*.
1649. King Charles I. *d*.
1651. Chamillart *b*.—Battle of Worcester.
1655. Bautru *d*.—Gassendi *d*.
1657. Fontenelle *b*. — Monaldeschi *d*.
1658. Olivér Cromwell *d*.
1660. Scarron *d*.—General Monk enters England.
1661. Saint Amant *d*.—Mazarin *d*.
1662. Adam Billaut *d*.
1668. Barbézieux *b*.- Treaty of Aix-la-Chapelle.
1669. Escobar *d*.
1670. Marigny *d*.—Racan *d*.
1671. J. B. Rousseau *b*.
1672. Patrix *d*. — La Motte Houdart *b*.
1673. Molière *d*.
1675. The Abbé de Louvois *b*.— Saint Simon *b*.—Turenne *d*.
1677. Lamoignon *d*.
1679. Cardinal de Retz *d*.— *Habeas Corpus* Act passed.
1680. Destouches *d*.
1683. Colbert *d*.—Trial and death of Russell and Sidney.
1684. Corneille *d*.
1685. Revocation of the Edict of Nantes.—James II. King of England.
1688. Hamilton *d*. — English Revolution.
1689. Madame de Motteville *d*. —Piron *b*. — Siege of Derry.
1690. Battle of the Boyne.
1691. Benserade *d*.—Louvois *d*.
1692. La Chaussée *b*.

CHRONOLOGICAL INDEX.

Les Triolets du Temps, p. 73.

Boileau, Chanson à boire, p. 147; *id.* Chanson à boire, *ibid.*
Pavillon, Épitaphe de Cromwell, p. 200.

Hamilton, Chanson, p. 149.

Patrix, Un Mourant, p. 5.— *Corneille*, Traduct. du Psaume xlvi., 6.

Noël, p. 335.

Racine, Apparente Félicité des Méchants, p. 12; *id.* Rois, chassez la Calomnie, 13.
Sur Louvois, p. 337.

SYNCHRONISMS.

1693. Bussy-Rabutin *d.*—Battle of Nerwinden.
1694. Panard *b.*—Voltaire *b.*
1695. Nicole *d.*—La Fontaine *d.*
1696. La Bruyère *d.*—Exploits of Jean Bart against the Dutch.
1697. Lattaignant *d.*—Peace of Ryswick.
1698. Peter the Great visits England.
1699. Racine *d.*

CHRONOLOGICAL INDEX.

Contre La Bruyère, p. 222.

Sur Villeroi, p. 338.

Complainte de l'Église affligée, p. 8.
Scarron, Sur le Temps, p. 198; *id.* Epitaphe d'un Coquin, 199. — *Malherbe,* Épitaphe d'un Centenaire, 201.—*Sénecé,* Orphée, *ib.*; Monsieur de la Palice, 275.—*Racan,* Stances sur la Retraite, 381.

EIGHTEENTH CENTURY.

1701. Barbézieux *d.*
1702. Bouhours *d.*—Rebellion of the French Protestants in Languedoc.
1704. Bourdaloue *d.*—Battle of Hochstedt.
1705. Pavillon *d.*—Peter the Great takes Mittau.
1708. The French defeated at Oudenarde.
1709. Lefranc de Pompignan *b.*—Gresset *b.*—Collé *b.*
1710. Favart *b.*—Le Tellier *d.* —Bolingbroke at the head of affairs.
1711. Boileau *d.*—Addison publishes the "Spectator."
1713. Raynal *b.*—Diderot *b.*— The bull *Unigenitus* published.
1715. Bernis *b.*—Louis XIV. *d.*
1718. The Abbé de Louvois *d.*
1719. Sédaine *b.* — *Robinson Crusoe* published.
1720. Cazotte *b.*
1723. Mademoiselle Clairon *b.* —The Duc d'Orléans (Regent) *d.*

Épitaphe de Bouhours, p. 200.

Dufresny, L'Avaricieuse, p. 150.

—Mort et Convoi de l'invincible Malbrough, p. 273.

La Motte, Les Raretés, p. 216.

SYNCHRONISMS.

1724. Dufresny d.—Philip V., King of Spain, abdicates.
1726. . . . .
1727. Turgot b. — George I., King of England, d.
1728. . . . .
1729. E. Le Brun b.—Vestris b.
1730. Villeroy d. — Madame d'Houdetot b.
1731. J. B. Rousseau d.
1732. Malfilâtre b.
1733. Gossec b.—Ducis b.
1734. . . . .
1735. . . . .
1737. Boufflers b.
1739. Bouillé b. — Dupont de Nemours b. — Admiral Vernon takes Portobello.
1741. Grétry b.
1742. . . . .
1743. Condorcet b.—Battle of Dettingen.
1745. The Chevalier de St. George (the great fencer) b.—Battle of Fontenoy.
1748. E. Despréaux b.—Richardson publishes *Clarissa Harlowe*.
1749. Berquin b.—Mirabeau b.
1750. Marsollier b.
1751. Gilbert b.
1753. Parny b.
1754. La Chaussée d.—Destouches d.—Rivarol b.—Fouché b.—Louis XVI. b.
1755. Florian b.—Montlosier b.—Marie Antoinette b.—Earthquake at Lisbon.
1757. Admiral Byng d.
1758. Delille b.—Gardel b.
1759. Champcenetz b.
1760. Hoffmann b.—Rouget de l'Isle b.

CHRONOLOGICAL INDEX.

Panard, Les Vieillards, p. 207.

Sur la Consultation des Avocats, p. 237.

Panard, Les Merveilles de l'Opéra, p. 210.
Gresset, Image de la Vie, p. 24.
Panard, La Ressemblance et la Différence, p. 213.

Lefranc de Pompignan, Ode sur la Mort de Rousseau, p. 21.
Lefranc de Pompignan, Imitation du Psaume ciii., p. 17.

Mangenot, L'Amant Grenadier, p. 151.

Malfilâtre, Traduction du Psaume cxxxvi., p. 29.

Lattaignant, Bonsoir la Compagnie, p. 219.
Favart, Relan Tamplan, Tambour battant, p. 75.

Berquin, Romance, p. 26.

Chronological Index

SYNCHRONISMS.

1761. Gaveaux b.—Lord Bute's Cabinet.
1762. André Chénier b.
1763. Josephine de la Pagerie b.—Méhul b.—Maret b.—Arrest of Wilkes.
1764. Joseph Chénier b. — De Jouy b.
1765. Panard b.—Peltier b.—Lord Clive in India.
1766. Arnault b.—Pitt's administration.
1767. Malfilâtre d.—Alexander Duval b.
1769. Chênedollé b. — Cadet Gassicourt b.—Chateaubriand b. — Napoleon I. b.
1770. Sourigùere de St. Marc b.
1772. Désaugiers b. — Second voyage of Captain Cook.
1773. Piron d.
1774. Quesnay d.—Warren Hastings named Governor of India.
1775. Battle of Lexington.
1777. Nicolo Isouard b.—Capitulation of Saratoga.
1778. Étienne b.—Voltaire d.
1779. Gresset d.—Lattaignant d.
1780. Gilbert d.—Béranger b.
1781. Turgot d.
1782. Millevoye b. — Lamennais b.
1783. Hortense Beauharnais b.—Collé d.—Nodier b.—Planard b.
1784. Le Chevalier Delisle d.—Lefranc de Pompignan d.—Diderot d.
1787. Guizot b.
1788. Soumet b.
1790. Lamartine b.

CHRONOLOGICAL INDEX.

Complainte du Juif Errant, p. 260.
Boufflers, L'Amour, p. 150.

Parny, Sur la Mort d'une Jeune Fille, p. 158.
Moreau, Le Bal des Mères, p. 165.—*Delisle*, Prophétie Turgotine, 243.
Gilbert, Derniers Moments d'un jeune Poète, p. 25.
La marquise de Travanet, Pauvre Jacques, p. 288.

Florian, Les Hirondelles, p. 153; id. C'est mon Ami, 154; id. Clémence Isaure, 155.

Sedaine, Romance de Richard Cœur de Lion, p. 73.

SYNCHRONISMS.

1791. Mirabeau d.—Berquin d.—Scribe b.—Opening of the Legislative Assembly in France.
1792. Favart d.—Cazotte d.—Hérold b.—Tippoo Saib defeated by the English.
1793. Louis XVI. d.—Marie Antoinette d.
1794. Bernis d.—Condorcet d.—André Chénier d.—Florian d.
—— Paul de Kock b.—Warren Hastings tried and acquitted.
1795. Madame Tastu b.—Final partition of Poland.
1796. Raynal d.—Bonaparte's first Italian campaign.
1797. Sedaine d.—Vinet b.—Battle off Cape St. Vincent.
1798. L'Abbé Gerbet b.—Emile Debraux b.—Revolution in Holland.
1799. Belmontet b.
1800. Bouillé d.—Frédéric Soulié b.—Bérat b.—Malta taken by the English.

CHRONOLOGICAL INDEX.

Cadet Rousselle, p. 285.—*Millevoye*, L'Anniversaire, 61.—*Rouget de l'Isle*, La Marseillaise, 86.—*André Chénier*, La jeune Captive, 342.
La marquise de Travanet, Louis XVI. aux Français, p. 289.
Desorgues, Hymne à l'Être Suprême, p. 56.—*André Chénier*, Iambes, 77.
Joseph Chénier, Le Chant du Départ, p. 89.—*Lebrun*, Le Vaisseau le Vengeur, 92.
Despréaux, La Gamelle patriotique, p. 193.
Saint Marc, Le Réveil du Peuple, p. 198.—Le vrai Réveil du Peuple, 100.
Marsollier, Les Compagnons de Voyage, p. 166.

Hoffmann, Femme sensible, p. 160; Complainte sur la Machine infernale, 95.—*Villemontez*, La Veillée, 290.—*J. B. Rousseau*, Ode à la Fortune, 203; id. Circé, 332; id. Turcs et Chrétiens, 205; id. Sur l'Évêque de Nimes, ibid; id. Épigramme, 206.—*Piron*, Contre La Chaussée, 222; id. Dialogues, 223.—*Voltaire*, Adieux à la Vie, 228.—*Moreau*, Adieu Panier, 230; id. La Sagesse, 232.—*Destouches*, Épitaphe d'un Anglais, 240.—*Diderot*, Épitaphe d'un Antiquaire; id. Vive la Liberté, 24; Contre Maupeou, 250; Complainte du Juif Errant, 260.—*De Leyre*, Le Rosier, 288.—*Santeul*, Les Bossus, 292; La Mère Bontemps, 295.—*Lat-*

SYNCHRONISMS.	CHRONOLOGICAL INDEX.
	taignant, J'ai du bon Tabac, 296 ; Le Roi Dagobert, 298.—*Cazotte*, Le vieux Château des Ardennes, 303.—*Dubos*, La Violette, 341.—*Panard*, Les Portraits à la mode, 351.

NINETEENTH CENTURY.

1801. The Chevalier de St. Georges *d.*—Rivarol *d.*—Peace of Luneville.
1802. Victor Hugo *b.*—Adolphe Monod *b.*—Peace of Amiens.
1803. Mademoiselle Clairon *d.*—Casimir Delavigne *b.*
1804. Hippolyte Monpou *b.*—Moreau *d.*—Napoleon Emperor.
1805. Joseph, vicomte de Ségur, *d.*—Battle of Trafalgar. Nelson *d.*
1807. Dovalle *b.*—Juste Olivier *b.*—E. Lebrun *d.*—Canning's administration.
1808. Desorgues *d.*—Vestris *d.*
1810. Alfred de Musset *b.*
1811. Joseph Chénier *d.*
1813. Delille *d.*—Grétry *d.*—Mad. d'Houdetot *d.*—Battle of Leipsic.
1814. The Empress Joséphine *d.*—Parny *d.*—Invasion of France.
1815. Boufflers *d.*—Battle of Waterloo.

1816. Millevoye *d.*—Ducis *d.*—*Waverley* published.

1817. Méhul *d.*—Marsollier *d.*—Dupont de Nemours *d.*
1818. Nicolo Isouard.

1819. . . . .

Delille, L'Immortalité de l'Âme, p. 31.—*Pain*, La Ménage de Garçon, 281.

De Ségur, Le Temps et l'Amour, p. 168 ; *id.* L'Éducation de l'Amour, 170 ; *id.* Les Adieux, 171.
Étienne, Le Point du Jour, p. 172.—*Armand Gouffé*, La Fin du Jour, 173.
Chênedollé, Le Voyageur égaré, p. 32.

Étienne, Romance de Joconde, p. 167.

Béranger, Les Souvenirs du Peuple, p. 84.—*Scribe*, Une Nuit de la Garde nationale, 315.
Delavigne, La Mort de Jeanne d'Arc, p. 80.—*Alex. Duval*, Chanson de Roland, 112.

Catalan, Complainte de Fualdès, p. 306.
E. Debraux, Souvenirs d'un vieux Militaire, p. 107 ; *id.* Fanfan la Tulipe, 109.

SYNCHRONISMS.

1820. Fouché d.—Despréaux d.—George IV. King of England.
1821. Napoleon I. d.—Cadet Gassicourt d.
1825. Saint Marc d.—Gaveaux d.—Peltier d.
1827. Désaugiers d.—Canning d.
1828. Hoffmann d. — Disturbances in Ireland.
1829. Dovalle d. — Catholic Emancipation Bill.
1831. Emile Debraux d.
1833. Chênedollé d.—Hérold d.
1834. Gossec d.—Lord Melbourne forms his cabinet.
1835. . . . .

1836. Rouget de l'Isle d.
1837. Hortense Beauharnais d.—William IV., King of England, d.
1838. Montlosier d.—Arnould d.
1839. Maret, duc de Bassano, d.
1840. Gardel d.
1841. Monpou d.
1842. Vinet d.
1843. C. Delavigne d.—Invasion of Scinde.—Afghanistan campaign.
1844. Charles Nodier d.
1845. Gouffé d.—Étienne d.—Soumet d.—Maynooth Endowment Bill.
1846. De Jouy d.
1847. F. Soulié d.—O'Connell d.
1848. Châteaubriand d.—Revolution in Paris.
1853. Planard d.—Chinese insurrection.
1854. Lamennais d.—Russian campaign—Battle of Inkerman.
1855. Bérat d. — Sebastopol taken.

CHRONOLOGICAL INDEX.

Belmontet, Les petits Orphelins, p. 39.

Frédéric Soulié et Arnould, Adieu, mon beau Navire, p. 114.—*Alfred de Musset*, Chanson de Fortunio, 181; id. Chanson de Césario, 182.

Adolphe Monod, Le Bonheur du Chrétien, p. 45.

Gustave Lemoine, À la Grâce de Dieu, p. 44.

SYNCHRONISMS.

1856. Ad. Monod *d.*—England declares war against Persia.
1857. Béranger *d.*—Alfred de Musset *d.*
1861. Scribe *d.*—Revolution in Poland.
1864. The Abbé Gerbet *d.*—War between Denmark and Germany.

CHRONOLOGICAL INDEX.

It has been found impossible to determine the dates of the following poems. They all belong, however, to the present century.

Béranger, Le Juif Errant, p. 33; *id.* Le Roi d'Yvetot, 254.—*Westerlinck*, L'Éternité, 36.—*Victor Hugo*, Tout passe, 37; *id.* Lui, 115; *id.* Nouvelle Chanson sur un vieil Air, 190; *id.* Autre Chanson, 191.—*Dovalle*, Le Convoi d'un Enfant, 40.—*L'Abbé Gerbet*, Le Chant des Catacombes, 41.—*Madame Olivier*, Cantique, 46; *id.* À un parfait Ami, 47; Le Sauveur sur la Croix, 49; La Sainte Cène, 51; La Bible, 52.—*Madame Tastu*, Petite Prière, 53; *id.* Le dernier Jour de l'Année, 54.—*Lamartine*, La Prière, 57.—*La reine Hortense*, Romance chevaleresque, 106.—*Madame d'Houdetot*, L'Amour, 158.—*De Jouy*, Conseils à Délie, 159.—*Armand Gouffé*, Éloge de l'Eau, 160; *id.* Couplets aux Convives des Dîners du Vaudeville, 161; *id.* Le Verre, 163; *id.* La Lanterne magique, 235.—*Festeau*, Asmodée, 241.—*Désaugiers*, Les Inconvénients de la Fortune, 247; *id.* Paris à cinq Heures du Matin, 354; *id.* Paris à cinq Heures du Soir, 357; *id.* Le Verre, 174; *id.* Monsieur et Madame Denis, 176.—*Verdier*, Épitaphe d'un Égoïste, 248; Épitaphe d'un Prélat, 249.—*Fumelo*, Contre Forlis, *ib.*—*F. de Neufchâteau*, Sur un Médecin, *ib.*—*Pons (de Verdun)*, La Lorgnette, 250.—*Deville*, Contre Martin, 253; *id.* Sur un Parasite, *ib.*—*Madame E. P.*, Prédicateur courtisan, 253.—*F. Pillet*, Contre un ancien Sénateur, 253; *id.* Sur un Courtisan, 256; *id.* Contre un Critique, *ib.*—*Ponsardin-Simon*, Contre un Envieux, *ib.*—*Dallier*, Épitaphe d'un Ami, 257.—*Juste Olivier*, Un bon Conservateur, *ib.*; Cantique de l'Enfant prodigue, 265.—*Charrin*, Le Gascon, 282.—*Ducis*, À mon Ruisseau, 345.—*Soumet*, La pauvre Fille, 347.—*Cadet de Gassicourt*, Espoir et Souvenir, 348.—*Chateaubriand*, Le Montagnard émigré, 350.—*Bayard*, Couplets de Vaudeville, 363; *id.* Une Visite au Collège, 365; Le Flâneur, 367; Le petit Maître, 371; Les grandes Vérités, 374.—*Dumanoir*, Te souviens-tu, Marie, 330; Romance de

Nina, 378.—*Madame Viot*, L'Émigration du Plaisir, 379. —*Marc Constantin*, Les Trois Âges, 382. — *G. Lemoine*, Le Garde-moulin, 183; *id.* Fleur des Champs, 194; L'Amour, 185. —*A. de Beauplan*, Dormez, chères Amours, 185; Colinette, 186.—*Morel*, La Vie est un Voyage, 188.—*Planard*, Barcarolle de Marie, 189. —*Bérat*, Ma Normandie, 192; Sur un Sot, 197. — *Barraton*, Épigramme, 206.

INDEX OF FIRST LINES

	PAGE
Adieu, je vais en ce pays	228
Adieu, mon beau navire	114
Ah Dieu ! que la flamme est cruelle	136
Ah ! s'il est, dans votre village	153
Aimable fille du printemps	341
Ainsi doit être	371
Allez-vous-en, allez, allez	327
Allons, enfants de la Patrie	86
À moi, charmant Anacréon	165
Assis sur les bords de l'Euphrate	29
À toi, mon Dieu, mon éternel appui	46
À Toulouse il fut une belle	154
Au boire je prens grant plaisir	121
Au sommet glacé du Rhodope	92
Aussitôt que la lumière	144
Aux uns plaît l'azur d'une fleur	140
À vous troupe légère	329
À voyager passant sa vie	168
Batelier, dit Lisette	189
Bijoux et dentelles	180
Bone compaignie	324
Celle qu'adore mon cœur n'est ni brune ni blonde	147
C'en est fait hélas ! de la vie	36
Chacun vivait joyeusement	293
Chanter me fait bons vins et resjoïr	325
Chantons le récit fidèle	95
Charmante Gabrielle	130
Chrétien, au voyageur souffrant	33
Ci-gist, oui, gist, par la mort-bleu	198
Ci-gît le nommé Pédrille	200
Ci-gît l'usurpateur d'un pouvoir légitime	200
Ci-gît qui fut de belle taille	199
Ci-gît un bel esprit qui n'eut rien de terrestre	200
Colinette était son nom	186
Combien j'ai douce souvenance	350
Comme l'mari d'notre mère	109
Crois-moi, jeune Délie	158
Cruel tyran de mes désirs	135

Index of First Lines

	PAGE
Dans ma jeunesse	207
Dans un délire extrême	167
Déjà la rapide journée	54
Depuis longtemps je me suis aperçu	292
Depuis que j'ai touché le faîte	247
Depuis que nous ne dînons plus	161
Depuis sa fâcheuse aventure	252
De ta tige détachée	344
De toutes les couleurs prompt à se revêtir	256
Dictes moy où ne en quel pays	325
Dieu! qu'il fait bon la regarder	123
Dis moi, mon cœur, mon cœur de flammes	184
D'où vient, chers cabalistes	335
Du fameux concile d'Embrun	237
Écoutez, grands et petits	338
Écoutez, peuples de France	306
Effrayé des maux que la guerre	379
Eh! Sainte-Barbe, ouvre-moi	363
Elle était bien jolie, au matin sans atours	179
En Avril où naquit amour	139
En promenant vos rêveries	24
En tous lieux la foule	357
Entre vous Franchoix	65
En une grant fourest et lée	63
Est-il bien vrai Seigneur, qu'un fils de la poussière	51
Est-il rien sur la terre	260
Faut des chansons; pas trop n'en faut	232
Femme sensible, entends-tu le ramage	159
Fleur des champs, brune moissonneuse	193
Fortune dont la main couronne	203
Hélas! après dix ans je revois la journée	61
Heureux enfant! que je t'envie	26
Heureux qui, comme Ulysse, a fait un beau voyage	330
Heureux qui dans sa maisonnette	290
Hier, à l'heure où l'étoile scintille	241
Hier j'ai visité les grandes Catacombes	41
Histoire, poésie, il joint du pied vos cimes	118
Huissiers, qu'on fasse silence	206
Ici je deviens philosophe	363
Il était un roi d'Yvetot	254
Il m'appelle petit auteur	256
Il pleut, il pleut enfin	159
Il se levait de bon matin	182
Ils s'en vont, ces rois de ma vie	129
Inspire-moi de saints cantiques	17
J'ai couru tous ces bocages	134
J'ai du bon Tabac dans ma tabatière	296

Index of First Lines

	PAGE
J'ai fui ce pénible sommeil	347
J'ai révélé mon cœur au Dieu de l'innocence	25
J'ai vécu sans nul pensement	197
J'ai vu Mars descendre en cadence	210
J'ai vu mes tristes journées	14
Jà le voile de la nuict	2
J'aurai bientôt quatre-vingts ans	219
Je l'ai planté, je l'ai vu naître	288
Je loge au quatrième étage	281
Je n'admirai jamais la gloire de l'impie	12
Je ne suis pas de ceux qui ne respirent	257
Je pars	315
Je suis enfin résolu	265
Jeune, j'aimai—le temps de mon bel âge	157
Je vais épouser la meunière	183
Je veux au bout d'une campagne	75
La fin du jour	173
Laissez-moi penser à mon aise	123
La mère Bontemps	295
L'Amour est un enfant trompeur	149
La neige au loin accumulée	32
L'Astre qui l'an fuiant remeine	67
L'aube naît et ta porte est close	191
La victoire en chantant nous ouvre la barrière	89
La vie est un voyage	188
Le bon Roi Dagobert	298
Le cœur blessé, les yeux en larmes	133
L'épi naissant mûrit de la faux respecté	342
Le point du jour	172
Le roi brillant du jour, se couchant dans sa gloire	57
Le roy, notre sire	327
Les cieux inexorables	1
"Les gens d'esprit ! ah ! ne m'en parlez pas"	252
Le Temps, dont l'aile est si légère	348
L'hiver glace les champs les beaux jours sont passés	38
L'hymen est un lien charmant	166
L'ombre s'évapore	354
Lorsque je suis au Luxembourg	250
Lorsque Maillart, juge d'enfer, menoit	196
Louis voulait être Titus	250
Lucinde, en perdant son époux	220
Malbrough s'en va-t-en guerre	272
Malgré la bataille	150
Malgré la mort, malgré la vie	47
Marquise, si mon visage	141
Mars et l'Amour en tous lieux	213
Maurice disoit à Louvois	337
Mes enfants, quand j'avais votre âge	382
"Mes malades jamais ne se plaignent de moi"	249
Messieurs les beaux esprits du joir	163

	PAGE
Messieurs, vous plait-il d'ouïr	275
Mignonne, allons voir si la rose	125
Moi je flâne	367
Mon cher ami... *vive la liberté*	246
N'attends, passant, que de ma gloire	201
N'espérons plus, mon âme, aux promesses du monde	4
Non, ce n'est point un vain système	31
Notre cœur, ô Dieu! te réclame	8
Notre Père des cieux, Père de tout le monde	53
Nouvelles ont couru en France	195
Oh! le bon siècle, mes frères	374
O mon peuple, que vous ai-je donc fait	289
On dit qu'il arrive ici	216
On parlera de sa gloire	84
Or hi parra	318
O Richard! ô mon roi	73
Où vont tous ces preux chevaliers	112
Parmi les courtisans qui lui rendaient hommage	197
Partant pour la Syrie	106
Pauvre Jacques, quand j'étais près de toi	288
Père de l'univers, suprême intelligence	56
Peuple Français, peuple de frères	98
Peuple Français, peuple intrépide	100
Philis, plus avare que tendre	148
Philosophes rêveurs, qui pensez tout savoir	146
Plus d'un Gascon erre	282
Pour être au ton de vos musettes	230
Pour éviter des Juifs la fureur et la rage	205
Pour ravoir sa femme Euridice	201
Quand je vois des gens ici-bas	174
Quand la Bruyère se présente	222
Quand l'Amour naquit à Cythère	172
Quand le bien aimé reviendra	378
Quand le premier chantre du monde	21
Quand tout renaît à l'espérance	192
Quand vous serez bien vieille, au soir, à la chandelle	125
Quand vous voulez singer les héros de l'histoire	253
Quant Thuangcastre fu tut fermez	322
Qu'autres que vous soient desirées	127
Que Bâville me semble aimable	147
Que Dieu nous est propice à tous	6
Que j'aime à voir les hirondelles	152
Que me sert d'emplir l'air de cris espouvantables	69
Que ne puis-je, ô mon Dieu, Dieu de ma délivrance	45
Que promet l'avenir?—quelle franchise auguste	77
Que t'importe, mon cœur, ces naissances de rois	37
Qui veut oïr chanson	271
Quoi! c'est toi, cher Forlis? Ma surprise est extrême	249

Index of First Lines

	PAGE
Quoi ! vous ne me dites rien	176
Quoy donc ! Paris est investy	71
Reposons-nous ici tous deux	185
Reviens, amy ; trop longue est ta demeure	121
Rois, chassez la calomnie	13
Rozette, pour un peu d'absence	126
Ruisseau peu connu dont l'eau coule	347
Savez-vous pourquoi, mes amis	103
Seignors, ort entendez a nus	320
Silence au camp ! la vierge est prisonnière	80
S'il est un charmant gazon	190
Si vous croyez que je vais dire	181
Son âge échappait à l'enfance	157
Sous ton voile d'ignominie	49
Superbes monuments de l'orgueil des humains	198
Sur un rocher désert, l'effroi de la nature	332
Ta douleur, Du Périer, sera donc éternelle	3
Tant que mes yeux pourront larmes répandre	124
Ta Parole, Seigneur, est ma force et ma vie	52
Te souviens-tu, disait un capitaine	107
Te souviens-tu, Marie	380
Tircis, il faut penser à faire la retraite	331
Toi qui près d'un beau visage	143
Toi qui veux femme choisir	137
Toujours lui ! lui partout ;—Ou brûlante ou glacée	115
Toujours suivre avec uniformité	351
Tout à l'entour de nos remparts	122
Tout au beau milieu des Ardennes	303
Tu vas quitter notre montagne	44
Une chançon encor voil	120
Un jour que j'étais en voyage	40
Un maquignon de la ville du Mans	205
Un pied dans le sépulcre et tout près d'y descendre	5
Un vieil abbé sur certains droits de fief	206
Viens, Aurore	132
Vive la lanterne magique	235
Vivent tous nos beaux esprits	243
Vous me quittez pour aller à la gloire	171
Voyez de Méricourt l'air sombre ; voyez, dis-je	256

INDEX OF WRITERS

RELIGIOUS SONGS AND HYMNS

BELMONTET (1820) XXII
BÉRANGER (?) XIX
BERQUIN (1760) XV
BERTAUD, Jean (1582?) I

CHÊNEDOLLÉ (1807) XVIII
CORNEILLE, Pierre (1670) VI

DELILLE (1802) XVII
DESORGUES (1794) XXXIV
DOVALLE (?) XXIII

GERBET, L'Abbé (?) XXIV
GILBERT (1780) XIV
GRESSET (1734) XIII

HUGO, Victor (?) XXI

LAMARTINE (XXXV)
LEMOINE, Gustave (1841) XXV

MALFILÂTRE (1755?) XVI
MALHERBE (1600—1627) III, IV
MILLEVOYE (1792?) XXXVI
MONOD, A. (1832?) XXVI

OLIVIER, Mme. (?) XXVII, XXVIII

PATRIX (1670?) V
POMPIGNAN, Lefranc de (1742?) XI, XII

RACINE (1689) VIII, IX
ROUSSEAU, J. B. (1710) X

TASTU, Amable, XXXII, XXXIII
WESTERLINCK, H. (?) XX

PATRIOTIC AND WARLIKE SONGS

BÉRANGER (1815) X

CHÉNIER, André (1794) VIII
CHÉNIER, Joseph (1794) XII

DEBRAUX, Émile (1819) XIX, XX
DELAVIGNE, Casimir (1816) IX
DESCHAMPS, Eustache (13—?) I
DESPRÉAUX (1794) XVII
DUVAL, Alex. (1816) XXI

FAVART (1758) VII

HORTENSE, La Reine, XVIII
HUGO, Victor, XXIII

ISLE, Rouget de L' (1792) XI

LE BRUN, P. D. E. (1794) XIII

MARC, Saint (1794) XV

SEDAINE (1784) VI
SOULIÉ, Frédéric, et Arnould (1835) XXI

BACCHANALIAN SONGS—LOVE SONGS

BASSELIN, Olivier (14—?) IV
BEAUPLAN, Amédée (182-) LVII
BÉRAT, F. (183-) LXIII
BILLAUT, Adam (16—?) XXIV
BOILEAU (1657) XXV, XXVI
BOUFFLERS (1775) XXIX

CORNEILLE (16—?) XXII, XXIII

DÉSAUGIERS (18—) XLIX, L
DESMARETS, Jean, XVIII
DESPORTES (15—?) X
DUFRESNY (1708) XXVIII
DURANT, Gilles (15—?) XVI

ÉTIENNE (1814, 1805) XLIII, XLVII

FLORIAN (1782) XXXI, XXXII, XXXIII
FROISSART, Jehan (134-?) III

GOUFFÉ, Armand (18—, 1805) XXXVIII, XXXIX, XL, XLVIII

HAMILTON, Le Comte d' (1661) XXVII
HENRI IV. (15—?) XIII, XIV, XV
HOFFMANN (1800) XXXVII
HOUDETOT, Madame d' (18—?) XXXIV
HUGO, Victor (183-) LXI, LXII

JOUY, DE (18—?) XXXVI

LABÉ, Louise (15—?) VII
LEMOINE, G. (183-) LV, LXIV

MALHERBE (1606—1615) XI, XII
MANGENOT (1745) XXX
MARSOLLIER (1797) XLII
MERMET, Claude, XIX
MOREAU (1779) XLI
MOREL (18—) LIX
MUSSET, Alfred de (1836) LIII, LIV

NODIER, Ch. (183-) LI

ORLÉANS, Charles d' (14—?) V, VI

PARNY (1778) XXXV
PLANARD, E. de (1826) LX

RACAN (16—?) XVII
RONSARD (15—?) VIII, IX

SCRIBE et BAYARD (1831) LII
SÉGUR (1804, 1805) XLIV, XLV, XLVI

TAILLE, Jean de la, XX, XXI
THIBAULT, Comte de Champagne (124-?) I

SATIRICAL SONGS, EPIGRAMS, ETC.

APÔTRES, Actes des (179-) XXXVI

BARRATON, XVII
BENSERADE (1642) V
BÉRANGER (18—) XLVIII
B. D. L. M. (18—) XXXIX

DALLIER, Edmond (18—) LII
DELISLE, Le Chevalier (1779) XXXV
DÉSAUGIERS (18—) XXXVII
DESTOUCHES (17—) XXXII
DEVILLE, Albéric (18—) XLIV, XLV
DIDEROT (17—) XXXIII

E. P., Madame, XLVI

FESTEAU (183-) XXXIV
FRANCOIS, de Neufchâteau (18—) XLI
FUMELO, T. A. (18—) XL
F***, III

GOUFFÉ, Armand (18—) XXX

LATTAIGNANT, L'Abbé de (1757) XLII

MALHERBE (16—) XI
MAROT, Clément (1527) II
MOREAU (17—) XXVIII, XXIX
MOTTE, La (1720) XXI

OLIVIER, Juste (18—) LIII
OURRY (18—) XXIII

PANARD (1723, 1733, 1735) XVIII, XIX, XX
PAVILLON (1658) VIII
PILLET, Fabien (18—) XLVII, XLIX, L
PIRON (17—) XXV, XXVI
PONS, Verdun de (18—) XLIII
PONSARDIN-SIMON (18—) LI

RÉGNIER (1613) IV
ROUSSEAU, J. B. (17—) XIII, XIV, XV, XVI

SCARRON (165-) VI, VII
SÉNECÉ (16—) XII

VERDIER, P. L. (18—) XXXVIII
VOLTAIRE (177-) XXVII

HISTORICAL SONGS, VAUDEVILLES, PARODIES, "COMPLAINTES."

ATTAIGNANT, L' (177-) XVI
AUVERGNE, Martial d' (14—) XIV

CATALAN (1818) XIX
CAZOTTE (17—) XVIII
CHARRIN (18—) VII

LEYRE, De (17—) IX

PAIN, Joseph (1802) VI

SANTEUL (174-) XIII
SCRIBE (1815) XX

TRAVANET, La Marquise de (1780—1793) X, XI

VILLEMONTEZ (1800) XII

MISCELLANEOUS POEMS

ARNAULT (1815) XVIII

BAYARD (18—) XXVII
BELLAY, Du (15—) IX, X

CHÂTEAUBRIAND (18—) XXII
CHÉNIER, André (1792) XVII
CONSTANTIN, Marc (18—) XXXIV

DÉSAUGIERS (18—) XXIV, XXV
DUBOS (17—) XVI
DUCIS (18—) XIX
DUMANOIR, Philippe (18—) XXXIII

ÉTIENNE (18—) XXXI

GASSICOURT, Cadet de (18—) XXI

ORLÉANS, Charles d' (14—) VII

PANARD (17—) XXIII

RACAN (16—) XI
ROUSSEAU, J. B. (17—) XII

SCRIBE et BAYARD (18—) XXVI
SOUMET (18—) XX

VILLON, François (14—) VI
VIOT, Madame (18—) XXXII
VOITURE (1630) VIII

WACE, Robert (12th Century) III

THE END.

LONDON: R. CLAY, SON, AND TAYLOR, PRINTERS.

www.ingramcontent.com/pod-product-compliance
Lightning Source LLC
Chambersburg PA
CBHW070209240426
43671CB00007B/597